教科書ガイド

三省堂版

精選
言語文化

TEXT BOOK GUIDE

文研出版

はしがき

本書は、三省堂発行の教科書「精選 言語文化」に準拠した教科書解説書として編集されたものです。

教科書内容がスムーズに理解できるよう工夫されています。

予習や復習、試験前の学習にお役立てください。

本書の特色

●冒頭解説

本書は、教科書の流れにしたがい、「古文編」「漢文編」「近代以降の文章編」の三編で構成されています。

「古文編」「漢文編」では、各単元冒頭の〔○○とは〕〔○○について〕で、学習にあたっての予備知識となるような事柄(作品と作者など)を解説しています。

「近代以降の文章編」では、各教材の冒頭で教材のねらいや主題、段落などを解説しています。また、詩・短歌・俳句では、きまりや表現技法についても扱っています。

●教材解説

「古文編」では、まず段落ごとの〔大意〕を簡潔にまとめています。

〔品詞分解／現代語訳〕では、教科書の原文を単語単位に分け、品詞名・種類・活用形を下記の略符号で原文右に示し、原文左には、適宜必要な言葉を補って現代語訳を示しています。また下段では、〔語句の解説〕として、重要語句や文法上特におさ

品詞分解の略符号

1 品詞名
(名詞は品詞名省略)

ク・シク＝形容詞
ナリ・タリ＝形容動詞
連＝連体詞
副＝副詞
接＝接続詞
感＝感動詞
助動＝助動詞
補＝補助動詞

2 動詞の活用の種類

四＝四段　上一＝上一段
上二＝上二段　下一＝下一段
下二＝下二段
カ変・サ変・ナ変・ラ変＝変格活用

3 活用形

未＝未然形　用＝連用形
終＝終止形　体＝連体形
已＝已然形　命＝命令形

えておきたい箇所についての解説や、脚問に対する解答(例)も加えています。

「漢文編」では、まず段落ごとの〔大意〕を簡潔にまとめています。〔書き下し文〕では、現代仮名遣いによる読み方をつけています。〔現代語訳〕は、適宜必要な言葉を補って現代語訳を示しています。また、〔語句の解説〕として、重要語句や文法上特におさえておきたい箇所についての解説や、脚問に対する解答(例)も加えています。

「近代以降の文章編」では、まず段落ごとの大意を簡潔にまとめ、その後、重要語句や文脈上おさえておきたい箇所の意味を解説しています。さらに教科書にある脚問に対する解答(例)も加えています。

●課題

教科書教材末に提示されるそれぞれの課題に対しては、解答(例)、考え方や取り組み方などを示しています。

「漢文編」では、教科書の下段にある「句法」で示されている事柄について、適宜課題と同様に扱っています。

なお、前記以外に、次の項目にも適宜解説を設けています。

古文編

- **古文を読むために**
- **文法から解釈へ**
- **学びを広げる**

漢文編

- **漢文を読むために**
- **学びを広げる**

近代以降の文章編

- **学びを広げる**
- **文学の扉**

4 助動詞の意味

使=使役　尊=尊敬　受=受身
可=可能　自=自発　打=打消
過=過去　詠=詠嘆　完=完了
強=強意　存=存続　在=存在
推=推量　定=推定　意=意志
勧=勧誘　命=命令　仮=仮定
婉=婉曲　当=当然　適=適当
伝=伝聞　禁=禁止　不=不可能
願=願望　比=比況　例=例示
断=断定　様=様態　状=状態
過推=過去推量　現推=現在推量
反仮=反実仮想　打推=打消推量
打意=打消意志　打当=打消当然

5 助詞の分類

格助=格助詞　副助=副助詞
係助=係助詞　終助=終助詞
接助=接続助詞　間助=間投助詞

6 その他

尊=尊敬　謙=謙譲　丁=丁寧
(代)=代名詞
(枕)=枕詞
(音)=音便
(連語)　(語幹)
(係)……(結)=係り結び　など

目次

漢文編

近代以降の文章編

◆言の葉の森に分け入る

日本語の響き

教科書P.10〜16

語句の解説

教11ページ

10『**文選**《もんぜん》』　中国の南北朝時代に編纂《へんさん》された詩文集。

10『**白氏文集**《はくしもんじゅう》』　唐の時代の詩人・白居易《はくきょい》の詩文集。『文選』とともに、奈良時代から平安時代の貴族に愛読された。

課題

一　**次の点に留意して、「日本語の響き」を声に出して読み、言葉の響きやリズムを楽しもう。**

・言葉の響きのやわらかさや硬さ、音読みと訓読みの違い

考え方　一般的に和語が多い文章ではやわらかい響きになり、漢語が多い文章だと硬い響きになる。したがって、必然的に音読みは硬く、訓読みはやわらかい。教科書10〜11ページを音読してみよう。

・音数律、音の繰り返し、語句の繰り返しが生み出す音楽的なリズム

考え方　10ページの和歌、12ページ「梁塵秘抄《りょうじんひしょう》」の今様《いまよう》、13ページ「曾根崎心中《そねざきしんじゅう》」、「笈の小文《おいのこぶみ》」の発句は、五音と七音で構成され、一定のリズムを生み出している。また、「梁塵秘抄」の「生まれけん」の繰り返し、「曾根崎心中」の「……なごり」の繰り返し、15ページ「COLORS」の「青」の繰り返しも、連続的なリズムを生み出している。

・対句が生み出す文章のリズム、句読点が生み出す文章のリズム

考え方　11ページの劉廷芝《りゅうていし》「白頭を悲しむ翁《おきな》に代はる」における「年年歳歳」「歳歳年年」、あるいは、15ページの夏目漱石《なつめそうせき》「草枕」の「智《ち》に働けば角が立つ」「情に棹《さお》させば流される」「意地を通せば窮屈だ」は対句によってリズムが生まれている。また、14ページの文章は七五調や五七調ではないが、句読点によって文章が適度に切れ、リズムが生まれている。

二　**日本語の言葉の響きやリズム、文字遣いが時代とともにどのように変化してきたか、気づいたことをあげてみよう。**

考え方　江戸時代までは、話し言葉が変化しても、書き言葉は平安時代の文法をもとにした文章が一般的だったが、明治時代に西洋文化と出会ったことで、言文一致という文章のスタイルが生まれた。しばらくは言文一致といっても、歴史的仮名遣いで書かれたが、現代仮名遣いが一般化していった。

日本語の表記法

水《みず》村《むら》美《み》苗《なえ》

教科書P.17～22

教材のねらい

・表記法による意味の違いを理解する。
・書き言葉と話し言葉の関係を理解する。
・表記の使い分けが意味の違いを生み出している事例を探し、話し合う。

要旨

日本語の表記法は、二つの表音文字を使い分け、表意文字である漢字にも複数の読み方があるなど、特異なものである。この特性は、表記法による意味の違いを生み出し、〈書き言葉〉が単に〈話し言葉〉を書き表したものではないということを表している。そのような〈書き言葉〉の本質を明らかにできる日本語が「亡《ほろ》びる」のは、人類にとって損失である。

段落

本文は内容の展開から、三つの段落に分けられる。

一　教 p.17・1～p.18・4　日本語の表記法
二　教 p.18・5～p.21・1　表記法が生み出す意味の違い
三　教 p.21・2～11　日本語の特異性

段落ごとの大意と語句の解説

第一段落　教17ページ1行～18ページ4行

日本語は、〈話し言葉〉としては特別ではないが、〈書き言葉〉としては特異な表記法をもっている。「ひらがな」と「カタカナ」という二種類の表音文字があり、表意文字である漢字には「音読み」と「訓読み」の二種類の読み方があり、それぞれに複数の読み方がある場合もある。

教17ページ

2 **朝鮮語《ちょうせんご》が一時《いちじ》そうしていた**　ハングルと漢字を交ぜて書いていたことを指す。ハングルは李氏朝鮮時代の十五世紀に作られ、長らく漢字と併用されていたが、韓国では二〇世紀半ば辺りにはハングルのみで表記されるようになった。

3 **表音文字《ひょうおんもじ》**　一つ一つの文字が意味をもたず、音だけを表す文字。ひらがな・カタカナ・ローマ字など。対 表意文字

4 **「ひらがな」と「カタカナ」**　「ひらがな」は平安初期に、漢字の草書体から生まれた文字。「カタカナ」は平安初期、漢字の一部を取って作られた字。漢文訓読の際に使われた。

5 **「音読《おんよ》み」と「訓読《くんよ》み」**　「音読み」は、中国の発音に基づく漢字の読み方。「訓読み」は、漢字の意味を表す日本語を当てた読み方。

教18ページ

2**「重箱読《じゅうばこよ》み」**　「重箱(ジュウばこ)」のように、「音読み＋訓読み」という熟語の読み方。

2**「湯桶読《ゆとうよ》み」**　「湯桶(ゆトウ)」のように、「訓読み＋音読み」という熟語の読み方。

第二段落　教18ページ5行〜21ページ1行

文字の視覚的効果が意味の生産に関係するというのは、表音文字でもありうることであるが、表記法を使い分けることが意味の生産に関わるのは、日本語に特有のことである。「ふらんす」「仏蘭西」「フランス」という使い分けによって、表される意味が変わってくるが、その差は日本語を知っている人にしかわからない。

6**「表音主義《ひょうおんしゅぎ》」**　文字と読みが一対一の関係になることを目指す考え方。日本でも、たとえば、江戸時代の終わりに前島密《まえじまひそか》が漢字廃止論を唱えるなど、歴史上、何度か議論されている。

8**モスク**　イスラム教の礼拝堂。

8**アラビア文字《もじ》**　アラビア語・ペルシア語などに用いられる表音文字。

9**ヒンディー語《ご》**　インドの公用語の一つ。

11**フォント**　文字の字体・デザインのこと。

12**モダン**　近代的。

13**意味《いみ》の生産《せいさん》**　ここでは、意味の違いを生み出すこと、という意味。

15**それとは別《べつ》のレベルの話《はなし》**　フォントなどの視覚的効果による意味の違いとは別の次元である、という意味。

16**そのようなこと**　「表記法を使い分けるのが意味の生産に関わる」(18ページ15行)ことを指す。

教19ページ

3**明朝体《みんちょうたい》**　一般に本などの活字に使われるフォント。縦画が太く、横画が細いのが特徴。

4**ゴシック体《たい》**　縦画も横画も同じ太さのフォント。

12**萩原朔太郎《はぎわらさくたろう》**　大正〜昭和時代に活躍した詩人(一八八六〜一九四二)。詩集に『月に吠《ほ》える』『純情小曲集』などがある。

教20ページ

2**なよなよと頼《たよ》りなげな詩情《しじょう》**　「ふらんす」とひらがなで表記したときの、強い意志が感じられない、やわらかく淡い雰囲気のこと。「仏蘭西」と漢字で表記すると、硬質なイメージになり、強固な意志を感じさせる雰囲気になる。

5**あたりまえの心情《しんじょう》をあたりまえに訴《うった》えているだけ**　「フランス」をカタカナ表記するのは一般的であるため、詩としての新鮮味が感じられないということ。

7**＊蛇足《だそく》**　余計なもの。

7**口語体《こうごたい》**　話し言葉をもとにした文体。反対に、「行きたし」のように古文の文法を基準にした文体のことを文語体という。

教21ページ

1**鉄道会社《てつどうがいしゃ》の広告以下《こうこくいか》**　詩情が全くなくなってしまうことを、皮肉を込めて述べた表現。

第三段落　教21ページ2〜11行

日本語のように、表記法を使い分けることが意味の違いを生み出す言語は、〈書き言葉〉が〈話し言葉〉を単に書き表したものではないという〈書き言葉〉の本質をあらわにする。そのように特異な日本語が「亡びる」ことは、人類にとって大きな損失である。

① 「意味の生産に関わる」とはどういうことか。

答 意味の違いを生み出す要素になるということ。

5 顕著《けんちょ》 際立って目立っていること。
9 露呈《ろてい》 隠れていたものが現れ出ること。
10 そんなおもしろい表記法《ひょうきほう》 日本語の意味の違いを生み出す表記法。

課題

課題

一 **筆者は日本語の表記法の特異性をどのように説明しているか、箇条書きにして整理してみよう。**

解答例
・「ひらがな」「カタカナ」という二種類の表音文字がある。
・漢字にも「音読み」「訓読み」があり、それぞれ読み方が複数ある。
・表記法を使い分けることで、意味の違いを生み出す。

二 **「〈書き言葉〉は〈話し言葉〉の音を書き表したものではない」（21・8）とあるが、なぜそういえるのか、説明してみよう。**

解答例 どのように書き表すかによって、書かれたものに意味の違いを生み出すから。

三 **表記の使い分けが「意味の生産」（21・2）に関わっている具体例をさがし、その表現効果について話し合ってみよう。**

考え方 評論において、「トモダチ」など、漢字で書ける言葉をあえてカタカナで表記し、本来の意味とは似て非なるものであるというニュアンスを出すことがある。また、「お疲れ様」を「おつかれさま」とあえてひらがな表記にしてやわらかいニュアンスを出すことがある。自分の身の回りを振り返り、話し合ってみよう。

語句と表現 **「重箱読み」と「湯桶読み」の熟語にどのようなものがあるか、調べてみよう。**

解答例 「重箱読み」＝台所、職場、仕事、派手、味方、試合など
「湯桶読み」＝家賃、場所、丸太、見本、合図、値段、雨具など

▼漢字を書いて確認しよう　重要漢字

① 風カオる五月の空。（　　）
② 辺りにホウコウが漂う。（　　）
③ 寺院のオゴソかな雰囲気に息をのむ。（　　）
④ 筆でリュウレイな文字を書く。（　　）
⑤ ひどいありさまにタンソクをもらす。（　　）
⑥ ケンチョな違いが表れる。（　　）

答　①薫　②芳香　③厳　④流麗　⑤嘆息　⑥顕著

一　古文入門

古文の世界へ

教科書P.24〜25

■古文の価値

1　古文には、それらが書かれた時代特有の感じ方や考え方、生活の姿が描かれている。

〈例〉・『竹取《たけとり》物語』に見られる美しい世界への憧れ。
・『伊勢《いせ》物語』に見られる貴族の女性観。
・『徒然草《つれづれぐさ》』や『平家物語』に見られる仏教的な無常観。
・『奥の細道』に見られる人生観。

2　人の心情や思索などには時代を越えても変わらないものがあることを、読み取ることができる。

〈例〉・「児《ちご》のそら寝」に表れている幼い者への温かいまなざし。
・『竹取物語』に描かれている別離の悲しみ。
・『土佐《とさ》日記』に描かれている我が子への深い愛情。
・『万葉集《まんようしゅう》』『古今和歌集』『新古今和歌集』に見られる男女の愛情、子へのいつくしみ、望郷の念。

●1・2から、私たちは、ものの見方や考え方を養うことができ、新しい文化を創造していく力を得ることも可能になる。

●読書によって、「見ぬ世の人を友とする」ことができる。

■古文と私たちの触れ合い

〈例〉・かぐや姫の話は『竹取物語』がもとになっている。
・浦島太郎の話は『万葉集』などにも見える。
・歌ガルタで親しまれている『小倉《おぐら》百人一首』は藤原定家《ふじわらのさだいえ》が古典秀歌から選んだもの。
・五十音を覚えるために利用される「いろは歌」も古典作品である。「いろは歌」は歴史的仮名遣いの理解にも利用できる。

《いろは歌》

いろはにほへと	色は匂《にほ》へど	花の色は美しいけれど、
ちりぬるを	散りぬるを	いつかは散ってしまう。
わかよたれそ	我が世誰《たれ》ぞ	人の世も同じで、誰が
つねならむ	常ならむ	変わらず永遠であるだろう。
うゐのおくやま	有為《うゐ》の奥山	変わりやすくはかない この世の奥山(煩悩《ぼんのう》)を
けふこえて	今日《けふ》越えて	今日越えて、
あさきゆめみし	浅き夢見じ	浅はかな夢は見まい、
ゑひもせす	酔《ゑ》ひもせず	酔いしれることもなく。

児《ちご》のそら寝

〔宇《う》治《じ》拾《しゅう》遺《い》物語《ものがたり》〕

教科書P. 26〜27

【大　意】　1　教26ページ1〜5行

昔、比叡山《ひえいざん》に児がいた。ある時、僧たちがぼた餅を作るというのを聞き、寝ずに待っているのもよくないと思い、寝たふりをしていたところ、ぼた餅ができあがった。

【品詞分解／現代語訳】


今 は 昔、比叡の山 に 児 あり けり。僧たち、宵 の つれづれ に、

（係助／格助／ラ変・用／助動・過・終／格助／格助）

今となっては昔のことだが、比叡山延暦寺に児がいた。僧たちが、日が暮れて間もない頃の手持ち無

「いざ、かいもちひ せ む。」と 言ひ ける を、こ の 児、心寄せ
（感／サ変・未／助動・意・終／格助／四・用／助動・過・体／格助／(代)／格助）
沙汰に、「さあ、ぼた餅を作ろう。」と言ったのを、この児が、期待して

に 聞き けり。さりとて、し出ださ む を 待ち て 寝 ざら
（格助／四・用／助動・過・終／接／四・未／助動・婉・体／格助／四・用／接助／下二・未／助動・打・未）
聞いた。だからといって、(ぼた餅を)作りあげるのを待って寝ないのも、

む も、わろかり な む と 思ひ て、片方 に 寄り て、

（助動・婉・体／係助／ク・用／助動・強・未／助動・推・終／格助／四・用／接助／格助／四・用／接助）

きっとよくないだろうと思って、片隅に寄って、

寝 たる 由 にて、出で来る を 待ち ける に、すでに し出だし
（下二・用／助動・存・体／格助／カ変・体／格助／四・用／助動・過・体／接助／副／四・用）
寝たふりで、(ぼた餅が)できあがるのを待ったところ、もう作りあげた様子で、

たる さま にて、ひしめき合ひ たり。

（助動・完・体／格助／四・用／助動・存・終）

(僧たちは)集まり騒ぎ合っている。

【大　意】　2　教26ページ6行〜27ページ5行

児は、きっと起こしてくれるだろうと待っていたところ、僧が声をかけてくれた。一度で返事をするのも体裁が悪いと思い、もう一度呼ばれるのを待っていたが、声はかからず、

語句の解説 1

教26ページ

1 ***宵《よひ》**　夜に入って間もない頃。

1 **つれづれ**　手持ち無沙汰なこと。

1 **いざ**　さあ。呼びかけを表す感動詞。

2 **さりとて**　だからといって。
「さり」＝「さあり」のつまった形。「さ」は「心寄せに聞きけり」を指す。

3 **わろかりなむ《ン》**　よくないだろう。
*「わろし」＝ここでは、みっともない、よくない、の意。

4 **寝《ね》たる由《よし》にて**　寝ているふりで。
「由」＝ふり。そぶり。

❶ 「ひしめき合ひたり」とは、誰のどのような様子か。

答 僧たちの、ぼた餅を食べようと集まり騒ぎ合っている様子。

語句の解説 2

6 **定《さだ》めて**　きっと。かならず。

6 **おどろかさむ《ン》ずらむ《ン》**　「むず」＋「らむ」で、

ただむしゃむしゃと食べる音が聞こえてきた。しかたなく、だいぶ時間がたったのちに、「はい。」と返事をしたので、僧たちは大笑いした。

【品詞分解／現代語訳】

（代） 格助 副 四・未 助動・推・終 助動・現推・終 格助 上一・用 助動・存・体
この児、定めておどろかさむずらむと待ちゐたる
この児は、きっと（僧たちが）起こそうとするだろうと待ち続けていると、

接助 格助 四・用 補丁・四・未 助動・意・終 四・未 助動・尊・用 補尊・四・命 格助 四・体
に、僧の、「もの申し候はむ。おどろかせ給へ。」と言ふ
僧が、「もしもし。目をお覚ましくださいませ。」と言うのを、

格助 シク・終 格助 係助 四・已 接助 副 格助 下二・未 助動・婉・体 係助 四・用
を、うれしとは思へども、ただ一度にいらへむも、待ち
うれしいとは思うけれども、ただ一度で返事をするのも、待って

助動・過・体 係助 格助 （連語）（係） 四・体（結） 格助 接助 副 四・未 助動・受・用 接助 下二・未
けるかともぞ思ふとて、いま一声呼ばれていらへ
いたのかと（僧たちが）思うといやだと考えて、もう一度呼ばれて返事をしようと、

助動・意・終 格助 サ変・用 接助 下二・用 助動・存・体 格助 感 副 四・用 補謙・四・用 終助
むと、念じて寝たるほどに、「や、な起こし奉りそ。
我慢して寝ているうちに、「これ、お起こし申しあげるな。

ク・体 係助 四・用 補尊・四・用 助動・完・用 助動・過・終 格助 四・体 格助 サ変・用
をさなき人は、寝入り給ひにけり。」と言ふ声のし
幼い人は、寝入ってしまわれたよ。」と言う声がしたので、

助動・過・已 接助 感 シク・終 格助 四・用 接助 副 四・命 終助 格助
ければ、あな、わびしと思ひて、いま一度起こせかしと、思ひ寝
ああ、困ったことだと思って、もう一度起こしてくれよと、思いなが

格助 四・已 接助 副 副 四・用 格助 四・体 格助 サ変・用 助動・過・已 接助
に聞けば、ひしひしと、ただ食ひに食ふ音のしければ、
ら寝て聞いていると、むしゃむしゃと、ひたすら食べに食べる音がしたので、

ク・用 接助 格助 格助 感 格助 下二・用 助動・完・用 助動・過・已 接助
ずちなくて、無期ののちに、「えい。」といらへたりければ、
どうしようもなくて、長い時間ののちに、「はい。」と返事をしたので、

四・体 ク・終
僧たち笑ふこと限りなし。
僧たちが笑うことこの上ない（ことだった）。

物事を深く推量する意になる。
＊「おどろかす」＝ここでは、起こす、目覚めさせる、の意。
7**おどろかせ給《たま》へ《エ》** 「せ」＋「たまへ」で二重敬語だが、ここでは、幼少の児へのいたわりをこめたもの。
＊「おどろく」＝ここでは、眠りから覚める、目を覚ます、の意。
7**一度《いちど》にいらへむ《エン》も** 一度で返事をするのも。
＊「いらふ」＝返事をする。返答する。
8**もぞ** 係助詞「も」＋係助詞「ぞ」。…すると困る。…するといやだ。

教27ページ
1**念《ねん》じて** 我慢して。
＊「念ず」＝我慢する。
1**な起《お》こし奉《たてまつ》りそ** お起こし申しあげるな。
＊「な…そ」＝…してくれるな。やわらかい禁止を表す。
2＊**わびし** ここでは、困った、弱った、の意。
3**起《お》こせかし** 起こしてくれよ。
「かし」＝念押しや、確認の意の終助詞。
3**ひしひしと** むしゃむしゃと。ものを食べる音の形容。

課題

一　歴史的仮名遣いに注意して、繰り返し音読しよう。

考え方　教30・31ページ「歴史的仮名遣い」を参考にする。現代では使われない仮名もあるので注意する。

二　児が心の中で思っている部分を全て抜き出し、心の動きを整理してみよう。

解答　〈心の中で思っている部分〉

●さりとて、し出《い》ださむを待ちて寝ざらむも、わろかりなむ
●定めておどろかさむずらむ　●うれし
●ただ一度にいらへむも、待ちけるかともぞ思ふ
●いま一声呼ばれていらへむ　●あな、わびし
●いま一度起こせかし

解答例　〈心の動き〉

「ぼた餅を作ろう。」という僧の言葉を、ぼた餅が食べられると期待して聞いたが、寝ずに待っているのは体裁が悪いと思って寝たふりをする。ぼた餅ができた様子なので、きっと起こしてくれるだろうと思っていたところ、声がかかってうれしく思ったが、一度で返事をして、待っていたと思われるのもいやなので、もう一度呼ばれてから返事をしようと思う。すると、自分を起こすのを止める声がしたので困ったことだと思い、もう一度起こしてくれと切に思うが、ぼた餅を食べる音がしたので、どうしようもなくなり、返事をした。

三　僧たちは、児が「寝たる由」(26・4)をしていることについて気がついたのだろうか、話し合ってみよう。

考え方　最初から気づいていた場合や一度目の声かけのときに気づいた場合、最後まで気づいていなかった場合などが考えられる。児の寝たふりに気づいていたと考えると、僧たちはわざと二度目の声かけをせずに児を焦らせたというふうに考えられる。気づいていなかったとすると、僧たちは良かれと思って児を起こさなかったということであろう。児を起こさなかったことを、僧たちのからかいと捉えるか、善意と捉えるか、その理由とともに思ったことを話し合ってみよう。

語句と表現

一　古文には、現代の文章とどのような違いがあるか、話し合ってみよう。

考え方　古文と現代の文章との違いには、次のような違いがある。

・文法　・使われる言葉　・仮名遣い　・言葉の省略

文法の違いとしては、たとえば「ありけり」「な起こし奉りそ」など、使われる助詞・助動詞の違いなどが挙げられる。使われる言葉の違いとしては、現代では使われなくなった言葉や現代とは異なる意味をもつ言葉が挙げられる。仮名遣いは「ひ」「ゐ」を「イ」と読むことなどが挙げられる。言葉の省略としては、助詞の省略(「児(が)ありけり」)、目的語の省略(「(かいもちひを)し出ださむ」)、主語の省略(「(僧たちが)ひしめき合ひたり」)などが挙げられる。気づいたことを話し合ってみよう。

文法から解釈へ①　古語辞典

教科書P.28〜29

古語には「かいもちひ」のように現代では使われなくなった言葉や、「おどろく」のように今とは異なる意味をもつ言葉などがある。わからない単語があったらすぐに古語辞典を引く習慣をつけよう。

1 ①〜③の傍線部の単語を古語辞典で調べ、最も適切な現代語訳を（　）に合うように書き入れよ。　（「児のそら寝」より）

① 心寄せに聞きけり。
（　　　　）聞いた。

② 定めておどろかさむずらむと
（　　　　）起こそうとするだろうと

③ ただ一度にいらへむも、
たった一度で（　　　　）のも、

考え方　活用語は終止形に直してから古語辞典を引くこと。

答　1　①期待して　②きっと　③返事をする

古文を読むために①　歴史的仮名遣《かなづか》い／いろは歌／五十音図

教科書P.30〜31

古文は、平安時代中期以前の発音をもとにした歴史的仮名遣いで書かれている。

1 次の古語を現代仮名遣いに改めよ。

① 思ひ→（　　　　）
② 待ちゐたるに→（　　　　）
③ をさなき人→（　　　　）
④ 食ひに食ふ音→（　　　　）
⑤ いらへたり→（　　　　）
⑥ あふぎ→（　　　　）
⑦ ひとこゑ→（　　　　）
⑧ はづかしげ→（　　　　）
⑨ 思ひ出にせむ→（　　　　）

2 教31ページの「いろは歌」を見て次の問いに答えよ。

① 「いろはにほへ」を現代仮名遣いに直せ。
（　　　　）

② 「いろは歌」の中から、現代仮名遣いにない文字を全て抜き出せ。
（　　　　）

答　1　①思い　②待ちいたるに　③おさなき人　④食いに食う音　⑤いらえたり　⑥おうぎ　⑦ひとこえ　⑧はずかしげ　⑨思い出にせん
2　①いろはにおえ　②ゐ・ゑ

絵仏師良秀《りやうしう》

〔宇治拾遺物語〕

教科書P.32～33

【大　意】　1　教32ページ1～4行

昔、絵仏師の良秀という者がいた。ある日隣家から出火して家が火事になったが、良秀は家の中に妻子が取り残されているのに、自分だけ逃げ出せたのをよいことに、道の向かいに立っていた。

【品詞分解／現代語訳】

これ も 今 は 昔、絵仏師良秀 と いふ あり けり。家 の 隣 より
（代）　係助　係助　格助　四・体　ラ変・用　助動・過・終　格助　格助
これも今となっては昔の話だが、絵仏師の良秀という者がいた。（良秀の）家の隣から

火 出で来 て、風 おしおほひ て せめ けれ ば、逃げ出で て、大路 へ
カ変・用　接助　四・用　接助　下二・用　助動・過・已　接助　下二・用　接助　格助
出火して、風が覆いかぶさってくるように吹いて（火が）迫ってきたので、（良秀は）逃げ出て、大通りへ

出で に けり。人 の 書か する 仏 も おはし けり。また、衣
下二・用　助動・完・用　助動・過・終　格助　四・未　助動・使・体　係助　サ変・用　助動・過・終　接
出てしまった。（家の中には）人が（良秀に注文して）描かせている仏もいらっしゃった。また、着物を

着 ぬ 妻子 など も、さながら 内 に あり けり。それ も 知ら
上一・未　助動・打・体　副助　係助　副　格助　ラ変・用　助動・過・終　（代）　係助　四・未
着ていない妻子なども、そのまま家の中にいた。（良秀は）それも気に

ず、ただ 逃げ出で たる を こと に し て、向かひ の つら に
助動・打・用　副　下二・用　助動・完・体　格助　格助　サ変・用　接助　格助　格助
かけず、ただ（自分が）逃げ出たことをよいことにして、道の向かい側に立っていた。

立て り。
四・已（命）　助動・存・終

語句の解説 1

教32ページ

1 **いふありけり** 「いふ《ウ》」は連体形。下に「者」などの体言を補って訳す。

1 **おしおほひて** 覆《オ》いかぶさって。「おし」は接頭語で、下の動詞に、押す、押さえる、の意を添える。

2 **人の書《か》かする仏《ほとけ》** 人が絵仏師である良秀に注文して描かせている仏、ということ。
「の」＝主格を表す格助詞。
「する」＝使役の助動詞「す」の連体形。

3 **おはしけり** いらっしゃった。
＊「おはす《ワ》」＝いらっしゃる。おいでになる。「居る」の尊敬語で、ここでは筆者の「仏」に対する敬意を表す。

3 ＊**さながら** ここでは、そのまま、もとのまま、の意。

❶ 「それ」とは何か。

答 描きかけの仏の絵や妻子が、まだ家の中にいること。

【大意】 2 教32ページ5行～33ページ5行

良秀は、自分の家に燃え移った炎を見て時々笑った。見舞いに来た人たちが不審に思って尋ねると、良秀は不動尊の火炎の描き方が理解できてもうけものをしたと言って、人々をあざ笑った。その後、良秀の絵は良秀のよじり不動といって、今でも人々は称賛している。

【品詞分解／現代語訳】

見れ ば、すでに わ が 家 に 移り て、煙、炎、くゆり ける まで、
上一・已 接助 副 (代) 格助 格助 四・用 接助 四・用 助動・過・体 副助
見ると、(火は)すでに自分の家に燃え移って、煙、炎が、くすぶるまで、

おほかた、向かひ の つら に 立ち て 眺め けれ ば、「あさましき こと。」
副 格助 格助 四・用 接助 下二・用 助動・過・已 接助 シク・体
(良秀はその様子の)だいたいを、道の向かい側に立って眺めていたので、「大変なこと。」と言って、

と て、人ども 来とぶらひ けれ ど、騒が ず。「いかに。」と 人 言ひ
格助 接助 四・用 助動・過・已 接助 四・未 助動・打・終 副 格助 四・用
人々がやって来て見舞ったが、(少しも)慌てない。「どうしたのか。」と人が言ったところ、

けれ ば、向かひ に 立ち て、家 の 焼くる を 見 て、うちうなづき て、
助動・過・已 接助 格助 四・用 接助 格助 下二・体 格助 上一・用 接助 四・用 接助
(良秀は道の)向かいに立って、家の焼けるのを見て、うなずいて、

時々 笑ひ けり。「あはれ、し つる せうとく かな。年ごろ は わろく
副 四・用 助動・過・終 感 サ変・用 助動・完・体 終助 係助 ク・用
時々笑った。「ああ、大変な得をしたなあ。長年下手に描いていたもの

書き ける もの かな。」と 言ふ ときに、とぶらひ に 来 たる 者ども、
四・用 助動・詠・体 終助 格助 四・体 格助 格助 カ変・用 助動・完・体
だなあ。」と言う時に、見舞いに来た人たちが、

「こ は いかに、かくて は 立ち 給へ る ぞ。あさましき こと かな。
(代) 係助 副 副 係助 四・用 補尊・四・已(命) 助動・存・体 係助 シク・体 終助
「これはまあなんとしたことだ、このようにして立っていらっしゃるのか。驚きあきれたことだなあ。

物 の つき 給へ る か。」と 言ひ けれ ば、「なんでふ、物 の
格助 四・用 補尊・四・已(命) 助動・完・体 係助 格助 四・用 助動・過・已 接助 副 格助
霊の類がとりつきなさったのか。」と言ったので、「どうして、霊の類が

3 知《し》らず 気にかけず。
「知る」＝ここでは、気にかける、の意。

語句の解説 2

6 あさましきこと 大変なこと。良秀の家に火が燃え移ったことに対する驚きを表す。
*「あさまし」＝ここでは、大変だ、の意。

6 来《き》とぶらひ《ィ》けれど やって来て見舞ったが。
「とぶらふ」＝ここでは、見舞う、の意。

7 騒《さわ》がず 主語は良秀。
「騒ぐ」＝ここでは、動揺する、落ち着きがなくなる、の意。

7 *いかに どうしたのか。どういうことか。

8 あは《ワ》れ ああ。詠嘆した時に発する感動詞。

9 *年《とし》ごろ ここでは、長年、の意。

10 こはいかに 意外なことに出会った時の驚きや感動を表す慣用句的な表現。

10 かくて このようにして。副詞「かく」＋接続助詞「て」と判断してもよい。

10 あさましき ここでの「あさまし」は、驚きあきれるばかりだ、の意。

2 何を「わろく書きける」なのか。

答 不動尊の火炎。

四・終　助動・当・体　係助　格助　格助　シク・用　四・用　助動・過・体　助動・断・終
つく べき ぞ。年ごろ、不動尊 の 火炎 を 悪しく 書き ける なり。
とりつくはずがあろうか、いや、とりついてなどいない。長年、不動尊の火炎を下手に描いていたのだ。

上一・已　接助　副(音)　係助(係)　下二・用　助動・詠・已(結)　格助　下二・用　助動・完・体　助動・断・終　(代)
今 見れ ば、かう こそ 燃え けれ と、心得 つる なり。これ
今見ると、このように(火炎は)燃えていたのだなあと、理解したのだ。これこ

係助　間助　(代)　格助　格助　下二・用　接助　格助　ラ変・未　助動・仮・体　格助　係助
こそ、せうとく よ。この 道 を 立て て 世 に あら む に は、
そ、もうけものよ。この(絵仏師の)道を専門にして世を生きていくには、

副助　ク・用　四・用　補謙・四・未　接助　格助　係助　カ変・用　助動・強・未　助動・推・終　(代)
仏 だに よく 書き 奉ら ば、百千 の 家 も 出で来 な む。わ党たち
せめて仏だけでも上手に描き申しあげるならば、百軒千軒の家もきっとできるだろう。おまえたち

係助　連　係助　サ変・未　助動・打・已　接助　格助　係助　四・用　補尊・四・命　格助
こそ、させる 能 も おはせ ね ば、物 を も 惜しみ 給へ。」と
こそ、これといった才能もおありにならないので、物をもお惜しみなさりませ。」と言って、

四・用　接助　四・用　接助　係助(係)　四・已(命)　助動・存・用　助動・過・已(結)
言ひ て、あざ笑ひ て こそ 立て り けれ。
あざ笑って立っていた。

(代)　格助　助動・断・用　係助　格助　格助　接助　副　四・已(命)
そ の のち に や、良秀 が よぢり不動 と て、今に 人々 めで合へ
その後のことであろうか、(良秀の絵は)良秀のよじり不動といって、今でも人々はみなほめ合って

助動・存・終
り。
いる。

教33ページ

1 **悪《あ》しく**　下手に。
＊「悪し」＝ここでは、下手だ、の意。

1 **かう《コウ》こそ燃《も》えけれ**　このように燃えていたのだなあ。
「かう」＝副詞「かく」のウ音便。
「けれ」＝初めて気づいた驚きや感動を表す、いわゆる「気づきの『けり』」の已然形。

1 **心得《こころえ》つるなり**　理解したのだ。
＊「心得《こころう》」＝ここでは、理解する、納得する、の意。

③ 「この道」とは何か。

答　絵仏師の道。

2 **仏《ほとけ》だに**　せめて仏だけでも。
＊「だに」＝最低の限度を表す副助詞。

2 **書《か》き奉《たてまつ》らば**　描き申しあげるならば。
「奉る」＝謙譲の補助動詞。良秀の仏への敬意を表す。

5 **そののちにや**　下に「あらむ」などが省略されている(結びの省略)。

5 **めで合《あ》へ《エ》り**　みな称賛し合っている。
＊「めづ」＝ここでは、ほめる、賞美する、

課題

一　良秀が「これこそ、せうとくよ。」(33・2)と言ったのはなぜか、説明してみよう。

考え方　まず、「これ」の指す内容をおさえる。そのことによって、良秀は何を得ることができると思ったのかを、「この道を……出《い》で来なむ。」(33ページ2〜3行)から読み取ればよい。

解答例　家は燃えてしまったが、その火事の炎の様子を見ることで、不動尊の火炎の描き方を理解することができ、それによって、絵仏師として成功することも、経済的な豊かさを得ることもできると思ったから。

二　絵を描くことに対する良秀の姿勢をどう思うか、話し合ってみよう。

考え方　良秀は、自分の家が燃え、その中に妻子が取り残されているにもかかわらず、「うちうなづきて、時々笑ひ」(32ページ8行)、不動尊の火炎の描き方が理解できたことを「せうとく」(32ページ8行)だと言っている。そういう絵に対する良秀の執念を、名を成そうとする芸術家としてのあるべき姿とみるか、絵のためなら妻子のことも顧みない非情な人間とみるか、思ったことを話し合ってみよう。

—の意。

語句と表現

一　次の動詞の活用表を書いてみよう。

①さながら内にありけり。(32・3)
②とぶらひに来たる者ども、(32・9)
③今見れば、(33・1)　④心得つるなり。(33・1)
⑤能もおはせねば、(33・3)

考え方　①「あり」は、ラ行変格活用。②「来」は、カ行変格活用。③「見る」は、マ行上一段活用。④「得」は、ア行下二段活用。⑤「おはす」は、サ行変格活用。

解答

基本形	語幹	未然形	連用形	終止形	連体形	已然形	命令形
あり	あ	ら	り	り	る	れ	れ
来	(来)	こ	き	く	くる	くれ	こ(こよ)
見る	(見)	み	み	みる	みる	みれ	みよ
得	(得)	え	え	う	うる	うれ	えよ
おはす	おは	せ	し	す	する	すれ	せよ

文法から解釈へ②　用言

教科書P.34

活用のある単語の中でも、単独で述語となりうる「動詞」「形容詞」「形容動詞」を「用言」といい、その活用形は、下に続く語の種類で判断することができる。また、活用を理解すれば、省略された語を補ったり、係っている言葉を判断したりするのに役立つ。

1 次の傍線部の品詞名と、活用形を答えよ。

（「児のそら寝」『竹取物語』より）

① この児《ちご》、心寄せに聞きけり。（　・　）
② をさなき人は、寝入り給《たま》ひにけり。（　・　）
③ うれしとは思へども、（　・　）
④ ただ食ひに食ふ音のしければ、（　・　）
⑤ すくすくと大きになりまさる。（　・　）

答　1　①動詞・連用形　②形容詞・連体形　③形容詞・終止形　④動詞・連体形　⑤形容動詞・連用形

古文を読むために②

品詞分類／用言と活用形／動詞／形容詞／形容動詞／形容詞・形容動詞の語幹用法／省略

教科書P.35～38

1 次の文を品詞ごとに分解し、例にならって／を書き入れよ。

（「絵仏師良秀」より）

例　人／の／書か／する／仏／も／おはし／けり。
① 向かひのつらに立ちて
② 火炎を悪しく書きけるなり。
③ かうこそ燃えけれ

2 次の傍線部の品詞名を書け。

（「児のそら寝」「絵仏師良秀」より）

① いざ、かいもちひせむ。（　）（　）
② さりとて、し出《い》ださむを待ちて（　）（　）
③ 寝たる由《よし》にて、（　）（　）
④ 向かひのつらに立ちて（　）（　）
⑤ 大路へ出でにけり。（　）（　）
⑥ 人ども来とぶらひけれど、騒がず。（　）（　）
⑦ かうこそ燃えけれ（　）（　）
⑧ あさましきこと。（　）（　）
⑨ 貴《あて》なるもいやしきも（　）（　）

（『竹取物語』より）

⑩ ある人、県《あがた》の四年五年《よとせいつとせ》果てて、（　）（　）

（『土佐日記』より）

3 次の傍線部の用言の活用形を答えよ。

（「児のそら寝」より）

① 児ありけり。（　）（　）
② いざ、かいもちひせむ。（　）（　）
③ うれしとは思へども、（　）（　）
④ あな、わびしと思ひて、（　）（　）
⑤ いま一度起こせかしと、（　）（　）
⑥ 僧たち笑ふこと限りなし。（　）（　）

4　次の傍線部の動詞の活用表を完成させよ。

（「児のそら寝」より）

① 待ちて寝ざらむも、
② 出で来るを待ちけるに、
③ 待ちゐたるに、
④ 念じて寝たるほどに、

	基本形	語幹	未然形	連用形	終止形	連体形	已然形	命令形
①								
②								
③								
④								

5　次の傍線部の動詞の活用の種類を答えよ。

（「児のそら寝」「絵仏師良秀」より）

① 比叡《ひえ》の山に児ありけり。（　）
② いざ、かいもちひせむ。（　）
③ 出で来るを待ちけるに、（　）
④ 待ちゐたるに、（　）
⑤ ただ一度にいらへむも、（　）
⑥ 衣着《きぬ》ぬ妻子《めこ》なども、（　）
⑦ 前の谷に踊り落つるに、（『今昔物語集』より）（　）
⑧ 逃げて去《い》にけり。（『今昔物語集』より）（　）

6　次の傍線部の形容詞、形容動詞の活用表を完成させよ。

（「絵仏師良秀」より）

① 「あさましきこと。」とて、
② 年ごろはわろく書きけるものかな。
③ すくすくと大きになりまさる。（『竹取物語』より）
④ 佳景寂寞《じゃくまく》として（『奥の細道』より）

	基本形	語幹	未然形	連用形	終止形	連体形	已然形	命令形
①								
②								
③								
④								

7　次の傍線部の形容詞・形容動詞の終止形を答えよ。

① あなめでたや。（『徒然草』より）（　）
② あな、わびし（「児のそら寝」より）（　）
③ いささかの疵《きず》なき。（『枕草子』より）（　）
④ をかしの御髪《みぐし》や。（『源氏物語』より）（　）
⑤ 瀬を早み（『小倉百人一首』より）（　）
⑥ いざみの山を高みかも（『万葉集』より）（　）

8 次の文を、省略されている助詞を補って、現代語訳せよ。

（「児のそら寝」「絵仏師良秀」より）

① 児ありけり。（　　　）

② 家の隣より火出で来て、（　　　）

③ 人言ひければ、（　　　）

④ 炭持て渡るも（『枕草子』より）（　　　）

⑤ ある人、弓射ることを習ふに、（『徒然草』より）（　　　）

⑥ 人あまた誘ひて、（『徒然草』より）（　　　）

⑦ 筒の中光りたり。（『竹取物語』より）（　　　）

⑧ 道知れる人もなくて、（『伊勢物語』より）（　　　）

答

1 ①向かひ／の／つら／に／立ち／て　②火炎／を／悪しく／書き／ける／なり。　③かう／こそ／燃え／けれ

2 ①感動詞　②接続詞　③名詞　④(接続)助詞　⑤動詞　⑥助動詞　⑦副詞　⑧形容詞　⑨形容動詞　⑩連体詞

3 ①連用形　②未然形　③已然形　④終止形　⑤命令形　⑥連体形

4 (上から順に)①寝／(寝)／ね／ね／ぬ／ぬる／ぬれ／ねよ　②出で来／出で／こ／き／く／くる／くれ／こ(こよ)　③待ちゐる／待ち／ゐ／ゐ／ゐる／ゐる／ゐれ／ゐよ　④念ず／念／ぜ／じ／ず／ずる／ずれ／ぜよ

5 ①ラ行変格活用　②サ行変格活用　③カ行変格活用　④(ワ行)上一段活用　⑤(ハ行)下二段活用　⑥(カ行)上一段活用　⑦(タ行)上二段活用　⑧ナ行変格活用

6 (上から順に)①あさまし／あさま／(しく)・しから／しく・しかり／し／しき・しかる／しけれ／しかれ　②わろし／わろ／(く)・から／く・かり／し／き・かる／けれ／かれ　③大きなり／大き／なら／なり・に／なり／なる／なれ／なれ　④寂寞たり／寂寞／たら／たり・と／たり／たる／たれ／たれ

7 ①めでたし　②わびし　③いささかなり　④をかし　⑤早し　⑥高し

8 ①児がいた。　②家の隣から火が出てきて、　③人が言ったところ、　④炭を持って渡ることも　⑤ある人が、弓を射ることを習うときに、　⑥人を大勢誘って、　⑦筒の中が光っている。　⑧道を知っている人もいなくて、

二　随筆

●随筆とは

「随筆」とは、自分の見聞・体験・感想などを、特定の形式にとらわれず、思うままに自由な形式で書きつづった文章である。平安時代から多くの作品が生まれ、特に『枕草子《まくらのそうし》』『徒然草《つれづれぐさ》』『方丈記《ほうじょうき》』は三大随筆と呼ばれている。

『枕草子』は、清少納言《せいしょうなごん》によって平安時代中期に書かれた。宮中での見聞、四季の情趣、人生観などが、鋭い観察眼、才気あふれる筆致で描かれている。

『徒然草』は、鎌倉時代後期の随筆。作者は兼好《けんこう》法師で、内容は無常観に根ざした人生観、宗教観、人間観、自然観照など多岐にわたっている。ほとんどが短文だが、含蓄のある名文として現在まで親しまれている。

『方丈記』は、鎌倉時代初期の随筆。作者は鴨長明《かものちょうめい》。仏教的無常観を背景に、大火や地震などを例にして、人生の無常が語られている。簡潔で流麗な名文として、古来知られている。

春はあけぼの

〔枕草子〕

教科書P.40～41

【大　意】　1　教40ページ1～5行

春は、夜明け方、次第に明るくなっていくなか、紫がかった雲が細く伸びている光景がすばらしい。夏は、夜、月が出ていたり、蛍が光っていたりする光景、あるいは雨が降っている光景が趣深い。

【品詞分解／現代語訳】

春　は　あけぼの。　やうやう　白く　なりゆく、　山ぎは　すこし　明かり　て、
（は＝係助／やうやう＝副(音)／白く＝ク・用／なりゆく＝四・体／すこし＝副／明かり＝四・用／て＝接助）

春は夜明け方（がすばらしい）。次第に白くなっていく、山の稜線近くの空が少し明るくなって、

紫だち　たる　雲　の　細く　たなびき　たる。
（紫だち＝四・用／たる＝助動・存・体／の＝格助／細く＝ク・用／たなびき＝四・用／たる＝助動・存・体）

紫がかった雲が細く長く伸びている（ところがすばらしい）。

語句の解説　1

教40ページ

1 ＊**やうやう《ヨウヨウ》**　次第に。だんだん。

2 **たなびきたる**　横に長く伸びている（ところがすばらしい）。後に「も、をかし」などが省略されている。

①　何に対して「闇も」なのか。

答　月が出ている夜に対して。

係助　格助　係助　ナリ・用　係助　副　格助　ク・用　四・用
夏 は 夜。月 の ころ は さらなり、闇 も なほ、蛍 の 多く 飛びちがひ
夏は夜(がすばらしい)。月が出ているころ(がすばらしいの)は言うまでもない、(月が出ていない)闇でもやはり、蛍

助動・存・体　接　副　副助　ナリ・用　四・用　接助　四・体　係助　シク・終
たる 。また、ただ 一つ 二つ など、ほのかに うち光り て 行く も をかし。
が多く飛び交っている(ところはすばらしい)。また、(蛍が)ただ一匹二匹など、ぼんやりと光って飛んで行くのも趣がある。

副助　四・体　係助　シク・終
雨 など 降る も、をかし。
雨などが降るのも趣がある。

【大 意】 2 教40ページ6～9行

秋は、夕暮れに夕日が傾いてきて、烏や雁が飛んで行く光景がよい。また、日が沈んで、風の音や虫の鳴き声が聞こえてくるのも風情がある。

【品詞分解／現代語訳】

係助　格助　四・用　接助　副　ク・用(音)　四・用　助動・存・体　格助
秋 は 夕暮れ。夕日 の さし て 山の端 いと 近う なり たる に、烏
秋は夕暮れ(がすばらしい)。夕日が差して 山の稜線がとても近くなっているときに、 烏

格助　格助　四・終　格助　接助　四・体　副助
の 寝所 へ 行く と て、三つ 四つ、二つ 三つ など、飛び急ぐ さへ
がねぐらへ行こうとして、 三羽四羽、二羽三羽など(が連なって)急いで飛んで行く光景ま

ナリ・終　副(音)　副助　格助　下二・用　助動・存・体　格助　副　ク・用　下二・体　係助
あはれなり。まいて 雁 など の 連ね たる が、いと 小さく 見ゆる は、
でしみじみと趣深い。まして雁などが一列に並んで(飛んで)行くのが とても小さく見えるのは、

副　シク・終　下二・用　接助　格助　格助　副助　副　四・終　助動・適・体
いと をかし。日 入り果て て、風 の 音、虫 の 音 など、はた 言ふ べき
とても趣がある。日がすっかり沈み切って、風の音、虫の音など(が聞こえてくるのは)これもまた言うまでもない(こ

助動・断・用　ラ変・未　助動・打・終
に あら ず。
とだが、すばらしい)。

4 **ほのかに**　ぼんやりと。
*「ほのかなり」＝ぼんやりしている。
4 ***をかし**《オ》　趣がある。風情がある。

語句の解説 2

6 **山《やま》の端《は》いと近《ちか》うなりたる**　山の稜線がとても近くなっている。日が傾いていることを表している。
7 **飛《と》び急《いそ》ぐさへ《エ》あはれ《ワ》なり**　急いで飛んで行く光景までしみじみと趣深い。
「さへ」＝添加を表す副助詞。日が沈む光景に加えて、烏が飛んで行く光景も、ということ。
*「あはれなり」＝ここでは、しみじみと趣深い、の意。
7 **まいて**　まして。
8 **入《い》り果《は》てて**　すっかり沈み切って。
*「果つ」＝すっかり……切る。……終わる。
9 **はた言《い》ふ《ウ》べきにあらず**　これもまた言うまでもない。

【大　意】　3　教41ページ1〜4行

冬は、早朝に雪が降っていたり、霜が下りていたり、またとても寒いときに、炭をあちこちの部屋へ持って回っている光景がいかにも冬の朝らしくすばらしい。昼、気温が上がって来て、炭が白くなってしまうのはよろしくない。

【品詞分解／現代語訳】

冬 は〈係助〉 つとめて。 雪 の〈格助〉 降り〈四・用〉 たる〈助動・存・体〉 は〈係助〉 言ふ〈四・終〉 べき〈助動・適・体〉 に〈助動・断・用〉 も〈係助〉

冬は早朝（がすばらしい）。雪が降っている（光景がすばらしい）のは、言うまでもない。

あら〈ラ変・未〉 ず。〈助動・打・終〉 霜 の〈格助〉 いと〈副〉 白き〈ク・体〉 も、〈係助〉 また〈接〉 さら〈ラ変・未〉 で〈接助〉 も、〈係助〉 いと〈副〉 寒き〈ク・体〉 に、〈格助〉 火

（下りた）霜がとても白いことも（すばらしく）、またそうでなくても、とても寒いときに、火

など〈副助〉 急ぎおこし〈四・用〉 て、〈接助〉 炭 持て渡る〈四・体〉 も〈係助〉 いと〈副〉 つきづきし。〈シク・終〉 昼 に〈格助〉 なり〈四・用〉 て、〈接助〉

などを急いで起こして、その炭を（あちこちの部屋へ）持って回るのも似つかわしい。昼になって、寒さがだんだ

ぬるく〈ク・用〉 ゆるび〈四・用〉 もていけ〈四・已〉 ば、〈接助〉 火桶 の〈格助〉 火 も〈係助〉 白き〈ク・体〉 灰がちに〈（連語）〉 なり〈四・用〉 て、〈接助〉 わろし。〈ク・終〉

んゆるんでぬるくなっていくと、火鉢の中の火（がついた炭）も白い灰ばかりになって、みっともない。

（第一段）

語句の解説 3

教41ページ

1 ＊**つとめて**　早朝。

② 「さらでも」を口語訳せよ。

答 そうでなくても。（雪や霜がなくても。）

2 **持《も》て渡《わた》る**　持って回る。持っていく。

＊「渡る」＝……回る。一面に……する。

2 ＊**つきづきし**　似つかわしい。ふさわしい。

3 **灰《はひ》がちになりて**　灰ばかりになって。

「がち」＝言葉の後について、偏りやすいことを表す。

4 ＊**わろし**　みっともない。よくない。

課　題

一　**それぞれの季節で取りあげられた時間と風物・情景、それに対する評価について整理してみよう。**

解答例

● 春は明け方、朝日が昇る前にだんだん明るくなっていき、紫がかった雲が細く伸びている情景が取りあげられている。

● 夏は夜、月が出ている情景、闇夜に蛍が飛んでいる情景、雨が降る情景が取りあげられている。それに対して「をかし（趣がある）」と評価されている。

● 秋は夕暮れに、烏や雁が飛んで行く情景、日が沈んで風の音や虫の鳴き声が聞こえる情景が取りあげられている。烏が飛ぶ情景は「あはれなり（しみじみと趣深い）」、雁が飛ぶ情景は「をかし」と評価されている。

● 冬は早朝の雪、霜が取りあげられている。また、炭を持って回っている情景が取りあげられ、「つきづきし（いかにも冬の朝にふさわしい）」と評価されている。また、灰ばかりになった火鉢の炭は「わろし（みっともない）」と評価されている。

二 **「秋は」の段(40・6～9)で取りあげられたものには、「日入り果てて」の前後でどのような違いがあるか。気がついたことを話し合ってみよう。**

考え方 「日入り果てて」の前で取りあげられたものは、夕日が沈んでいく様子、烏、雁が飛ぶ様子など視覚的なもの。「日入り果てて」の後では、風の音、虫の鳴き声と聴覚的なものが取りあげられている。気づいたことを話し合ってみよう。

語句と表現

一 **本文中から音便形を抜き出し、もとの形に直してみよう。**

考え方 「音便」とは、発音しやすいように語中・語尾の音が変化すること。イ音便、ウ音便、撥音便《はつおんびん》、促音便がある。

解答 「やうやう(ウ音便)」→「やうやく」、「近う(ウ音便)」→「近く」、「まいて(イ音便)」→「まして」

二 **「あけぼの」(40・1)は、朝の中でも、どのような時間帯を表すか。古語辞典を引いて調べてみよう。また他の朝に関する古語(「つとめて」など)も調べてみよう。**

解答 「あけぼの」は、夜が明けようと空が白み始めた時間帯。同じような意味の言葉として「あさぼらけ」や「しののめ」がある。他に朝に関する古語としては、「あけぼの」よりも前の時間帯を表す「あかつき」、「あけぼの」の後の時間を表す「あした」などがある。

ありがたきもの

〔枕草子〕

教科書P.42～43

【大 意】 教42ページ1～8行

珍しいものとして、義理の親に愛される婿や嫁、使い勝手のよい銀の毛抜き、忠誠心のある従者、癖や欠点のない人、隙を隠しとおすこと、墨で汚さずに本を書き写すこと、男女の仲や友情がいつまでも続くことなどが挙げられる。

【品詞分解／現代語訳】

ありがたき(ク・体) **もの。**
珍しいもの。

舅 に(格助) **ほめ**(下二・未) **らるる**(助動・受・体) **婿。**
舅に褒められる婿。

また、(接) **姑 に**(格助) **思は**(四・未) **るる**(助動・受・体) **嫁の君。**
また、姑に愛される嫁。

毛 の(格助) **よく**(副) **抜くる**(下二・体) **銀 の**(格助) **毛抜き。**
毛がよく抜ける銀の毛抜き。

主 そしら(四・未) **ぬ**(助動・打・体) **従者。**
主人を悪く言わない従者。

つゆ(副) **の**(格助)
全く癖のない

語句の解説

教42ページ

1 **ありがたきもの** 珍しいもの。

＊「ありがたし」＝珍しい。めったにない。

2 **主《しゅう》そしらぬ従者《ずさ》** 主人を悪く言わない従者。

「そしる」＝悪く言う。非難する。

2 **つゆの癖《くせ》なき** 全く癖がない(人)。

「つゆの」＝副詞「つゆ」に格助詞「の」がついて、連体修飾語になった形。

3 **かたち** 容貌。

癖なき。
人。

かたち、心ありさま、すぐれ、世に経るほど、いささかの疵なき。
容貌、気立てが、すぐれ、世の中を経る間、少しの欠点もない人。

同じ所に住む人の、かたみに恥ぢかはし、いささかの隙なく用意し
同じ所に宮仕えをしている人が、互いに敬意を払い合って、少しの隙もなく心を配っ

たりと思ふが、つひに見えぬこそ難けれ。
ていると思っていることが、最後まで見えないことは珍しいことだ。

物語、集など書き写すに、本に墨つけぬ。よき草子などは
物語や、歌集などを書き写すときに、本に墨をつけない（ことも珍しい）。よい本などは

いみじう心して書けど、必ずこそきたなげになるめれ。
たいそう用心して書くけれども、必ず汚くなってしまうようだ。

男女をば言はじ、女どちも、契り深くて語らふ人の、末
男女の仲のことは言うまい、女どうしであっても、固く約束して親しくつきあっている人で、最後

まで仲良き人難し。
まで仲がいい人はめったにない。

（第七二段）

3 **心《こころ》ありさま**　心の様子。ここでは、気立てと訳した。

3 **世《よ》に経《ふ》るほど**　世の中を経る間。「ほど」＝（時間的な）間。ころ。

3 **同《おな》じ**　シク活用の形容詞「同じ」の連体形は「同じ」である。

4 **＊かたみに**　互いに。

6 **本《ほん》に墨《すみ》つけぬ**　本に墨をつけない（ことは珍しい）。後に「は、ありがたし」などが省略されていると考えられるので、「ぬ」は打消の助動詞「ず」の連体形だと判断できる。

8 **男女《をとこをんな》**　男女の仲。男女の仲がはかないことはわざわざ言うまいという意味。

8 **女《をんな》どち**　女どうし。
＊「どち」……どうし。……たち。

8 **＊語《かた》らふ**　親しくつきあう。

課題

一　「つひに見えぬ」（42・5）とはどういうことか、説明してみよう。

解答例　同じ所に宮仕えしている人が、互いに敬意を払い合って、隙を見せないように心を配っているが、そのまま最後までその隙が見えないままであるということ。

二　「物語、集など書き写すに、本に墨つけぬ」（42・6）とあるが、当時の文学作品がどのように享受されていたか、考えてみよう。

考え方　まだ印刷の技術がなかったために、文学作品は書き写したものを貸し借りすることによって享受された。作者が書いたものを誰かが書き写し、その書き写したものを違う誰かが書き写し、ということを繰り返した結果、書き間違いや脱落が生じたり、文言や文

章が書き加えられたりすることもあった。

三 **自分の思う「ありがたきもの」について、その理由とともに発表してみよう。**

考え方 情報や物にあふれた現代社会においても、「ありがたきもの」、つまり、めったにないものやことは数多い。例えば、服や靴などを買う際に、デザインも着心地も値段も、すべてがちょうどよいものはなかなか見つからない。そういう経験をしたことがある人は少なくないはずだ。また、自分や周りの人の習慣を考えた上で、珍しい行動というのも考えられるだろう。例えば、いつも休日には遅くまで寝ている人が早起きをしたり、いつも黒い服ばかり着ている人が別の色の服を着たりなど、身の回りのことを思い返し、「ありがたきもの」を探して、発表してみよう。

語句と表現

一 **本文中から音便形を抜き出し、もとの形に直してみよう。**

解答 「いみじう（ウ音便）」→「いみじく」

二 **本文中から係り結びの法則が見られる部分を指摘してみよう。**

解答 「つひに見えぬこそ難けれ」…係助詞「こそ」によって、文末の「難し」が已然形「難けれ」になっている。「必ずこそきたなげになるめれ」…係助詞「こそ」によって、文末の「めり」が已然形「めれ」になっている。

古文を読むために③　係り結びの法則／音便

教科書P.45

1 **次の傍線部の係助詞の結びを単語で抜き出し、また、その係助詞の意味を書き入れよ。**

（『伊勢物語』より）

① はるばるきぬる旅をしぞ思ふ　（　・　）
② なりは塩尻《しほじり》のやうになむありける。　（　・　）
③ この女をこそ得めと思ふ、　（　・　）
④ 君ならずして誰《たれ》か上ぐべき　（　・　）
⑤ 守柄《かみがら》にやあらむ、（『土佐日記』より）（　・　）

2 **次の傍線部の音便をもとの形に直せ。**

① 人とることはあなるものを。（『徒然草』より）（　）
② きはめて太うたくましいに、（『平家物語』より）（　）
③ 鞍《くら》置いてぞ乗つたりける。（『平家物語』より）（　）（　）

答
1 ①思ふ・強意　②ける・強意　③め・強意　④べき・反語　⑤む・疑問
2 ①ある　②太くたくましき　③乗り

つれづれなるままに

〔徒然草《つれづれぐさ》〕

教科書P.46

【大　意】　教46ページ1～3行

所在なさにまかせて、心の中に浮かんでは消えることを書きつけていると、妙に狂気じみた気持ちがすることだ。

【品詞分解／現代語訳】

つれづれなる（ナリ・体）　まま　に（格助）、日暮らし（副）　硯　に（格助）　向かひ（四・用）　て（接助）、心　に（格助）　うつりゆく（四・体）

（これといってすることもなく）所在なさにまかせて、一日中硯に向かって、心に浮かんでは消えていくた

よしなしごと　を（格助）、そこはかとなく（ク・用）　書きつくれ（下二・已）　ば（接助）、あやしう（シク・用（音））　こそ（係助（係））

わいもないことを、とりとめもなく書きつけていくと、妙に狂気じみた気持ちがす

ものぐるほしけれ（シク・已（結））。　（序段）

ることだ。

語句の解説

教46ページ

1 つれづれなるままに　所在なさにまかせて。

＊「つれづれなり」＝することがなく手持ち無沙汰な状態。退屈なさま。所在ない。「ままに」＝…にまかせて。

1 ＊日暮《ひぐ》らし　一日中。

2 あやしう《シュウ》　「あやしく」のウ音便。

＊「あやし」＝妙だ。不思議だ。

2 ものぐるほ《オ》しけれ　狂気じみている。「ものぐるほし」の已然形で、「こそ」の結び。

ある人、弓射ることを習ふに

〔徒然草〕

教科書P.46～47

【大　意】　1　教46ページ4行～47ページ2行

ある人が弓の練習をする時に、二本の矢を持って的に向かうと、先生は、初心者は二本の矢を持ってはならない、一本の矢で必ず射抜こうと思えと注意した。無意識のうちに怠ける心が起きることをわかっているからだ。

【品詞分解／現代語訳】

ある（連）　人、弓　射る（上一・体）　こと　を（格助）　習ふ（四・体）　に（格助）、諸矢　を（格助）　たばさみ（四・用）　て（接助）　的　に（格助）　向かふ（四・終）。

ある人が、弓を射ることを習う時に、二本一組の矢を手に挟み持って的に向かう。

語句の解説　1

教46ページ

4 習《なら》ふ《ウ》に　「習ふ」は連体形。下に「時」などを補って訳す。

4 いは《ワ》く　「いふ」の未然形「いは」に接尾語「く」が付いたもの。

5 なかれ　形容詞「なし」の命令形。「…こ

師 の〔格助〕 いはく〔連語〕、「初心 の〔格助〕 人、二つ の〔格助〕 矢 を〔格助〕 持つ〔四・体〕 こと なかれ〔ク・命〕。のち の〔格助〕 矢 を〔格助〕 頼み〔四・用〕 て〔接助〕、初め の〔格助〕 矢 に〔格助〕 なほざり〔ナリ（語幹）〕 の〔格助〕 心 あり〔ラ変・終〕。毎度〔副〕 ただ〔副〕 得失 なく〔ク・用〕、こ〔（代）〕 の〔格助〕 一矢 に〔格助〕 定む〔下二・終〕 べし〔助動・意・終〕 と〔格助〕 思へ〔四・命〕。」と〔格助〕 言ふ〔四・終〕。わづかに〔ナリ・用〕 二つ の〔格助〕 矢、師 の〔格助〕 前 にて〔格助〕 一つ を〔格助〕 おろかに〔ナリ・用〕 せ〔サ変・未〕 ん〔助動・意・終〕 と〔格助〕 思は〔四・未〕 ん〔助動・推・終〕 や〔係助〕。懈怠 の〔格助〕 心、自ら 知ら〔四・未〕 ず〔助動・打・終〕 と〔格助〕 いへ〔四・已〕 ども〔接助〕、師 これ〔（代）〕 を〔格助〕 知る〔四・終〕。こ〔（代）〕 の〔格助〕 戒め、万事 に〔格助〕 わたる〔四・終〕 べし〔助動・当・終〕。

先生が言うことには、「初心者は、二本の矢を持ってはいけない。あとの（二本めの）矢をあてにして、初めの矢をいいかげんに思う気持ちがある（からである）。矢を射るたびに当たるか当たらないかと思い悩むことなく、この一本の矢で必ず決めようと思え。」と言う。たった二本の矢で、（しかも）先生の前で（射るのだから、その）一本をいいかげんにしようなどと思うだろうか、いや、思いはしない。（しかしまだ一本あると）怠ける心は、自分自身は意識しないといっても、先生はこれ（＝怠ける心は無意識のうちに起こること）をわかっている。この（弓を射る場合の）戒めは、全てのことに通じるにちがいない。

【大意】 2 教47ページ3～6行

仏の道の修行においても、あとの時間に念入りになどと思う人は、怠ける心を自覚することはできない。今の瞬間を意識して実行することの、なんと難しいことか。

【品詞分解／現代語訳】

となかれ」で、禁止の表現として用いられる。

① 「定む」とはどういうことか。

答 決める。ここでは、矢を的に命中させる、的を射抜く、ということ。

教47ページ

1 **おろかにせんと思《おも》は《ワ》んや** いいかげんにしようなどと思うだろうか。

＊「おろかなり」＝ここでは、いいかげんである、おろそかである、の意。

「や」＝反語を表す係助詞。

2 **自《みづか》ら** 自分自身は。副詞ともとれ、その場合は、自分自身では、と訳す。

② 「これ」は何を指すか。

答 懈怠の心。

語句の解説 2

2 **この戒《いまし》め** 先生が弟子に述べたことの全体を指す。

3 **道《みち》** 仏道。学問・芸術の道ともとれる。

4 **重《かさ》ねて** もう一度。ふたたび。

4 **ねんごろに** 丁寧に。

道を学する人、夕べには朝あらんことを思ひ、朝には夕べあらんことを思ひて、重ねてねんごろに修せんことを期す。いはんや一刹那のうちにおいて、懈怠の心あることを知らんや。なんぞ、ただ今の一念において、ただちにすることのはなはだ難き。

仏道を修行する人は、夕方には翌朝のあるようなことを思い、朝には夕方があるようなことを思って、（あとで）もう一度丁寧に修行しようというようなことを決心する。（一日の中でもこのような怠け心が出るのであるから）ましてほんの一瞬のうちにおいて、怠ける心があることを（その本人が）気づくだろうか、いや、気づきはしない。どうして、ただ今の一瞬において、（なすべきことを）すぐ実行することが非常に難しいのか。

（第九二段）

＊「ねんごろなり」＝ここでは、丁寧にするさま、心のこもったさま、の意。

4 期《ご》す　ここでは、決心する、覚悟する、の意。

4 いはんや《ワ》　まして。呼応の副詞。文末の反語の係助詞「や」と呼応する。

4 おいて　四段活用動詞「おく」の連用形＋接続助詞「て」＝「おきて」のイ音便。「において」の形で、格助詞のように用いられる。

6 難《かた》き　「なんぞ」という疑問詞を受けて、連体形で結んでいる。

課題

一　次のそれぞれの場合、「懈怠の心」（47・1）はどのような形で表れているか。本文に即して具体的に説明してみよう。

① 「弓射ることを習ふ」（46・1）人の場合。

解答例　無意識のうちに二本めの矢をあてにして、初め（一本め）の矢をいいかげんに思ってしまう。

② 「道を学する人」（47・3）の場合。

解答例　夕方だったら翌朝に、朝だったら夕方にと、あとの時間をあてにして、今すべきことをおろそかにしてしまう。

二　筆者のいう「懈怠の心」（47・1）についてどのように考えるか。自分の体験をもとに、話し合ってみよう。

考え方　筆者は、無意識のうちに「懈怠の心」は起きてしまうため、「ただ今」の一瞬を大切にして、なすべきことを実行するのは難しい、と考えている。身の回りのことを考えてみれば、まだチャンスがあるからと「ただ今」の一瞬に集中できないということは起こりうるだろう。たとえば、部活動で毎日練習が続くような場合、明日も同じ練習を繰り返すことを思い、少し手を抜いてしまうようなことはないだろうか。同じことは、勉強や習い事などでもいえるだろう。自分の体験を振り返り、考えたことをもとに話し合ってみよう。

語句と表現

一　次の傍線部の助動詞の意味の違いを調べてみよう。

①
ア　おろかにせんと（47・1）
イ　思はんや。（47・1）
ウ　朝《あした》あらんことを思ひ、（47・3）

②
ア　一矢《ひとや》に定むべしと思へ。（46・3）
イ　万事にわたるべし。（47・2）

解答　①ア意志　イ推量　ウ婉曲　②ア意志　イ当然

丹波《たんば》に出雲《いづも》といふ所あり　〔徒然草〕

教科書P.48〜49

【大　意】　1　教48ページ1〜4行

ある人に誘われた聖海上人《しょうかいしょうにん》は、大勢の人たちと丹波の出雲大社に参拝し、皆はたいそう信心の念を起こした。

【品詞分解／現代語訳】

丹波　に〔格助〕　出雲　と〔格助〕　いふ〔四・体〕　所　あり〔ラ変・終〕。　大社　を〔格助〕　移し〔四・用〕　て〔接助〕、　めでたく〔ク・用〕　造れ〔四・已（命）〕　り〔助動・完・終〕。

丹波の国に出雲という所がある。出雲大社の神仏の分霊を移して、（社殿を）立派に造営した。

しだの某　と〔格助〕　か〔係助〕　や〔間助〕　しる〔四・体〕　所　なれ〔助動・断・已〕　ば〔接助〕、　秋　の〔格助〕　ころ、　聖海上人、　そ〔（代）〕　の〔格助〕　他　も〔係助〕、　人　あまた〔副〕　誘ひ〔四・用〕　て〔接助〕、　「いざ〔感〕　給へ〔四・命〕、　出雲　拝み〔四・用〕　に〔格助〕。　かいもちひ　召さ〔四・未〕　せ〔助動・使・未〕　ん〔助動・意・終〕。」　と〔格助〕　て〔接助〕、　具し〔サ変・用〕　もて〔四・用（音）〕　て〔接助〕　行き〔四・用〕　たる〔助動・完・体〕　に〔接助〕、　おのおの〔副〕　拝み〔四・用〕　て〔接助〕、　ゆゆしく〔シク・用〕　信　起こし〔四・用〕　たり〔助動・完・終〕。

しだの誰それとかいう人が領有する所なので、（その人が）秋の頃、聖海上人や、その他も、人を大勢誘って、「さあいらっしゃい、出雲（大社）を参詣に。ぼた餅をごちそうしましょう。」と言って、（大社まで）ずっと連れ立って行ったところ、（皆が）おのおの拝んで、たいそう信心を起こした。

語句の解説 1

教48ページ

1 **めでたく**　立派に。

＊「めでたし」＝ここでは、すばらしい、立派だ、の意。

2 **＊しる**　ここでは、領有する、治める、の意。

2 **あまた**　たくさん。数多く。大勢。

①　「誘ひて」の主語は誰か。

答　しだの某《なにがし》。

2 **いざ給《たま》へ《エ》**　さあいらっしゃい。人に行動を促す場合に用いる定型表現。

3 **具《ぐ》しもて行《ゆ》きたるに**　主語は「しだの某」。

＊「具す」＝連れ立つ。一緒に行く。

4 **ゆゆしく信《しん》起《お》こしたり**　たいそう信心を起こした。

＊「ゆゆし」＝ここでは、たいそう、の意。

【大 意】 2 教48ページ5行～49ページ6行

聖海上人は、御社《みやしろ》の前の獅子《しし》や狛犬《こまいぬ》が背を向け合っているのを見て、何か深い訳があるのだろうと感動の涙を流した。神官にその訳を尋ねたところ、子どものいたずらだとわかり、上人の涙は無駄になってしまった。

【品詞分解／現代語訳】

助動・存在・体　四・用　接助　格助　四・用　助動・存・用　助動・過・已　接助
御前 なる 獅子・狛犬、背き て、後ろさま に 立ち たり けれ ば、
(社殿の)前にある獅子・狛犬が、背を向け合って、後ろ向きに立っていたので、

シク・用　サ変・用　接助　感　ク(語幹)　間助　(代)　格助　格助　副
上人 いみじく 感じ て、「あな めでた や。この 獅子 の 立ちやう、いと
上人はたいそう感動して、「ああすばらしいなあ。この獅子の立ち方は、とても

シク・終　ク・体　ラ変・未　助動・推・終　格助　四・用　接助　副　ナリ(語幹)
めづらし。深き ゆゑ あら ん。」と 涙ぐみ て、「いかに 殿ばら、殊勝
珍しい。深いいわれがあるのだろう。」と涙ぐんで、「なんと、皆さん、(この獅子

格助　係助　下二・未　助動・打・終　係助　ナリ・終　格助　四・已　接助　副
の こと は 御覧じ咎め ず や。無下なり。」と 言へ ば、おのおの
の)すばらしいことはご覧になって気になりませんか。最低だ。」と言うと、それぞれ不思

四・用　接助　副　格助　ナリ・用　助動・詠・終　格助　格助　四・未　助動・意・終
あやしみ て、「まことに 他 に 異なり けり。都 の つと に 語ら ん。」
議がって、「ほんとうに他(の神社のもの)と比べて異なるなあ。都への土産話に語ろう。」

副助　四・体　接助　副　四・用　接助　シク・用　四・用　助動・強・終
など 言ふ に、上人 なほ ゆかしがり て、おとなしく もの 知り ぬ
などと言うので、上人はさらに(そのいわれを)知りたがって、年配でものを知っていそうな顔をした神官を呼んで、

助動・推・体　サ変・用　助動・存・体　格助　四・用　接助　(代)　格助　格助　格助
べき 顔 し たる 神官 を 呼び て、「この 御社 の 獅子 の
「この御社の獅子のお立てになり方は、

副　ラ変・体　助動・断・用　補丁・ラ変・未　助動・推・終　副　四・未
立てられやう、定めて 習ひ ある こと に 侍ら ん。ちと 承ら
きっと由緒があることでしょう。少しお聞きした

終助　格助　四・未　助動・尊・用　助動・過・已　接助　(代)　格助　助動・断・用　補丁・四・終　ク・体
ばや。」と 言は れ けれ ば、「その こと に 候ふ。さがなき
い。」とお言いになったところ、「そのことでございます。やんちゃな子

「信」＝信仰。信心。

語句の解説 2

8 **あなめでたや** ああすばらしい。「めでた」＝「めでたし」の語幹で、感動を表す。

9 **＊めづ《ズ》らし** ここでは、珍しい、の意。

12 **御覧《ごらん》じ咎《とが》めずや** ご覧になって気になりませんか。
「御覧じ咎む」＝「見咎む」の尊敬語。「見咎む」は、見てそれと知る、気づく、の意。
「や」＝疑問の係助詞。終助詞的用法。

12 **＊無下《むげ》なり** ここでは、最低だ、全くひどい、の意。

13 **あやしみて** 不思議がって。
＊「あやしむ」＝不思議に思う。不審に思う。

教49ページ

1 **＊つと** ここでは、土産、土産話、の意。

2 **ゆかしがりて** 知りたがって。
＊「ゆかしがる」＝そうしたいという思いに駆られる。「がる」は接尾語。

2 **おとなしく** 年配で。
＊「おとなし」＝ここでは、年配で主だっている、の意。

3 **立《た》てられやう《ヨウ》** お立てになり方。名詞の

童べども　の（格助）　つかまつり（四・用）　ける（助動・過・体）、　奇怪に（ナリ・用）　候ふ（補丁・四・体）　こと　なり（助動・断・終）。」　と（格助）　て（接助）、
どもたちがいたしましたことで、けしからんことでございます。」と言って、

さし寄り（四・用）　て（接助）、　据ゑ直し（四・用）　て（接助）　往に（ナ変・用）　けれ（助動・過・已）　ば（接助）、　上人　の（格助）　感涙　いたづらに（ナリ・用）　なり（四・用）　に（助動・完・用）　けり（助動・過・終）。
（獅子・狛犬に）近寄って、置き直して行ってしまったので、上人の感動の涙は無駄になってしまった。

（第二三六段）

「立てよう」の間に尊敬の助動詞「らる」の連用形「られ」が入ったもの。

3 **定《さだ》めて**　きっと。下に推量の語を伴う。

3 **＊習《なら》ひ《イ》**　ここでは、由緒、いわれ、の意。

3 **侍《はべ》らん**　ありましょう。「あらむ」の丁寧表現。

3 **承《うけたまは》らばや**　お聞きしたい。
「承る」＝ここでは、「聞く」の意の謙譲語。
「ばや」＝自己の願望の終助詞。

4 **さがなき童《わらは》べども**　やんちゃな子どもたち。
＊「さがなし」＝ここでは、いたずらだ、やんちゃだ、の意。

4 **つかまつりける**　いたしましたことで。
＊「つかまつる」＝「す」の謙譲語。いたします。

6 **いたづ《ズ》らになりにけり**　無駄になってしまった。
＊「いたづらなり」＝ここでは、無駄なさま、なんのかいもないさま、の意。

課題

一　**上人の行動と心の動きを順を追って整理してみよう。**

解答例　（↓の上に行動を、下に心の動きを記した。）

①出雲大社を拝む。↓信心を起こす。

②獅子《しし》と狛犬《こまいぬ》が背を向け合って立っているのを見る。↓獅子・狛犬の立ち方が他と違っていることに感動し、何かいわれがあるものと考える。

③獅子・狛犬に注目していない同行者に、注意を喚起する。→ありがたさのわからない同行者を最低だと思う。

④神官《じんがん》に獅子・狛犬の立ち方の由緒を尋ねる。→同行者が土産話に語ろうと言うのを聞き、さらにその由緒を聞きたいと強く願う。

二　「上人の感涙いたづらになりにけり。」(49・6)にこめられた筆者の思いについて話し合ってみよう。

考え方　上人は、自分の勝手な思い込みで涙を流したのだが、こういう思い込みによる失敗は誰にでもあるものであり、筆者はそれを厳しく非難していない。この点をおさえて考えてみよう。

語句と表現

一　本文中から形容詞・形容動詞を抜き出してみよう。

解答　本文中に出てくる形容詞・形容動詞は次のとおりである。

・形容詞　「めでたく(48・1)」「ゆゆしく(48・4)」「いみじく(48・7)」「めでた(48・8)」「めづらし(48・9)」「深き(48・9)」「おとなしく(49・2)」「さがなき(49・4)」

・形容動詞　「殊勝(48・11)」「無下なり(48・12)」「異なり(49・1)」「奇怪に(49・5)」「いたづらに(49・6)」

奥山に、猫またといふものありて

〔徒然草〕

教科書P.50～51

【大　意】　教50ページ1行～51ページ6行

人を食うという猫またの話を聞いたある法師が、気をつけなければと思いながら連歌《れんが》の会から帰る途中、小川のほとりでその猫またにいきなり飛びつかれた。法師は正気を失って小川へ転び落ち、「助けてくれ、猫またよ。」と叫ぶと、各家から人々が出てきて法師を抱き起こした。連歌会の賞品や持ち物は水浸しで、法師はほうようにして家に入った。実は法師の飼い犬が、暗いけれど主人とわかり、飛びついたということだ。

【品詞分解／現代語訳】

「奥山	に、	猫また	と	いふ	もの	あり	て、	人	を	食らふ	なる。」	と、	人
	格助		格助	四・体		ラ変・用	接助		格助	四・終	助動・伝・体	格助	

「奥山に、猫またというものがいて、人を食うそうだ。」と、あ

の	言ひ	ける	に、	「山	なら	ね	ども、	これら	に	も、	猫	の
格助	四・用	助動・過・体	接助		助動・断・未	助動・打・已	接助	(代)	格助	係助		格助

る人が言ったところ、「山ではないけれど、この辺りにも、猫が年を

語句の解説

教50ページ

2 **食《く》らふ《ロウ》なる**　食うそうだ。
「なり」＝終止形に接続する伝聞・推定の助動詞。ここでは伝聞の意。

3 **これら**　この辺り。
「ら」＝複数を表す接尾語。

5 **あなるものを**　あるそうだなあ。
「ものを」＝詠嘆の終助詞。

6 **とかや**　とかいう。「とかや(いふ)」「とかや(いへる)」の略。

7 **連歌《れんが》しける法師《ほふし》の**　連歌を(なりわいと)し

四・用　接助　格助　四・用　接助　四・体　係助　ラ変・体(音)　助動・伝・体
経あがりて、猫またになりて、人とることはあなる
取って変化して、猫またになって、人をとることはあるそうだなあ。」と言う者がいたのを、

終助　格助　四・体　ラ変・用　助動・過・体　格助　格助　係助　間助　サ変・用
ものを。」と言ふ者ありけるを、何阿弥陀仏とかや、連歌し
何とか阿弥陀仏とかいう、連歌を(なりわい

助動・過・体　格助　格助　格助　ラ変・用　助動・過・体　格助　四・用　接助
ける法師の、行願寺のほとりにありけるが聞きて、ひとり
と)していた法師で、行願寺の辺りに住んでいた法師が聞いて、一人で出

四・未　助動・婉・体　係助　サ変・終　助動・当・体　助動・断・用　係助　格助　四・用　助動・過・体
歩かん身は心すべきことにこそと思ひける頃
歩く(自分の)ような身は気をつけなければならないことだと思っていたちょうどその時、

副助　連　格助　下二・体　副助　サ変・用　接助　副　四・用　助動・過・体
しも、ある所にて夜更くるまで連歌して、ただひとり帰りける
ある所で夜が更けるまで連歌をして、ただ一人で帰ったところ、

接助　格助　格助　格助　四・用　助動・過・体　四・未　助動・打・用
に、小川の端にて、音に聞きし猫また、あやまたず足もと
小川の端で、うわさに聞いていた猫またが、ねらいどおりに足もとへすっと寄って

格助　副　カ変・用　接助　副　四・体　格助　格助　格助　四・未　助動・意・終
へふと寄り来て、やがてかきつくままに、頸のほどを食はん
きて、すぐに飛びつくやいなや、首のあたりを食おうとする。

格助　サ変・終　係助　下二・用　接助　四・未　助動・意・終　格助　サ変・体　接助　係助　ク・用　係助
とす。胆心も失せて、防がんとするに、力もなく足も
(法師は)正気をなくして、防ごうとしても、力もなく足も立たず、

四・未　助動・打・用　格助　四・用　接助　下二・命　間助　感　感　格助
立たず、小川へ転び入りて、「助けよや、猫また、よやよや。」と
小川へ転がり込んで、「助けてくれよ、猫またよ、ようよう。」と叫ぶので、

四・已　接助　格助　四・用　接助　四・用　接助　上一・已　接助　(代)　格助
叫べば、家々より松どもともして走り寄りて見れば、このわたり
(人々が)家々から松明をともして走り寄って見ると、この辺りで見知ってい

格助　四・已(命)　助動・存・体　助動・断・終　(代)　係助　副　格助　接助　格助　格助
に見知れる僧なり。「こはいかに。」とて、川の中より
る僧である。「これはどうしたことか。」と言って、(法師を)川の中から抱き

四・用　助動・完・已　接助　格助　四・用　接助　副助　格助　四・用
抱き起こしたれば、連歌の賭物取りて、扇・小箱など懐に持ち
起こしたところ、連歌の会の賞品を取って、扇や小箱など懐に入れて持っていたもの

ていた法師で。
「の」＝同格の格助詞。

8 **ありけるが**　住んでいた法師が。「ける」の下に「法師」を補って訳す。

9 **歩《あり》かん身《み》は**　出歩くような身は。
＊「歩く」＝出歩く。歩き回る。

9 **心《こころ》すべきことにこそ**　気をつけなければならないことだ。下に「あれ」などが省略されている。

9 **思《おもイ》ひける頃《ころ》しも**　思っていたちょうどその時。
「しも」＝強意を表す副助詞。

12 **音《おと》に聞《き》きし**　うわさに聞いた。
＊「音に聞く」＝ここでは、うわさに聞く、の意。
「し」＝過去の助動詞「き」の連体形。法師がこのうわさを直接聞いていたことを表すために、「けり」ではなく「き」が用いられている。

12 **あやまたず**　ねらいを間違えることなく、の意から、ねらいどおりに、などと訳す。

12 **ふと**　すっと。ふっと。行動がすばやいさまをいう。

13 **＊やがて**　すぐに。直ちに。

たり（助動・存・用）ける（助動・過・体）も、（係助）水に（格助）入り（四・用）ぬ。（助動・完・終）希有に（ナリ・用）して（接助）助かり（四・用）たる（助動・完・体）さま

も、水に入ってしまった。思いがけなく助かったという様子で、

に（助動・断・用）て、（接助）はふはふ（副）家に（格助）入り（四・用）に（助動・完・用）けり。（助動・過・終）

はうようにして家に入ってしまった。

飼ひ（四・用）ける（助動・過・体）犬の、（格助）暗けれ（ク・已）ど（接助）主を（格助）知り（四・用）て、（接助）飛びつき（四・用）たり（助動・完・用）ける（助動・過・体）

（実は、法師が）飼っていた犬が、暗いけれど主人だとわかって、飛びついたということだ。

と（格助）ぞ。（係助）

（第八九段）

---

13 **かきつくままに** 飛びつくやいなや。飛びつくと同時に。

「ままに」＝…するやいなや、…すると同時に。接続助詞的な用法。

13 **胆心《きもこころ》も失《う》せて** 正気を失って。びっくり仰天して。

「胆心」＝正気。胆力。魂。

教51ページ

1 **足《あし》も立《た》たず** 驚きと恐怖のために、腰が抜けたのである。

1 **猫《ねこ》また、よやよや** ここでは、猫またに呼びかけている意でとったが、教科書脚注にあるとおり、「猫まただ」と人に知らせる意ともとれる。

3 **こはいかに** これはどうしたことか。下に「しつる」「し給《たま》ふ」などを補って訳す。

4 **希有《けう》にして** 思いがけなく。珍しく。本当は死ぬはずのところを、不思議にも、という意味。

5 **はふ《ウ》はふ《ゥ》** はうようにして。動詞の終止形を重ねて副詞となった語。

6 **飛《と》びつきたりけるとぞ** 飛びついたということだ。下に「いふ」が省略されている。

課題

一 **猫またのうわさを聞いて、法師はどのように考えたか。その内容にあたる部分を本文中から抜き出してみよう。**

解答 ひとり歩かん身は心すべきことにこそ

二 **「胆心も失せて、防がんとするに、」(50・13)とあるが、それは法師がどのような心の状態であったからか、またそのような法師をどう思うか、話し合ってみよう。**

考え方 法師の状態としては、うわさを聞く→恐怖心を抱く→飛びつかれる＋思い込み(想像)＝猫また、という図式が考えられる。また、法師をどう思うかは、迷信深く、魑魅魍魎《ちみもうりょう》が跋扈《ばっこ》すると信じられていた時代なら、もっともなことだとも思えるし、そういう時代にあっても、自分の飼い犬を猫またに間違えるとは小心すぎるなど、いろいろな意見があってよい。自由に話し合ってみよう。

解答例 (ここでは、法師の状態のみ解答例を記す。)

法師の状態＝人をとって食うという猫またが、山奥だけでなく近所にも出るといううわさを聞いて恐怖心を抱き、暗い夜道を一人歩く中で、思い込みと想像力が手伝い、恐怖心がどんどん膨れていって、飛びついたのが飼い犬であっても、そうと判断できない状態になっていた。

語句と表現

一 **次の傍線部の意味を調べてみよう。**

①連歌しける法師の、……ありけるが(50・7)

②飼ひける犬の、……飛びつきたりけるとぞ。(51・6)

解答 ①同格を表す格助詞。…で、と訳す。

②主格を表す格助詞。…が、と訳す。

二 **次の傍線部の助動詞の意味の違いを調べてみよう。**

①人を食らふなる。(50・2)

②見知れる僧なり。(51・3)

解答 ①伝聞 ②断定

ある者、小《を》野《のの》道《たう》風《ふう》の書ける 〔徒然草〕

教科書P.52

【大意】 **教52ページ1～4行**

ある者が小野道風の書いた和漢朗詠集というものを持っていたが、四条大納言《しじょうだいなごん》(藤原《ふじわらの》公任《きんとう》)が編纂《へんさん》した和漢朗詠集を、四条大納言よりも昔の人である小野道風が書いたというのは、時代が違うのではないかと指摘されたが、ある者は、それは実に珍しいものだと言って、いっそう大事にするようになった。

語句の解説

教52ページ

2 **浮《う》けること** 根拠のないこと。

＊「浮く」＝根拠がない。

2 **撰《えら》ばれたるもの** 編纂なさったもの。

【品詞分解／現代語訳】

連　格助　四・已(命)　助動・完・体　格助　接助　四・用　助動・存・用
ある　者、小野道風　の　書け　る　和漢朗詠集　と　て　持ち　たり
ある者が、小野道風が書いた和漢朗詠集といって持っていたものを、

助動・過・体　格助　連　四・已(命)　助動・存・体　助動・断・用　係助　補丁・ラ変・未
ける　を、ある　人、「御相伝、浮け　る　こと　に　は　侍ら
ある人が、「先祖からの言い伝えは、根拠のないことではないでしょうが、

助動・打推・体　助動・断・已　接助　四・未　助動・尊・用　助動・完・体　格助　四・未
じ　なれ　ども、四条大納言　撰ば　れ　たる　もの　を、道風　書か
四条大納言がご編纂なさったものを、道風が書くよ

助動・婉・体　係助(係)　四・用　補丁・ラ変・未　助動・推・体(結)　ク・用　係助
ん　こと、時代　や　たがひ　侍ら　ん。おぼつかなく　こそ。」
うなことは、時代が違うのではありませんか。不審でございます。」

格助　四・用　助動・過・已　接助　副　四・已　接助　係助(係)　副　ク・体　助動・断・用　係助
と　言ひ　けれ　ば、「さ　候へ　ば　こそ、世に　ありがたき　もの　に　は
と言ったところ、（ある者は、）「そのようでございますから、実に珍しいものなのでございますよ。」

補丁・ラ変・用　助動・詠・已(結)　格助　接助　副　サ変・用　助動・過・終
侍り　けれ。」と　て、いよいよ　秘蔵し　けり。
と言って、ますます大切にしまっておいた。

（第八八段）

「撰ぶ」＝編纂する。編集する。
「れ」＝尊敬の助動詞「る」の連用形。
3 **おぼつかなくこそ**　不審でございます。
＊「おぼつかなし」＝不審だ。疑わしい。
「こそ」＝後に「侍れ」「あれ」などの言葉が省略されている。
3 **さ候《さうら》へ《ェ》ばこそ**　そのようでございますから。
「さ」＝そのように。前の内容を指す言葉。
「候ふ」＝「あり」の丁寧語。
4 **ありがたきもの**　珍しいもの。
4 **いよいよ**　ますます。いっそう。
4 **秘《ひ》蔵《さう》しけり**　大切にしまっておいた。
「秘蔵す」＝大切にしまう。

課題

一　「ある人」（52・1）が指摘している内容を整理してみよう。

考え方　四条大納言（藤原公任）が生きたのは、九六六～一〇四一年。小野道風が生きたのは、八九四～九六六年である。

解答例　四条大納言が編纂した和漢朗詠集を、道風が書くというのは、時代が違う、つまり、四条大納言が和漢朗詠集を編纂した頃、小野道風は既に亡くなっていたので、小野道風が書いた和漢朗詠集などあるはずがないと指摘しているのである。

二　筆者はどのような点に興味を感じてこの話を書き記したのか、話し合ってみよう。

考え方　年代の矛盾するものを珍しいものだと言ってますます大切にするようになった人のことを、滑稽なものとして笑うとともに、実際はそのような例は数知れずあり、論理的に考えることの重要性を訴える内容になっている。インターネットで情報を集める際に、実は矛盾する二つの情報を、何も疑わずに二つとも信じてしまうということもあるかもしれない。現代にも通じる教訓を含む話である。自分が考えたことをもとに話し合ってみよう。

語句と表現

一 「おぼつかなくこそ」（52・3）について、「こそ」の結びを説明してみよう。

解答 「おぼつかなくこそ」の後に「侍れ」「あれ」などの結びとなる語が省略されている。このように、結びとなる語が容易に推測できる場合、しばしば省略される。これを、「結びの省略」という。

雪のおもしろう降りたりし朝《あした》

〔徒然草〕 教科書P.53

【大 意】 教53ページ1〜5行

雪が趣深く降った朝、雪のことには触れずに手紙を送ったところ、情趣を解さない人の言うことは聞けないと、断られてしまったことは、おもしろい出来事だった。もう亡くなった人のことなので、忘れられない。

【品詞分解／現代語訳】

雪 の おもしろう 降り たり し 朝、人のがり 言ふ べき こと
格助 ク・用(音) 四・用 助動・存・用 助動・過・体 (連語) 四・終 助動・義務・体
雪が趣深く降っていた朝、(ある)人の所へ言わなければならないことが

あり て、文 を やる とて、雪 の こと 何 と も 言は ざり し
ラ変・用 接助 格助 四・終 格助 接助 格助 格助 係助 四・未 助動・打・用 助動・過・体
あり、手紙をやろうとして、雪のことは何とも言わずに書いたその手紙の返事に、

返事 に、「こ の 雪 いかが 見る と 一筆 のたまはせ ぬ ほど の、
格助 (代) 格助 副 上一・体 格助 下二・未 助動・打・体 格助
『この雪をどのように見るか』と 一筆もおっしゃらないほどの、

ひがひがしから ん 人 の 仰せ らるる こと、聞き入る べき かは。
シク・未 助動・婉・体 格助 下二・未 助動・尊・体 下二・終 助動・可・体 係助
情趣を解さないような人のおっしゃることを、聞き入れることができるか。

返す返す 口惜しき 御心 なり。」と 言ひ たり し こそ、をかしかり
副 シク・体 助動・断・終 格助 四・用 助動・存・用 助動・過・体 係助(係) シク・用
いや、できない。本当に残念なお心だ。」と(その人が)言っていたことは、おもしろいこと

しか。
助動・過・已(結)
だった。

語句の解説

教53ページ

1 **おもしろう** 形容詞「おもしろし」の連用形「おもしろく」のウ音便。

＊「おもしろし」＝趣深い。

1 **人《ひと》のがり** （ある）人の所へ。

「がり」＝接尾語。体言や「の」の後について、「……のもとへ」という意味になる。

❶ 「言はざりし」の主語は誰か。

答 筆者。

2 **のたまは《ワ》せぬ** おっしゃらない。

「のたまはす」＝「言ふ」の尊敬語。

3 **ひがひがしからん人** 情趣を解さないような人。

＊「ひがひがし」＝情趣を解さない。ひねくれている。

今 **は**（係助） **亡き**（ク・体） **人** **なれ**（助動・断・已） **ば、**（接助） **かばかり**（副詞） **の**（格助） **こと** **も**（係助） **忘れ難し**（ク・終）**。**（第三一段）

今は亡くなった人だから、このようなことも忘れ難い。

「ん」＝婉曲の助動詞「ん」の連体形。

3 **聞《き》き入《い》るべきかは** 聞き入れることができるか。いや、できない。

「べき」＝可能の助動詞「べし」の連体形。

「かは」＝反語の係助詞。

3 **返《かへ》す返《がへ》す** 本当に。重ね重ね。

4 **口惜《くちを》しき御《み》心《こころ》** 残念なお心。

「口惜し」＝残念だ。

❷ 「言ひたりし」の主語は誰か。

答 人。（筆者が手紙を出した相手。）

4 **を《オ》かしかりしか** おもしろかった。

＊「をかし」＝おもしろい。趣がある。

課題

一 「口惜しき御心なり。」（53・4）とあるが、どのようなことが「口惜しき」なのか、説明してみよう。

解答例 雪が趣深く降っているというのに、「この雪をどのように見ますか」のような文言が一切ない、つまらない手紙を書くこと。

二 「今は亡き人なれば、かばかりのことも忘れ難し。」（53・5）には、筆者のどのような気持ちが表れているか、話し合ってみよう。

考え方 情趣を解しない人だとはっきりと非難されたにもかかわらず、筆者は「をかしかりしか」と感じている。物事の諾否を、情趣に基づいて判断しようとするはっきりした意志に、好感をもっているのだろう。兼好法師自身、他の章段を読む限り、決して情趣に理解がないわけではなく、むしろ人一倍敏感である。そのような兼好法師であるから、情趣に敏感な人のことを（たとえ自分が厳しく非難されたのだとしても）好意的に感じているのだろう。今は亡きその人を思い出し、筆者は悲しみや懐かしさを感じていると思われる。考えたことをもとに、話し合ってみよう。

語句と表現

一 次の傍線部の助動詞の意味を調べてみよう。

①言ふべきことありて、（53・1）
②聞き入るべきかは。（53・3）

解答 ①義務（当然） ②可能

神無月《かんなづき》のころ 〔徒然草〕

教科書P. 54

【大意】 教54ページ1〜7行

陰暦十月頃、ある山里に尋ね入ったところ、もの寂しい感じの庵《いおり》があった。ひっそりしているが閼伽棚《あかだな》に菊や紅葉などが折って置いてあり、このようにも住めるものだなあと感じ入ったが、庭の柑子《こうじ》の木の周りを厳重に囲っているのを見て、興ざめしてしまった。

【品詞分解／現代語訳】

神無月 の（格助） **ころ、栗栖野** と（格助） **いふ**（四・体） **所** を（格助） **過ぎ**（上二・用） **て**（接助）、**ある**（連） **山里** に（格助） **尋ね入る**（四・体）
陰暦十月の頃、栗栖野という所を過ぎて、ある山里に尋ね入ることがございま

こと 侍り（ラ変・用） **し**（助動・過・体） **に**（接助）、**遥かなる**（ナリ・体） **苔** の（格助） **細道** を（格助） **踏み分け**（下二・用） **て**（接助）、**心細く**（ク・用）
したところ、ずっと長く続く苔の（むした）細い道を踏み分けて（ゆくと、その奥に）、もの寂

住みなし（四・用） **たる**（助動・存・体） **庵 あり**（ラ変・終）。**木の葉** に（格助） **埋もるる**（下二・体） **懸樋** の（格助） **雫** なら（助動・断・未） **で**（接助） **は**（係助）、
しい様子にして住んでいる庵がある。落ち葉に埋もれる樋から落ちる雫以外には、

つゆ（副） **おとなふ**（四・体） **もの なし**（ク・終）。**閼伽棚** に（格助） **菊・紅葉** など（副助） **折り散らし**（四・用） **たる**（助動・存・体）、
少しも音を立てるものがない（し、訪ねて来る人もいない）。（しかし）閼伽棚に菊や紅葉などを無造作に折って（置いて）

さすがに（副） **住む**（四・体） **人** の（格助） **あれ**（ラ変・已） **ば**（接助） **なる**（助動・断・体） **べし**（助動・推・終）。**かくて**（副） **も**（係助） **あら**（ラ変・未） **れ**（助動・可・用）
ある（のは）、そうはいってもやはり住む人がいるからであろう。このようにしても住んでいられるのだな

ける（助動・詠・体） **よ**（間助） **と**（格助）、**あはれに**（ナリ・用） **見る**（上一・体） **ほど** に（格助）、**かなた**（（代）） **の**（格助） **庭** に（格助）、**大きなる**（ナリ・体） **柑子**
あと、しみじみと見るうちに、向こうの庭に、大きな柑子の木で、

語句の解説

教54ページ

1 **侍《はべ》りしに** ございましたところ。「侍り」＝ございます。あります。「あり」の丁寧語。

2 **住《す》みなしたる** 住んでいる。主語は庵の主。「住みなす」＝…のようにして住む。「なす」は、動詞の連用形に付いて、いかにも…である、の意を添える語。

❶ 「雫」と縁の深い語（縁語）を抜き出せ。

答 つゆ。

考え方 「つゆ」は「露」から転成した副詞。よって「雫」の縁語として扱う。

3 **雫《しづく》ならでは** 雫の他には。雫以外には。「ならでは」＝断定の助動詞「なり」の未然形＋打消の接続助詞「で」＋他との区別

格助　格助　係助　ナリ・用　四・用　助動・存・体　格助　格助　シク・用　四・用　助動・存・用

の 木 の、枝 も たわわに なり たる が 周り を きびしく 囲ひ たり

枝もたわむほど(実が)なっている木の周りを厳重に囲ってあったのは、

助動・過・体　係助(係)　副　下二・用　接助　(代)　格助　ク・未　助動・反仮・未　接助　格助　下二・用

し こそ、少し ことさめ て、こ の 木 なから ましか ば と 覚え

少し興ざめして、この木がもしなかったならば(どんなによいだろうに)と思われた。

助動・過・已(結)

しか。

(第一一段)

を表す係助詞「は」で、…以外には、…でなくては、の意。

3＊**つゆ**　(下に打消の語を伴って)少しも…ない、全く…ない、の意。

3＊**おとなふ《ウ》**　①音を立てる、響く、②訪問する、③手紙を送る、の意があるが、ここでは①と②の両方の意を含むと解した。

4＊**さすがに**　そうはいってもやはり。

4**あられけるよ**　住んでいられるのだなあ。「あり」＝ここでは、住む、暮らす、の意。「よ」＝詠嘆の間投助詞。

5**あは《ワ》れに**　形容動詞「あはれなり」の連用形。

＊「あはれなり」＝ここでは、しみじみと心を動かされる、の意。

5**大《おほ》きなる柑子《かうじ》の木《き》の**　大きな柑子の木で。「(木)の」＝同格を表す格助詞。

6**少《すこ》しことさめて**　少し興ざめして。

＊「ことさむ」＝興ざめする。

6**なからましかば**　もしなかったならば(よかったのに)。下に「よからまし」などを補って解する。

7**覚《おぼ》えしか**　思われた。

＊「覚ゆ」＝ここでは、思われる、の意。

課題

一　「おとなふものなし。」（54・3）とは、どのような様子を表したものか、説明してみよう。

考え方　「おとなふ」には、①音を立てる、響く、②訪問する、③手紙を送る、の意味がある。ここでは、①と②の意味が掛けられていると考えられる。

解答例　音を立てるものもなく、訪ねてくる人もいない様子。

二　筆者が「柑子の木」（54・5）を見て「少しことさめ」（54・6）たのはなぜか、話し合ってみよう。

考え方　「神無月」は現在では十月下旬から十二月上旬に当たる。その頃、ある山里を訪れた際に見つけた庵に、筆者は非常に心惹《ひ》かれている。庵の主の簡素な生活に感じ入っていたのに、柑子の木の囲いは、さりげなく配されていた他の物に対して、いかにも人為的で庵に不釣り合いであるばかりでなく、主の欲深さ、所有欲を見たように思ったのである。その他に気づいたことを話し合ってみよう。

語句と表現

一　本文には助動詞「き」が多用されている。そこからどのようなことがわかるか、説明してみよう。

解答例　過去の助動詞には「き」と「けり」がある。「けり」が間接的に知った過去の出来事を表すのに対し、「き」は直接経験した過去の出来事を表す。「き」が多用されているということから、筆者自ら見聞きしたことが述べられているということがわかる。

学びを広げる　章段の読み比べ「家居のつきづきしく」

教科書P.55

「神無月のころ」の「柑子の木」の囲いと、「家居のつきづきしく」の縄は、ともに何かを近寄らせないためのものである。「神無月のころ」の「柑子の木」の囲いは、「柑子」を取られまいとするものであり、「家居のつきづきしく」の縄は、鳶《とび》や烏《からす》を近づけないようにするためのものである。

「神無月のころ」の「柑子の木」の囲いについて、筆者は「ことさめて」と評価している。つまり、さりげなく配されている苔の細道や庵のたたずまい、懸樋《かけひ》や閼伽棚に対して、「柑子の木」の囲いはいかにも人為的で、主の独占欲が露骨に見えるようで興ざめしたのである。

「家居のつきづきしく」の縄についてみてみると、後徳大寺大臣《ごとくだいじのおとど》に対しては西行《さいぎょう》法師が痛烈に批判しているが、綾小路宮《あやのこうじのみや》について筆者は「さてはいみじくこそと覚えしか」と好意的に評価している。それは、縄を張ったのが、烏に食べられる蛙《かえる》を救うという自分本位でない理由だからである。

つまり、筆者は、作為自体を批判しているのではなく、その作為の理由を見抜き、自分本位な考えを批判しているのである。

文法から解釈へ③　助動詞

教科書P.57

古文を正しく理解するためには、助動詞の知識は欠かせない。助動詞の意味、活用、接続を覚えよう。

1 **文語助動詞活用表（教338～339ページ）を参考に、次の□の助動詞について答えよ。**

る　けり　す　さす　しむ　ず　む　じ　けむ　まほし
らる　つ　ぬ　べし　らし　むず　まし　らむ　まじ

① □の助動詞をA～Cの接続によって分類せよ。

A　未然形接続（　　　）
B　連用形接続（　　　）
C　終止形接続（　　　）

② □の助動詞の中からD・Eの意味を表す助動詞を全て答えよ。

D　過去と完了（　　　）
E　推量（　　　）

答　1　①Aる・す・さす・しむ・ず・む・じ・まほし・らる・むず・まし　Bけり・けむ・つ・ぬ　Cべし・らし・らむ・まじ　②Dけり・つ・ぬ　Eむ・けむ・べし・らし・むず・まし・らむ

古文を読むために④　助動詞

教科書P.58～60

活用のある付属語を助動詞という。種々の語に付いて、その語の意味を補うはたらきをもつ。

1 **①～③の傍線部の助動詞の活用表を完成させよ。**（『伊勢物語』より）

① 率《ゐ》て来《こ》し女もなし。
② 夜も更けにければ、
③ 橋を八つ渡せるによりてなむ、

	基本形	未然形	連用形	終止形	連体形	已然形	命令形
①							
②							
③							

2 **次の文の、過去または完了の助動詞を○で囲み、（　）に活用形を書け。**（『伊勢物語』より）

① からうじて盗み出《い》でて、いと暗きに来けり。（　　）（　　）
② はるばるきぬる旅をしぞ思ふ（　　）（　　）

3 **次の文の、推量の助動詞を○で囲み、（　）に活用形を書け。**（『伊勢物語』より）

① 異心《ことごころ》ありてかかるにやあらむと思ひ疑ひて、（　　）（　　）
② 君ならずして誰《たれ》か上ぐべき（　　）（　　）

考え方　①引用の格助詞「と」の上は終止形が原則だが、係助詞がある場合は係り結びに従う。②係助詞「か」がある。

4
次の文の、打消または打消推量の助動詞を○で囲み、（　）に活用形を書け。

（『伊勢物語』より）

① 心憂がりて行かずなりにけり。（　）

② 女のえ得《う》まじかりけるを、（　）

考え方　①「なり」は動詞。②打消推量は、…ないだろう、と訳す。

5
次の文の、ア受身、イ尊敬、ウ自発、エ可能の助動詞を○で囲み、それぞれの意味を記号で答えよ。

（『平家物語』より）

① 所々《ところどころ》で討たれんよりも、（　）

② 伝へ承るこそ、心もことばも及ばれね。（　）

③ 「木《き》曾《そ》殿の最後のいくさに、女を具せられたりけり。」なんど（　）

④ 風の音にぞおどろかれぬる（『古今和歌集』より）（　）

考え方　ア受身は、「…に」の「に」がある場合、または「に」を補って訳すのが適当な場合。イ尊敬は主語が身分の高い人の場合。ウ自発は心のはたらきを表す言葉の下に付いている場合。エ可能は「…できる」と訳すことが適当な場合。

6
次の傍線部の助動詞の、意味と活用形をあとから選び、それぞれ記号で答えよ。ただし、意味に同じ記号は使えない。

（『伊勢物語』より）

① つひに本意《ほい》のごとくあひにけり。（　・　）

② 京には見えぬ鳥なれば、（　・　）

③ 神鳴る騒ぎにえ聞かざりけり。（　・　）

④ 露と答へて消えなましものを（　・　）

⑤ 京にはあらじ、東の方《かた》に住むべき国求めに（　・　）

⑥ 男はこの女をこそ得めと思ふ、（　・　）

⑦ 八橋《やつはし》といふ所に至りぬ。（　・　）

⑧ 草の上に置きたりける露を、（　・　）

〈意味〉ア 完了　イ 意志　ウ 断定　エ 反実仮想　オ 過去　カ 打消　キ 比況　ク 打消意志

〈活用形〉A 未然形　B 連用形　C 終止形　D 連体形　E 已然形　F 命令形

7
傍線部の助動詞に注意して、次の文を現代語訳せよ。

（『伊勢物語』『土佐日記』より）

① 日も暮れぬ。（　）

② 京には見えぬ鳥なれば、（　）

③ 男もすなる日記《にき》（　）

答

1 （上から順に）①き／(せ)／○／き／し／しか／○　②ぬ／な／に／ぬ／ぬる／ぬれ／ね　③り／ら／り／り／る／れ／(れ)

2 ①けり・終止形　②ぬる・連体形

3 ①む・連体形　②べき・連体形

4 ①ず・連用形　②まじかり・連用形

5 ①れ・ア　②れ・エ　③られ・イ　④れ・ウ

6 ①キ・B　②ウ・E　③カ・B　④エ・D　⑤ク・C　⑥イ・E　⑦ア・C　⑧オ・D

7 ①日も暮れてしまう。　②京では見かけない鳥なので、　③男も書くという日記

三 物語

●物語とは

「物語」とは、作者の空想や伝聞、体験をもとにして、事件や人物について人に語り聞かせる形で叙述した、日本の文学形態の一つである。古典では普通、平安時代から室町時代までの作り物語や歌物語をさすことが多い。『源氏《げんじ》物語』はその代表作で、現代文学にまで影響を与え続けている、世界的に有名な作品である。

『竹取《たけとり》物語』は、平安時代初期にできた日本最古の物語。民間に伝わっていた羽衣《はごろも》説話などがもとになっているが、作者は未詳である。作り物語の祖といわれている。

『伊勢《いせ》物語』は、平安時代初期の歌物語。在原業平《ありわらのなりひら》らしき男を主人公にして、和歌にまつわる短編物語を集めた形になっている。作者は未詳だが、現在伝わるものは藤原定家《ふじわらのさだいえ》が校訂したものがもとになっている。

竹《たけ》取《とり》物語

教科書P.62〜65

【大意】 1 教62ページ1〜11行

昔、竹取の翁《おきな》という者が根元の光る竹の中から小さな女の子を見つけた。翁は女の子を家に連れて帰り、妻の嫗《おうな》に育てさせた。

【品詞分解／現代語訳】

今 は 昔、竹取の翁 と いふ 者 あり けり。
（は 係助／と 格助／いふ 四・体／あり ラ変・用／けり 助動・過・終）
今となっては昔のことだが、竹取の翁という者がいた。

野山 に まじり て 竹 を 取り つつ、よろづ の こと に 使ひ けり。
（に 格助／まじり 四・用／て 接助／を 格助／取り 四・用／つつ 接助／の 格助／に 格助／使ひ 四・用／けり 助動・過・終）
（その翁は）野山に分け入って竹を取っては、いろいろなことに使っていた。

名 を ば、さぬきの造 と なむ いひ ける。
（を 格助／ば 係助／と 格助／なむ 係助(係)／いひ 四・用／ける 助動・過・体(結)）
名を、さぬきの造といった。

そ の 竹 の 中 に、もと 光る 竹 なむ 一筋 あり
（そ (代)／の 格助／の 格助／に 格助／光る 四・体／なむ 係助(係)／あり ラ変・用）
（ある日）その（翁が取る）竹の中に、根元の光る竹が一本あった。

語句の解説 1

教62ページ

1 **翁《おきな》** おじいさん。老人。

3 **取《と》りつつ** 取っては。
「つつ」＝反復・継続を表す接続助詞。

3 ＊**よろづ《ズ》** いろいろ。さまざま。

4 **となむ《ン》いひ《イ》ける** といった。
「なむ」＝強意を表す係助詞。

6 **あやしがりて** 不思議に思って。
＊「あやしがる」＝不思議に思う。

8 **いと** たいそう。非常に。

ける。あやしがりて、寄りて見るに、筒の中光りたり。それ
（助動・過・体(結)／四・用／接助／四・用／接助／上一・体／接助／格助／四・用／助動・存・終／(代)）
不思議に思って、近寄って見ると、(竹の)筒の中が光っている。それ

を見れば、三寸ばかりなる人、いとうつくしうてゐたり。

（格助／上一・已／接助／副助／助動・断・体／副／シク・用(音)／接助／上一・用／助動・存・終）

(＝竹の筒の中)を見ると、三寸ぐらいの人が、たいそうかわいらしい様子で座っている。

翁言ふやう、「われ朝ごと夕ごとに見る竹の中におはするにて
（四・体／(代)／格助／上一・体／格助／格助／サ変・体／格助）
翁が言うことには、「私が毎朝毎夕見る竹の中にいらっしゃるのでわかった。

知りぬ。子になり給ふべき人なめり。」とて手に
（四・用／助動・完・終／格助／四・用／補尊・四・終／助動・当・体／助動・断・体(音)／助動・定・終／格助／接助／格助）
私の子におなりになるはずの人であるようだ。」と言って手の中に

うち入れて、家へ持ちて来ぬ。妻の嫗に預けて養は
（下二・用／接助／格助／四・用／接助／カ変・用／助動・完・終／格助／格助／下二・用／接助／四・未）
入れて、家へ持って来た。(そして)妻である嫗に預けて(その子を)養育

す。うつくしきこと、限りなし。いと幼ければ、籠に入れて養ふ。

（助動・使・終／シク・体／ク・終／副／ク・已／接助／格助／下二・用／接助／四・終）

させる。(その子の)かわいらしいこと、この上もない。たいそう幼(く小さ)いので、籠に入れて育てる。

---

8 **うつくしう《シュウ》て**　かわいらしい様子で。
＊「うつくし」＝ここでは、かわいらしい、愛らしい、の意。

8 **ゐ《イ》たり**　座っている。
「ゐ」＝「ゐる」の連用形で、座る、の意。

9 **おは《ワ》するにて**　いらっしゃるので。
「おはす」＝いらっしゃる。おいでになる。

「あり」「をり」の尊敬語。

「にて」＝原因・理由を表す格助詞。

9 **知《し》りぬ**　わかった。理解した。

❶ **「子になり給ふべき人なめり」と思ったのはなぜか。**

答
・自分が毎朝毎夕見る竹の中にいたから。
・自分の取った竹が籠《こ》になるように、竹の中から見つけた子もわが子になるはずだと考えたから。

9 **人《ひと》なめり**　人であるようだ。
「めり」＝目に見える事実に基づいて推定する意を表す助動詞。…のようだ。

10 **嫗《おうな》**　年をとった女。老女。

10 **養《やしな》はす《ワ》**　養育させる。
「す」＝使役の助動詞で、…させる、の意。

10 **限《かぎ》りなし**　この上もない。最高だ。

【大意】 **2** **教63ページ1行～64ページ3行**

翁は黄金《こがね》の入った竹を見つけることが重なり、裕福になっていった。女の子はすくすくと成長し、三か月ぐらいたって成人の儀式をした。この子の美しさはこの世に比べるものがなく、「なよ竹のかぐや姫」と名づけられた。姫のうわさを聞いて、世の中の男たちは、なんとかして姫を得たいものだと恋い慕うようになる。

【品詞分解／現代語訳】

竹取の翁、竹を取るに、この子を見つけてのちに竹取るに、節を隔てて、よごとに、黄金ある竹を見つくること重なりぬ。

竹取の翁が、竹を取るときに、この子を見つけてのちに竹を取ると、竹の節を隔てて、竹の節と節の間ごとに、黄金がある竹を見つけることがたび重なった。

かくて、翁やうやう豊かになりゆく。

こうして、翁はだんだん裕福になっていく。

この児、養ふほどに、すくすくと大きになりまさる。三月ばかりになるほどに、よきほどなる人になりぬれば、髪上げなどとかくして、髪上げさせ、裳着す。帳の内よりも出ださず、いつき養ふ。

この幼子は、養育するうちに、すくすくと大きくなる。三か月ほどになる頃に、一人前の背丈の人になったので、髪上げ（の成人の儀式）などあれこれ手配して、髪を結い上げさせ、裳を着せる。（翁はこの子を）帳台の内からも出さず、大切に養育する。

この児のかたちのけうらなること世になく、屋の内は暗き所なく光満ちたり。

この子の顔立ちの清らかで美しいことはこの世に比べるものがないほどすばらしく、家の中は暗い所もなく光が満ちている。

翁心地悪しく、苦しき時も、この子を見れば、苦しきこともやみぬ。腹立たしき

翁は気分が悪く、苦しい時も、この子を見ると、苦しいこともおさまった。腹立たしいこと

語句の解説 2

教63ページ

3 ＊**やうやう**《ヨゥヨゥ》 だんだん。次第に。

4 **養ふ**《やしなゥ》**ほどに** 養ううちに。
「ほど」＝(…している)うちに。

4 **なりまさる** ますます…になる。

❷ 「よきほどなる人」とは、どのような人か。

答 一人前の背丈の人。

6 **いつき養**《やしな》**ふ** 大切に養育する。
「いつく」＝大切にする。

6 ＊**かたち** 顔立ち。容貌。

6 **けう**《キョゥ》**らなること** 「けうらなる」は「きよらなる」の変化したもの。
＊「けうらなり」＝清らかで美しいこと。

7 **心地**《ここち》**悪しく** 気分が悪く。
「悪し」＝ここでは、(気分や体調などが)悪い、すぐれない、の意。

8 **やみぬ** おさまった。
「やむ」＝ここでは、苦痛などがおさまる意。

8 **慰**《なぐさ》**みけり** 気が紛れた。
「慰む」＝心が晴れる。すっきりする。

ことも慰みけり。
（も＝係助／慰み＝四・用／けり＝助動・過・終）
も気が紛れた。

翁、竹を取ること、久しくなりぬ。勢ひ猛の者に
（を＝格助／取る＝四・体／久しく＝シク・用／なり＝四・用／ぬ＝助動・完・終／勢ひ猛＝ナリ(語幹)／の＝格助／に＝格助）
翁は、（黄金の入った）竹を取ることが長く続いた。（それで、翁は）勢力ある者に

なりにけり。この子いと大きになりぬれば、名を、
（なり＝四・用／に＝助動・完・用／けり＝助動・過・終／こ＝(代)／の＝格助／いと＝副／大きに＝ナリ・用／なり＝四・用／ぬれ＝助動・完・已／ば＝接助／を＝格助）
なった。この子がたいそう大きくなったので、名前を、

御室戸斎部の秋田を呼びてつけさす。秋田、なよ竹のかぐや姫と
（を＝格助／呼び＝四・用／て＝接助／つけ＝下二・未／さす＝助動・使・終／と＝格助）
御室戸斎部の秋田を呼んでつけさせる。秋田は、なよ竹のかぐや姫と

つけつ。このほど三日うち上げ遊ぶ。よろづの遊びをぞ
（つけ＝下二・用／つ＝助動・完・終／こ＝(代)／の＝格助／うち上げ＝下二・用／遊ぶ＝四・終／の＝格助／を＝格助／ぞ＝係助(係)）
名づけた。この（名づけ祝いの）間三日にわたり宴会を催し歌い舞って楽しむ。あらゆる歌舞音楽を

しける。男はうけきらはず呼び集へて、いとかしこく
（し＝サ変・用／ける＝助動・過・体(結)／は＝係助／うけきらは＝四・未／ず＝助動・打・用／呼び集へ＝下二・用／て＝接助／いと＝副／かしこく＝ク・用）
した。男は受け入れるのに分け隔てをせず呼び集めて、たいそう盛大に管弦の遊びを

遊ぶ。世界のをのこ、貴なるもいやしきも、いかでこのかぐや姫
（遊ぶ＝四・終／の＝格助／貴なる＝ナリ・体／も＝係助／いやしき＝シク・体／も＝係助／いかで＝副／こ＝(代)／の＝格助）
する。世の中の男は、身分の高い者も低い者も、なんとかしてこのかぐや姫を

を得てしがな、見てしがなと、音に聞き、めでて惑ふ。
（を＝格助／得＝下二・用／てしがな＝終助／見＝上一・用／てしがな＝終助／と＝格助／に＝格助／聞き＝四・用／めで＝下二・用／て＝接助／惑ふ＝四・終）
妻にしたい結婚したいと、うわさに聞き、恋い慕って心が乱れる。

---

③ 翁が「勢ひ猛の者」になったのはなぜか。

答 黄金の入った竹を何度も見つけたから。

14＊遊《あそ》ぶ　詩歌・管弦・舞などを行って楽しむ。

16いとかしこく　たいそう盛大に。

＊「かしこし」＝ここでは、はなはだしい、盛大だ、の意。

教64ページ

1貴《あて》なるもいやしきも　身分の高い者も低い者も。

＊「貴なり」＝身分が高い。高貴だ。

＊「いやし」＝身分が低い。

2＊いかで　なんとかして。どうにかして。

2見てしがな　結婚したい。

＊「見る」＝ここでは、結婚する、夫婦となる、の意。

「てしがな」＝自己の願望の終助詞。

3音に聞き　うわさに聞き。

＊「音に聞く」＝うわさに聞く。

3めでて惑《まど》ふ《ウ》　思い慕って心を乱す。

＊「惑ふ」＝ここでは、心が乱れる、思い悩む、の意。

課題

一 「三寸ばかりなる人」(62・7)の不思議さを説明してみよう。

解答例 ●三寸ぐらいであったのに、三か月ほどで一人前の背丈に成長したところ。

●かぐや姫がいる家の中は、暗い所がなく、光が満ちているところ。

●翁が気分が悪く苦しい時にかぐや姫を見ると、苦しいこともなくなり、腹立たしいことも気が紛れるところ。

二 竹取の翁の生活は、「この子」(63・1)を養うようになった後どう変わったか、説明してみよう。

解答例 黄金の入った竹を何度も見つけて、次第に裕福になっていった。また、一人前の背丈に育ってからは、体調がすぐれないときや、腹立たしいことがあったときも、その子の美しさを見れば、心が慰められ、穏やかに過ごすことができた。

三 翁が「男はうけきらはず呼び集へ」(63・15)たのは何のためか、話し合ってみよう。

考え方 「なよ竹のかぐや姫」が、「かたちのけうらなること世になく」とあるように、非常に美しく成長し、男たちが、「いかでこのかぐや姫を得てしがな、見てしがな」と思っていることに注目する。すると、翁に、美しく成長したかぐや姫を世間に自慢したいという気持ちがあったと考えることができる。また、かぐや姫の結婚相手になりうる(高貴な)男を誘い出す意図があったと考えることもできる。それぞれが考えたことをもとに話し合ってみよう。

語句と表現

一 次の傍線部を「ば」の意味に気をつけて口語訳してみよう。

①それを見れば、三寸ばかりなる人、いとうつくしうてゐたり。(62・7)

②いと幼ければ、籠に入れて養ふ。(62・11)

考え方 「已然形+ば」は確定条件を表し、原因・理由を表す場合、偶然条件を表す場合、恒常条件を表す場合がある。①は、「それを見」ることと、「三寸ばかりなる人」が座っていたことに因果関係はないので、ここでの「ば」は偶然条件を表している。②は、幼いことが、「籠に入れて養」うことの理由になっているので、ここでの「ば」は、原因・理由を表す。

解答例 ①それを見ると、三寸ぐらいの人が、たいそうかわいらしい様子で座っている。

②たいそう幼いので、籠に入れて育てる。

二 次の傍線部の助動詞の意味を調べてみよう。

①寄りて見るに、筒の中光りたり。(62・6)

②家へ持ちて来ぬ。(62・10)

③なよ竹のかぐや姫とつけつ。(63・13)

解答 ①存続 ②完了 ③完了

学びを広げる　古典作品の典拠利用『竹取物語』

教科書P.65

『竹取物語』は古くから「かぐや姫」の物語として人々に親しまれ、さまざまな形式で表現されてきた。平安時代中期に書かれた『源氏物語』の「絵合」という巻には、『竹取物語』を描いた絵が登場する。この時代から『竹取物語』は、絵画に描かれて楽しまれていたことがわかる。

絵画では、他にも江戸時代に描かれた『竹取物語絵巻』が現存している。明治時代以降になると、洋画の題材としても描かれた。

音楽では、古関裕而《こせきゆうじ》の『管弦楽のための舞踊組曲「竹取物語」』や、貴志康一《きしこういち》がピアノとヴァイオリンのための曲として作曲した『竹取物語』がある。また、近年では、アイドルグループNEWSの楽曲にも、『竹取物語』から着想を得た『KAGUYA』がある。

映画では、一九三五年に『かぐや姫』として実写映画化された。二〇一三年には、映画監督である高畑勲《たかはたいさお》が『かぐや姫の物語』というタイトルでアニメ映画化した。

文学、映像作品、漫画などでは、『竹取物語』を材にとり、話を大きくアレンジした作品も多い。漫画家の松本零士《まつもとれいじ》のSF漫画『新竹取物語　1000年女王』は、舞台を現代・近未来に移し、異星人との交流や戦いが描かれている。他にも、『竹取物語』をもとに、さまざまな作品が作られている。インターネットや図書館などを利用して、他の作品も調べ、発表してみよう。

文法から解釈へ④　接続助詞「ば」

教科書P.67

接続助詞の「ば」には大きく分けて二つの用法がある。

・未然形＋ば＝仮定条件

・已然形＋ば＝確定条件（原因・理由／偶然条件／恒常条件）

1 次の傍線部を「ば」に注意して訳せ。

（「児のそら寝」「検非違使忠明」より）

① いま一度起こせかしと、思ひ寝に聞けば、（　　　）

② ただ食ひに食ふ音のしければ、（　　　）

③ 京《きやう》童部《わらはべ》あまた立ちて向かひければ、（　　　）

2 次の傍線部の「ば」の用法にあたるものをあとから選び、記号で答えよ。

① それを見れば、三寸ばかりなる人、（『竹取物語』より）（　　）

② 月の都の人まうで来ば捕へさせむ。（『竹取物語』より）（　　）

③ 散ればこそいとど桜はめでたけれ（『伊勢物語』より）（　　）

ア　仮定条件　イ　原因・理由　ウ　偶然条件

答

1　①聞くと　②したので　③向かってきたので

2　①ウ　②ア　③イ

芥《あくた》川《がは》

〔伊《い》勢《せ》物語〕

教科書P.68〜70

【大　意】　1　教68ページ1行〜69ページ10行

ある男が、長年思い続けてきた高貴な女を盗んで、芥川のほとりまで逃げた。雷が鳴り雨もひどくなったので、男は荒れ果てた蔵に女を押し込めて、夜明けを待ったが、鬼が女を食べてしまった。女がいないのに気づいた男は、じだんだを踏んで泣き悲しんだ。

【品詞分解／現代語訳】

昔、男 あり（ラ変・用） けり（助動・過・終）。 女 の（格助） え（副） 得（下二・終） まじかり（助動・打推・用） ける（助動・過・体） を（格助）、年 を（格助） 経（下二・用）

昔、（ある）男がいた。（高貴な）女で手に入れることができそうになかった女に、何年もの間求婚し

て（接助） よばひわたり（四・用） ける（助動・過・体） を（接助）、 からうじて（副（音）） 盗み出で（下二・用） て（接助）、 いと（副） 暗き（ク・体） に（格助） 来（カ変・用）

続けていたが、やっとのことで（女を）盗み出して、たいそう暗い夜に（逃げて）来た。

けり（助動・過・終）。 芥川 と（格助） いふ（四・体） 川 を（格助） 率（上一・用） て（接助） 行き（四・用） けれ（助動・過・已） ば（接助）、 草 の（格助） 上 に（格助）

芥川という川（のほとり）を（女を）連れて行ったところ、草の上におりていた露

置き（四・用） たり（助動・存・用） ける（助動・過・体） 露 を（格助）、「かれ（代） は（係助） 何（代） ぞ（係助）。」 と（格助） なむ（係助（係）） 男 に（格助） 問ひ（四・用）

を（見て）、（女は）「（光っている）あれは何。」と男に尋ねた。

ける（助動・過・体（結））。 行く先 多く（ク・用）、 夜 も（係助） 更け（下二・用） に（助動・完・用） けれ（助動・過・已） ば（接助）、 鬼 ある（ラ変・体） 所 と（格助） も（係助）

これから行く先（の道のり）も遠く、夜も更けてしまったので、鬼のいる所とも知らないで、

知ら（四・未） で（接助）、 神 さへ（副助） いと（副） いみじう（シク・用（音）） 鳴り（四・用）、 雨 も（係助） いたう（ク・用（音）） 降り（四・用） けれ（助動・過・已） ば（接助）、

雷までたいそう激しく鳴り、雨もひどく降ったので、

あばらなる（ナリ・体） 蔵 に（格助）、 女 を（格助） ば（係助） 奥 に（格助） 押し入れ（下二・用） て（接助）、 男、 弓・胡籙 を（格助） 負ひ（四・用） て（接助）

荒れ果てた蔵に、女を奥に押し込めて、男は、弓・胡籙を背負って戸口に座る。

戸口 に（格助） をり（ラ変・終）。 はや（副） 夜 も（係助） 明け（下二・未） なむ（終助） と（格助） 思ひ（四・用） つつ（接助） ゐ（上一・用） たり（助動・存・用） ける（助動・過・体）

早く夜も明けてほしいと思いながら座っていたところ、

語句の解説 1

教68ページ

1 女《をんな》のえ得《う》まじかりけるを　女で、手に入れることができそうにもなかった女に。

「の」＝同格の格助詞。

＊「え…（打消）」＝…できない。不可能の意を表す。

「まじ」＝打消の推量の助動詞。

2 よばひ《イ》わたりけるを　求婚し続けていたが。

「よばふ」＝ここでは、（男が女に）言い寄る、の意。

「わたる」＝動詞の連用形について、ずっと…し続ける、の意。

「を」＝逆接の接続助詞。

3 からう《ロウ》じて　やっとのことで。「からくして（辛くして）」の変化したもの。

4 率《ゐ》て行きければ　連れて行ったところ。

＊「率る」＝引き連れる。連れる。

① 「率て」とは、誰が誰を「率」たのか。

に［接助］、鬼 はや［副］ 一口 に［格助］ 食ひ［四・用］ て［助動・完・用］ けり［助動・過・終］。「あなや［感］。」と［格助］ 言ひ［四・用］ けれ［助動・過・已］ ど［接助］、

鬼がたちまち(女を)一口で食べてしまった。(女は)「あれえ。」と言ったけれども、

神 鳴る［四・体］ 騒ぎ に［格助］ え［副］ 聞か［四・未］ ざり［助動・打・用］ けり［助動・過・終］。やうやう［副］ 夜 も［係助］ 明けゆく［四・体］ に［接助］、

雷が鳴る騒ぎに(男は)聞くことができなかった。しだいに夜も明けてゆくので、

見れ［上一・已］ ば［接助］ 率［上一・用］ て［接助］ 来［カ変・未］ し［助動・過・体］ 女 も［係助］ なし［ク・終］。足ずり を［格助］ し［サ変・用］ て［接助］ 泣け［四・已］ ども［接助］ かひなし［ク・終］。

(男が蔵の中を)見ると連れてきた女もいない。じだんだを踏んで泣くけれどもどうしようもない。

白玉 か［係助］ 何［(代)］ ぞ［係助］ と［格助］ 人 の［格助］ 問ひ［四・用］ し［助動・過・体］ 時 露 と［格助］ 答へ［下二・用］ て［接助］ 消え［下二・用］ な［助動・強・未］ まし［助動・反仮・体］ ものを［終助］

(あの光るものは)真珠なの何なの、とあの人が尋ねた時、露ですよと答えて(私も露のようにそのまま)消えてしまえばよかったのに。(そうすればこんな悲しい思いをすることもなかっただろうに。)

【大　意】　2　教69ページ11行～70ページ3行

これは、二条の后《きさき》が入内《じゅだい》前でまだ若かった時、男が盗み出したのを後の兄弟たちが見つけ取り返したのを、鬼と言い伝えているのであった。

【品詞分解／現代語訳】

これ［(代)］ は［係助］、二条の后 の［格助］、いとこ の［格助］ 女御 の［格助］ 御もと に［格助］、仕うまつる［四・体(音)］ やうに［助動・比・用］ て［接助］ ゐ［上一・用］ 給へ［補尊・四・已(命)］ り［助動・存・用］ ける［助動・過・体］ を［接助］、かたち の［格助］ いと［副］ めでたく［ク・用］

これ(＝この話)は、二条の后が、いとこの女御のお側に、お仕えするようなかたちで(身を寄せて)おいでになっていたが、(后の)容貌がたいそうすばらしくてい

答　男が女を「率」た。

5 **かれ**　あれ。指示代名詞。

8 **知《し》らで**　知らないで。「で」＝打消の接続助詞。

8 **いみじう《ジュウ》**　たいそう。ひどく。「いみじ」の連用形「いみじく」のウ音便。

「いみじ」＝(程度が)はなはだしい。

9 **いたう《トウ》**　ひどく。はげしく。「いたし」の連用形「いたく」のウ音便。

＊「いたし」＝(程度が)はなはだしい。

教69ページ

3 **ゐ《イ》たりけるに**　座っていたところ。

＊「ゐる」＝座る。

8 **かひ《イ》なし**　どうしようもない。無駄だ。

語句の解説 2

13 ＊**かたち**　容貌。

13 **いとめでたく**　たいそうすばらしく。

＊「めでたし」＝ここでは、すばらしい、美しい、の意。

13 **おは《ワ》しければ**　いらっしゃったので。

＊「おはす」＝いらっしゃる。ここでは、尊敬の補助動詞。

16 ＊**内裏《うち》**　宮中。

補尊・サ変・用　助動・過・已　接助　四・用　接助　四・用　接助　下二・用　助動・完・用　助動・過・体　接助
おはし けれ ば、盗み て 負ひ て 出で たり ける を、御兄
らっしゃったので、(男が)盗んで背負って出て行ったのだが、(后の)

副　助動・断・用　接助　格助　四・用　補尊・四・体
堀河の大臣、太郎国経の大納言、まだ 下臈 に て 内裏 へ 参り 給ふ
兄上の堀河の大臣、長男の国経の大納言が、(その頃は)まだ官位の低い役人として宮中へ参内なさる時に、

格助　シク・用(音)　四・体　ラ変・体　格助　下二・用　接助　下二・用　接助　四・用
に、いみじう 泣く 人 ある を 聞きつけ て、とどめ て とり返し
ひどく泣く人がいるのを聞きつけて、(男を)引きとどめて(后を)取り返し

補尊・四・用(音)　助動・完・用　助動・過・終　(代)　格助　副　格助　係助　四・体　助動・断・用　助動・過・終
給う て けり。それ を かく 鬼 と は 言ふ なり けり。
しなさったのであった。それをこのように鬼と言ったのであった。

副　副　ク・用(音)　接助　格助　ナリ・用　サ変・用　助動・過・体　格助　係助
まだ いと 若う て 后 の ただに おはし ける 時 と や。
まだたいそう若くて后が(入内なさる前の)普通の身分でいらっしゃる時のことだとか(いうことです)。

(第六段)

16 **参《まゐ》り給《たまう》ふ**　ここでは、参内なさる、の意。
*「参る」＝「行く」「来」の謙譲語。参上する。うかがう。帝《みかど》のいる宮中へ行くのであるから謙譲語が使われている。
「給ふ」＝ここでは、尊敬の補助動詞。作者の「堀河の大臣《おとど》」「太郎国経《くにつね》の大納言」に対する敬意を表す。

課題

一　男の行動を順を追って整理してみよう。

解答例　長い間女に求婚していた男は、あるとき、女を盗み出し、女を連れて芥川という川のところに来ると、女に「露」について質問された。しかし、男はそれに答えず、荒れ果てた蔵に女を押し込めて、自分は弓と胡籙を背負って蔵の前に座り、夜が明けるのを待った。翌朝、女がいないことがわかると、じだんだを踏んで泣き、「白玉か……」の和歌をよんだ。

二　「白玉か……」(69・9)の歌にこめられた男の心情を、「露」の語に注意して説明してみよう。

考え方　「露」とは、植物の葉などにつく水滴のこと。和歌では、はかないもののたとえでよく用いられる。また、「消ゆ」は「露」の縁語である。「白玉か何ぞ」は、文章中の女の「かれは何ぞ」という問いに当たる。男はそれに「露」と答えればよかったと後悔している。

解答例　自分も露のように消えてしまいたかったと表現することで、愛する女を失った嘆きと、女の問いに答えてあげなかった後悔、自分だけが生き残ってしまった悔しさがこめられている。

語句と表現

一　次の傍線部の助詞の意味・用法を調べてみよう。

① 「かれは何ぞ。」となむ男に問ひける。(68・5)
② はや夜も明けなむと思ひつつ(69・2)

解答　①強意を表す係助詞。
②他に対する願望を表す終助詞。

古文を読むために⑤　助詞

教科書P.71

活用のない付属語を助詞という。種々の語に付いて他の語との関係を示したり、意味を添えたりするはたらきをもつ。

1 **次の傍線部の助詞を、あとのア～カに分類し、記号で答えよ。ただし、同じ記号は使えない。**

（『伊勢物語』より）

① 夜半《よは》にや君がひとり越ゆらむ　（　）
② 生駒《いこま》山雲な隠しそ雨は降るとも　（　）
③ はるばるきぬる旅をしぞ思ふ　（　）
④ 露と答へて消えなましものを　（　）
⑤ 京に思ふ人なきにしもあらず。　（　）
⑥ 行く春や鳥啼《な》き魚の目は泪《なみだ》　（『奥の細道』より）（　）

ア 格助詞　イ 接続助詞　ウ 副助詞　エ 係助詞
オ 終助詞　カ 間投助詞

2 **次の傍線部の助詞の意味・用法をあとから選び、記号で答えよ。ただし、同じ記号は使えない。**

（『竹取物語』『伊勢物語』『平家物語』より）

① 草の上に置きたりける露を、　（　）
② わが入らむとする道は、　（　）
③ 「あなや。」と言ひけれど、　（　）
④ 水ゆく川の蜘蛛手《くもで》なれば、　（　）
⑤ 神さへいといみじう鳴り、　（　）
⑥ 「女を具せられたりけり。」なんど言はれんことも、　（　）
⑦ 京にはあらじ、　（　）
⑧ もろともに言ふかひなくてあらむやはとて、　（　）
⑨ いかでこのかぐや姫を得てしがな、　（　）
⑩ 雲な隠しそ雨は降るとも　（　）
⑪ もらすな若党、討てや。　（　）
⑫ 今日は重うなつたるぞや。　（　）

ア 主格　イ 禁止　ウ 詠嘆　エ 添加　オ 例示
カ 反語　キ 場所　ク 強意　ケ 自己の願望
コ 呼びかけ　サ 逆接の確定条件　シ 順接の確定条件

3 **次の傍線部分を、助詞に注意して現代語訳せよ。**

（『伊勢物語』より）

① はや夜も明けなむと思ひつつ　（　）
② 水の上に遊びつつ魚《いを》を食ふ。　（　）
③ 道は、いと暗う細きに、蔦《つた》・楓《かへで》は茂り、　（　）
④ 親のあはすれども聞かでなむありける。　（　）
⑤ 限りなく遠くも来にけるかな。　（　）

答

1　①ア　②イ　③エ　④オ　⑤ウ　⑥カ
2　①キ　②ア　③サ　④シ　⑤エ　⑥オ　⑦ク　⑧カ　⑨ケ　⑩イ　⑪コ　⑫ウ
3　①明けてほしい　②遊びながら　③暗く細い上に　④承知しないで　⑤来てしまったものだなあ

東《あづま》下《くだ》り

〔伊勢物語〕

教科書P.72〜75

【大意】 1 教72ページ1行〜73ページ1行

昔、ある男が、自分は役に立たないものと思い込み、友と一緒に東国の方に住む国を探そうと旅に出た。三河の国の八橋《やつはし》で、かきつばたが美しく咲いているのを見て、男は妻を思う歌を詠み、皆その歌に涙した。

【品詞分解／現代語訳】

ラ変・用　助動・過・終　(代)　格助　格助　ク・体　格助　四・用　接助
昔、男　あり　けり。そ　の　男、身　を　要なき　もの　に　思ひなし　て、
昔、(ある)男がいた。その男は、我が身を役に立たないものと思い込んで、

格助　係助　ラ変・未　助動・打意・終　格助　格助　四・終　助動・適・体　下二・用　格助　格助
京　に　は　あら　じ、東　の　方　に　住む　べき　国　求め　に　と
京にはおるまい、東国の方に住むにふさわしい国を探しに(行こう)と思って出かけた。

接助　四・用　助動・過・終　副　格助　サ変・体　格助　四・用　助動・過・終
て　行き　けり。もとより　友　と　する　人　一人二人　して　行き　けり。道
以前から友とする人一人二人とともに出かけた。(一

四・已(命)　助動・存・体　係助　ク・用　接助　四・用　助動・過・終　格助　四・体
知れ　る　人　も　なく　て、惑ひ行き　けり。三河の国、八橋　と　いふ　所
行の中に)道を知っている人もいなくて、迷いながら行った。

格助　四・用　助動・完・終　(代)　格助　格助　四・用　助動・過・体　係助　四・体　格助
に　至り　ぬ。そこ　を　八橋　と　いひ　ける　は、水　ゆく　川　の　蜘蛛手
三河の国、八橋という所に着いた。そこを八橋といったのは、水の流れる川がクモの足のように

助動・断・已　接助　格助　四・已(命)　助動・存・体　格助　四・用　接助　係助(係)　格助　四・用
なれ　ば、橋　を　八つ　渡せ　る　に　より　て　なむ、八橋　と　いひ
八方に分かれているので、橋を八つ渡してあることによって、八橋といった。

助動・過・体(結)　(代)　格助　格助　格助　格助　格助　上一・用　接助　四・用
ける。そ　の　沢　の　ほとり　の　木　の　陰　に　下りゐ　て、乾飯　食ひ
その沢のほとりの木の陰に(馬から)下りて座って、乾飯を食べた。

助動・過・終　(代)　格助　格助　副　ク・用　四・用　助動・存・終　(代)　格助
けり。そ　の　沢　に　かきつばた　いと　おもしろく　咲き　たり。それ　を
その沢にかきつばたがたいそう趣深く咲いていた。それを見て、

語句の解説 1

教72ページ

1 **思《おも》ひなして**　思い込んで。
「なす」＝動詞の連用形に付いて、ことさらに…する、の意。

2 **求《もと》めに**　求めに(行こう)。下に「行かむ」が省略されている。

3 **もとより**　以前から。前々から。

3 **一人二人《ひとりふたり》して**　一人二人とともに。
「して」＝動作をともにする人数・範囲などを表す格助詞。

8 **おもしろく咲《さ》きたり**　趣深く咲いていた。
＊「おもしろし」＝趣がある。風情がある。

8 **いは《ワ》く**　「いふ」の未然形「いは」に接尾語「く」が付いて名詞化したもの。

9 **句《く》の上《かみ》に据《す》ゑ《エ》て**　(和歌の)五・七・五・七・七の各句の初めに置いて、ということ。

10 **詠《よ》める**　詠んだ(歌)。下に「歌」が省略されている。

11 **唐衣《からころも》きつつ……旅《たび》をしぞ思ふ《ウ》**
「唐衣きつつ」＝「なれ」を導き出す序詞《じょことば》。

上一・用　接助　連　格助　（連語）　格助　四・体　格助　格助　格助
見て、ある人のいはく、「かきつばたといふ五文字を句の上
ある人が言うには、「かきつばたという五文字を（和歌の）五七五七七の各句のはじめに詠

格助　下二・用　接助　格助　格助　四・命　格助　四・用　助動・過・已　接助　四・已（命）　助動・完・体
に据ゑて、旅の心を詠め。」と言ひければ、詠める。
み込んで、旅の思いを詠め。」と言ったので、（その男が）詠んだ（歌）。

（枕）　上一・用　接助　下二・用　助動・完・用　助動・過・体　副助　ラ変・已　接助　副　カ変・用
唐衣きつつなれにしつましあればはるばるき
唐衣を着ているうちにやわらかく身になじんでくる褄《つま》のように、（長年）なれ親しんだ妻が（都に）いるので、（その

助動・完・体　格助　副助　係助（係）　四・体（結）
ぬる旅をしぞ思ふ
妻を残して）はるばると遠くまでやって来た旅を、しみじみと（悲しく）思うことだよ。

格助　四・已（命）　助動・完・用　助動・過・已　接助　格助　格助　四・用　接助
と詠めりければ、みな人、乾飯の上に涙落として
と詠んだので、　一行の人は皆、乾飯の上に涙を落として（乾飯が涙で）ふやけてし

上二・用　助動・完・用　助動・過・終
ほとびにけり。
まった。

【大意】　2　教73ページ2行～74ページ1行

駿河《するが》の国の宇津《うつ》の山で、顔見知りの修行者に会い、都にいる愛する人に手紙をことづけ、歌を詠む。五月《さつき》というのに、富士の山に雪が積もっていることに驚き、富士山の歌を詠んだ。

【品詞分解／現代語訳】

四・用　四・用　接助　格助　四・用　助動・完・終　格助　四・用　接助　（代）　格助
行き行きて駿河の国に至りぬ。宇津の山に至りて、わが
さらにどんどん行って駿河の国に着いた。宇津の山に着いて、自分が分け

四・未　助動・意・終　格助　サ変・体　係助　副　ク・用（音）　ク・体　格助　係助　四・用
入らむとする道は、いと暗う細きに、蔦・楓は茂り、
入ろうとする道は、（木々が茂り）たいそう暗く（道も）細い上に、蔦・楓は茂り、

ク・用　ナリ・体　格助　上一・体　格助　四・体　接助　四・用
もの心細く、すずろなる目を見ることと思ふに、修行者会ひ
なんとなく心細く、思いがけない（つらい）目を見ることだと思っていると、修行者が（やってき

「なれ」＝「馴《な》れ（親しくなる）」と「萎《な》れ（着古して糊気がなくなり、くたくたになる）」の掛詞《かけことば》。

「つま」＝「妻」と「褄《つま》（着物の裾の左右両端の部分）」の掛詞。

「はるばる」＝「遥々《はるばる》」と「張る（布地を洗って糊《のり》をつけ、板に広げてのばす）張る」の掛詞。

「き」＝「来」と「着」の掛詞。

「萎れ」「褄」「張る」「着」＝「衣」の縁語。

13 **ほとびにけり**　（涙で）ふやけてしまった。誇張表現であり、ユーモアが感じられる。

語句の解説　2

教73ページ

3 **いと暗《くら》う細《ほそ》きに**　たいそう暗く細い上に。
「暗う」は「暗く」のウ音便。

「に」＝添加の意を表す格助詞。

3 **すずろなる目《め》を**　思いがけない目を。
＊「すずろなり」＝思いがけない。

4 **修行者《すぎやうざ》会《あ》ひたり**　修行者が（一行に）出会った。古文では「に」が省略されることはないので、「修行者に出会った」とはならない。

4 **いかでかいまする**　どうしていらっしゃる

助動・完・終 連 係助 副 係助(係) サ変・体(結) 格助 四・体 格助 上一・已 接助
たり。「かかる 道 は、いかで か いまする。」と 言ふ を 見れ ば、
て一行に)出会った。「このような道に、どうしていらっしゃるのですか。」と言う人を見ると、

上一・用 助動・過・体 助動・断・用 助動・過・終 格助 (代) 格助 格助 格助 格助 接助
見 し 人 なり けり。京 に、その 人 の 御もと に と て、
見知った人であった。京に、あの(恋しい)人の御もとにと言って、

四・用 接助 下二・終
文 書き て つく。
手紙を書いてことづける。

助動・存在・体 格助 格助 係助 格助 係助 格助 四・未
駿河 なる 宇津の山べ の うつつ に も 夢 に も 人 に あは
(私たちがたどり着いた)駿河の国にある宇津の山の、その名の「うつ」のように、うつつ(現実)にも、夢(の中)

助動・打・体 助動・断・用 助動・詠・終
ぬ なり けり
にもあなたに会わないことだなあ。(恋しい人を思っていると、相手の夢に現れると聞いていますが。)

格助 上一・已 接助 格助 格助 副 ク・用(音) 四・已(命) 助動・存・終
富士の山 を 見れ ば、五月 の つごもり に、雪 いと 白う 降れ り。
富士の山を見ると、五月の末頃に、雪がたいそう白く降り積もっている。

四・未 助動・打・体 係助 (代) 格助 接助 係助(係) 格助
時 知ら ぬ 山 は 富士の嶺 いつ と て か 鹿の子まだら に
時節を知らない山は富士の嶺だよ。いったい今をいつだと思って、鹿の子まだらに雪が降り

格助 四・終 助動・現原・体(結)
雪 の 降る らむ
積もっているのだろうか。

(代) 格助 係助 (代) 格助 下二・未 接助 格助 副助 下二・用
その 山 は、ここ に たとへ ば、比叡の山 を 二十 ばかり 重ね上げ
その(富士の)山は、ここ(都)でたとえるならば、比叡山を二十くらい重ね上げたような高さで、

助動・完・未 助動・婉・体 接助 係助 格助 助動・比・用 係助(係) ラ変・用 助動・過・体(結)
たら む ほど して、なり は 塩尻 の やうに なむ あり ける。
形は塩尻のようであった。

のですか。
＊「いかで」＝どういうわけで…か、という疑問を表す。
「いまする」＝「あり」「をり」の尊敬語「います」の連体形。「か」の結び。

❶ 「言ふ」「見れば」の主語は誰か。

答 「言ふ」…修行者。
「見れば」…男。

6 **うつつにも夢《ゆめ》にも人《ひと》にあは《ワ》ぬ** 当時は相手が自分のことを思っていると、相手の姿が夢に現れると信じられていた。ここでは、もう私のことを忘れてしまっているのでは、と、嘆いているのである。
＊「うつつ」＝現実。

7 **つごもり** 月の終わり。下旬。

8 **降《ふ》るらむ《ン》** 降り積もっているのだろうか。「らむ」＝現在の事実に対する原因推量を表す助動詞。連体形で係助詞「か」の結び。

❷ 「ここ」とはどこか。

答 都。

9 **ほどして** 高さで。

【大　意】 3　教74ページ2〜15行

さらに行き、武蔵《むさし》の国と下総《しもつふさ》の国の間にあるすみだ川に、見知らぬ「都鳥」という鳥がいた。その鳥の歌を詠んで都に残してきた人をしのぶと、一行はまた涙するのであった。

【品詞分解／現代語訳】

なほ(副) 行き(四・用) 行き(四・用) て、(接助) 武蔵の国 と(格助) 下総の国 と(格助) の(格助) 中 に、(格助) いと(副) 大きなる(ナリ・体)

さらにどんどん行って、武蔵の国と下総の国との間に、たいそう大きな川が

川 あり。(ラ変・終) それ(（代）) を(格助) すみだ川 と(格助) いふ。(四・終) その(（代）) 川 の(格助) ほとり に(格助) 群れゐ(上一・用)

ある。それをすみだ川という。その川のほとりに（一行が）集まって座って、

て、(接助) 「思ひやれ(四・已) ば、(接助) 限りなく(ク・用) 遠く(ク・用) も(係助) 来(カ変・用) に(助動・完・用) ける(助動・過・体) かな。」(終助) と(格助)

「（都に）思いをはせると、限りなく遠くまで来てしまったものだなあ。」と互いに嘆き合っていると、

わび合へ(四・已（命）) る(助動・存・体) に、(接助) 渡し守、「はや(副) 舟 に(格助) 乗れ。(四・命) 日 も(係助) 暮れ(下二・用) ぬ。」(助動・強・終) と(格助)

渡し守が、「早く舟に乗れ。日も暮れてしまう。」と言うので、

言ふ(四・体) に、(接助) 乗り(四・用) て(接助) 渡ら(四・未) む(助動・意・終) と(格助) する(サ変・体) に、(接助) みな人 ものわびしく(シク・用) て、(接助)

（舟に）乗って渡ろうとするが、一行の人は皆なんとなく心細くて、

京 に(格助) 思ふ(四・体) 人 なき(ク・体) に(助動・断・用) しも(副助) あら(ラ変・未) ず。(助動・打・終) さる(連) 折 しも、(副助) 白き(ク・体) 鳥

（というのも）京に（恋しく）思う人がいないわけでもない（のである）。ちょうどそんな（思いでいる）折、白い

の(格助) 嘴 と(格助) 脚 と(格助) 赤き、(ク・体) 鴫 の(格助) 大きさ なる、(助動・断・体) 水 の(格助) 上 に(格助) 遊び(四・用) つつ(接助)

鳥でくちばしと脚とが赤い、鴫ほどの大きさである（鳥）が、水の上で遊びながら魚を食べている。

魚 を(格助) 食ふ。(四・終) 京 に(格助) は(係助) 見え(下二・未) ぬ(助動・打・体) 鳥 なれ(助動・断・已) ば、(接助) みな人 見知ら(四・未) ず。(助動・打・終)

京では見かけない鳥なので、一行の人は誰も見知らない。

「して」＝接続助詞ととった。サ変動詞「す」の連用形＋接続助詞「て」の連語で、格助詞的な用法とする解釈もある。

語句の解説 3

教74ページ

2 **なほ《オ》**　ここでは、さらに、ますます、の意。

5 **来《き》にけるかな**　来てしまったものだなあ。

「ける」は詠嘆の意ともとれる。

「かな」＝詠嘆の終助詞。

5 **わび合へ《アエ》るに**　互いに嘆き合っていると。

＊「わぶ」＝ここでは、嘆く、つらく思う、の意。

「合ふ」＝動詞の連用形に付いて、互いに…する、の意。

6 **日《ひ》も暮れぬ**　日も暮れてしまう。

「も」＝強意の係助詞。

「ぬ」＝完了でなく強意の意。…てしまう。

8 **なきにしもあらず**　ないわけでもない。

「しも」＝強意の副助詞。「し」だけより強調の度合いが強い。ここは、あとに打消表現を伴って、部分否定を表す。

9 **白《しろ》き鳥《とり》の……大《おお》きさなる**　白い鳥でくちばしと脚とが赤い、鴫ほどの大きさである鳥。

「白き鳥の」の「の」は、同格を表す格助詞。

渡し守に問ひければ、「これなむ都鳥。」と言ふを聞きて、
（格助　四・用　助動・過・已　接助　(代)　係助　格助　四・体　格助　四・用　接助）
渡し守に尋ねたところ、「これこそが都鳥(だよ)。」と言うのを聞いて、

名にし負はばいざこと問はむ都鳥わが思ふ人は
（格助　副助　四・未　接助　感　四・未　助動・意・終　(代)　格助　四・体　係助）
(都という言葉を)名にもっているのならば(都のことをよく知っているだろうから)、さあ尋ねよう、都鳥よ、

ありやなしやと
（ラ変・終　係助　ク・終　係助　格助）
私が恋しく思う人は(都で)無事でいるかどうかと。

と詠めりければ、舟こぞりて泣きにけり。(第九段)
（格助　四・已(命)　助動・完・用　助動・過・已　接助　四・用　接助　四・用　助動・完・用　助動・過・終）
と詠んだので、舟に乗っている人は皆泣いてしまった。

10 **遊《あそ》びつつ**　遊びながら。「遊ぶ」＝ここでは、鳥が気ままに水の上を動き回る意。

12 **これなむ《ン》都鳥《みやこどり》**　下に「なむ」の結びの「なる」「と言ふ」などの言葉が省略されている。

13 **名《な》にし負《お》は《ワ》ば**　名にもっているのならば。「し」＝強意の副助詞。「負はば」＝未然形＋「ば」で、仮定条件。

課題

一　男が京から東国へ旅立った時の思いを説明してみよう。

考え方　「身を要なきものに思ひなして」「道知れる人もなくて、惑ひ行きけり」「京にはあらじ、東の方に住むべき国求めに」などを参考にして考える。

解答例　自分を役に立たないものと思い込み、東国へ住むべきところを求めて旅立ったが、連れに道を知っている人もおらず、不安な旅立ちであった。

二　駿河の国で詠まれた二つの歌にこめられた心情を、それぞれ説明してみよう。

考え方　「駿河なる……」の歌は、「駿河なる宇津の山べの」が「うつつ」を導く序詞になっていて、歌の大意には関係のない部分。当時は相手が自分のことを思っていると、自分の夢の中に現れると信じられていた。

「時知らぬ……」の歌は、「五月のつごもり」に雪が白く降っていることを詠んだ歌だが、当時の五月は夏に当たる。そこで「時知らぬ」と言っているのである。

解答例　●「駿河なる……」の歌＝都の妻を思い、夢にも現れない妻に対して、自分のことを忘れてしまったのかと嘆く思い。

●「時知らぬ……」の歌＝五月の終わりだというのに、雪が白く降り積もっている富士山への驚きと感動。

三　「名にし負はば……」(74・13)の歌によって、なぜ「舟こぞりて」(74・15)泣いてしまったのか。「みな人」の思いについて話し合ってみよう。

考え方　都鳥に仮託して、都に残してきた恋しい人の安否を心配する歌を聞いたことで、みなそれぞれに都にいる家族や恋人のことが思われて、離れ離れでいることに悲しくなったから。

語句と表現

一　助詞「ば」の違いに注意して口語訳してみよう。

①つましあれば(72・11)　②富士の山を見れば(73・7)
③名にし負はば(74・13)

考え方　「已然形＋ば」は、確定条件(原因・理由、偶然条件、恒常条件)を表す。「未然形＋ば」は、仮定条件を表す。①「あれば」は「已然形＋ば」なので、確定条件を表す。後の「旅をしぞ思ふ」の理由を述べている。②「見れば」は「已然形＋ば」なので、確定条件を表す。「富士の山を見」ることと、後の「雪いと白う降れり」に因果関係はないので、偶然条件を表す。③「負はば」は「未然形＋ば」なので、仮定条件を表す。

解答例　①妻がいるので　②富士の山を見ると
③名にもっているのならば

二　次の傍線部の助動詞の意味を調べてみよう。

①京にはあらじ、(72・2)　②住むべき国求めに(72・2)
③雪の降るらむ(73・8)　④重ね上げたらむほどして、(73・9)

解答　①打消意志　②適当　③現在の原因推量　④婉曲

文法から解釈へ⑤　助詞

教科書P.76

助詞は小さな単語で、ついないがしろにしがちだが、書き手の思い(意図)を表現する上で大切な役割を担っている。それぞれの用法や意味を覚え、正しい解釈ができるようにしよう。

1　次の傍線部の格助詞の用法をあとから選び、記号で答えよ。

(『徒然草』より)

① さすがに住む人のあればなるべし。（　　）
② 大きなる柑子《かうじ》の木の、枝もたわわになりたるが（　　）
③ ある人、弓射ることを習ふに、（　　）
④ 「花を見て」と言へるに劣れることかは。（　　）

ア　比較　イ　時間を表す　ウ　主格　エ　同格

考え方　「比較」は、…より、…に、と訳す。「同格」は、…で、と訳す。

2　次の傍線部を、助詞に注意して現代語訳せよ。

(『徒然草』より)

① さのみ目にて見るものかは。（　　）
② 心あらん友もがなと、（　　）
③ 自ら知らずといへども、（　　）
④ 障ることありてまからで（　　）

答
1　①ウ　②エ　③イ　④ア
2　①見るものであろうか、いや、そうではない　②友がいたらいいのになあ　③意識しないといっても　④参りませんで

四　和歌

●和歌とは

「和歌」とは、漢詩に対する日本の歌のこと。長歌・短歌・旋頭《せどう》歌《か》・片歌《かたうた》などさまざまな形式があるが、平安時代以降はもっぱら短歌をさすようになった。

『万葉集』は現存最古の和歌集。二十巻。現存の形に近いものを最後にまとめたのは大伴家持《おおとものやかもち》。成立は奈良時代の末ごろと考えられている。現実に即した感動を率直に表した歌が多い。

『古今和歌集』は日本最初の勅撰《ちょくせん》和歌集。二十巻。醍醐《だいご》天皇の勅命により紀貫之《きのつらゆき》らが撰者を務めた。優美繊細で理知的な歌風。

『新古今和歌集』は、鎌倉時代にできた八番めの勅撰和歌集。二十巻。後鳥羽院《ごとばいん》の院宣によって源《みなもとの》通具《みちとも》・藤原《ふじわらの》定家《さだいえ》らが撰した。繊細優雅で、耽美《たんび》的・ロマン的な傾向の歌が多い。

万　葉　集

教科書P.78～81

【品詞分解／現代語訳】

天皇、蒲生野 に(格助) み狩り する(サ変・体) 時 に(格助)、額田王 の(格助) 作る(四・体) 歌　　額田王《ぬかたのおほきみ》

(天智)天皇が、蒲生野で狩りをなさる時に、額田王が作った歌

あかねさす(枕) 紫野 行き(四・用) 標野 行き(四・用) 野守 は(係助) 見(上一・未) ず(助動・打・終) や(係助) 君(代) が(格助) 袖 振る(四・体)　（巻一・二〇）

紫草の生えている野を行き、標野を行くと、野の番人が見はしないでしょうか、いや、きっと見るでしょう。あなたが(私に向かって)袖を振るのを。

語句の解説

教78ページ

2 **見《み》ずや**　見ないでしょうか、いや、きっと見るでしょう。

「や」＝反語を表す係助詞。

2 **君《きみ》**　ここでは大海人皇子《おおあまのおうじ》(後の天武《てんむ》天皇)。

2 **袖振《そでふ》る**　合図として袖を振る。愛情を示す動作。

「振る」＝連体形止めで、詠嘆を表している。

鑑賞

「紫《むらさき》野《の》行き標野《しめの》行き」と重ね、皇子の歩き回る様子を描いている。「袖振る」のは一種の愛情表現で、額田王はそれをうれしく思いながらも、周囲をはばかる気持ちがはたらき当惑するのである。倒置を用い、連体形止めで余韻を残すなど、技巧を凝らした歌である。

「あかねさす」は枕詞《まくらことば》。倒置。連体形止め。四句切れ。

【品詞分解／現代語訳】

柿本朝臣人麻呂 **が**(格助) **歌**　**柿本人麻呂《かきのもとのひとまろ》**

柿本朝臣人麻呂の歌

近江の海 **夕波千鳥** **汝**(代) **が**(格助) **鳴け**(四・已) **ば**(接助) **心** **も**(係助) **しのに**(副) **古** **思ほゆ**(下二・終)

琵琶湖の夕波の立つ間を飛ぶ千鳥よ、おまえが鳴くと、しみじみとした気持ちになって、近江大津京の盛時のことが思われることだ。

(巻三・二六六)

語句の解説

教79ページ

2**汝《な》**　おまえ。二人称代名詞。

2**思《おも》ほ《オ》ゆ**　自然に思われる。「おもはゆ」から変化した語。「ゆ」は「る」に相当する上代の自発の助動詞。「おもほゆ」→「おぼゆ」と変化した。

鑑賞

「み」の音と「な」の音の配列の妙による音楽性が感じられる。湖畔の夕暮れ、鳴きながら群れ飛ぶ千鳥。視覚と聴覚に誘《いざな》われて、歌人の心には、壬申《じんしん》の乱で今は廃墟《はいきょ》と化した近江《おうみ》の旧都のことがしのばれるのである。簡潔さの中に重厚さを併せもった、絵画的な美しさと余情の広がりのある名吟となっている。句切れなし。

【品詞分解／現代語訳】

子ら **を**(格助) **思ふ**(四・体) **歌**　**山上憶良《やまのうへのおくら》**

子どもたちを思う歌

瓜 **食め**(四・已) **ば**(接助) **子ども** **思ほゆ**(下二・終) **栗** **食め**(四・已) **ば**(接助) **まして**(副) **偲は**(四・未) **ゆ**(助動・自・終) **いづく**(代) **より**(格助) **来たり**(四・用) **し**(助動・過・体) **もの** **そ**(係助) **目交** **に**(格助)

瓜を食べると子どもたちが思われる。栗を食べるといっそう思い慕われる。(子どもたちは、)どこからどういう宿縁でやって来たのであろうか。眼前に

もとな(副) **かかり**(四・用) **て**(接助) **安眠** **し**(副助) **なさ**(四・未) **ぬ**(助動・打・体)

(その面影が)やたらにちらついて、安眠させないことだ。

(巻五・八〇二)

反歌

銀 も[係助] 金 も[係助] 玉 も[係助] 何[(代)] せ[サ変・未] む[助動・推・体] に[格助] まされ[四・已(命)] る[助動・存・体] 宝 子 に[格助] 及か[四・未] め[助動・推・已] やも[係助] （巻五・八〇三）

銀も金も宝石も、どうして優れている宝である子どもに及ぶだろうか、いや、及びはしない。

語句の解説

5 **食《は》めば** 食べるときはいつも。

「ば」＝已然形＋「ば」で、ここでは、恒常条件を表す。

5 **偲《しぬ》はゆ** 自然と思い慕われる。

「ゆ」＝上代の自発の助動詞。平安時代以降使われなくなった。

5 **いづ《ズ》くより来《き》たりしものそ** 直訳すると、どこから来たものか、となるが、「いづくより」は、場所ではなく、どのような過去の宿縁で、といった意に解した。

「そ」＝強意の係助詞（後に「ぞ」と変化した）。ここでは文末用法で、疑問表現を強調している。

6 **安眠《やすい》しなさぬ** 安眠させないことだ。

「し」＝強意の副助詞。

「なさ」＝下二段活用動詞「寝《ぬ》」の他動詞形「なす」の未然形。寝させる、の意。「安眠なす」で、安眠させる、の意になる。

10 **何《なに》せむ《ン》に** ここでは、「及《し》かめやも」に係る副詞句ととった。

10 **やも** 上代の係助詞で、詠嘆をこめた反語。

鑑賞

筑前守《ちくぜんのかみ》として領内を巡行中に詠んだ歌。子どもの好きな食べ物からわが子を連想し、抑えがたい肉親への情を、対句的、漸層的手法を用いて表現している。また、「いづくより」以下には、ひたすらな親心がにじみ出ていて感動的である。反歌では、さらに強い子どもへの愛情を表現し、力強く結んでいる。長歌には、対句表現と連体形止めが使われている。長歌・反歌とも句切れなし。

【品詞分解／現代語訳】

天平勝宝二年三月一日 の[格助] 暮 に[格助]、 春苑 の[格助] 桃李 の[格助] 花 を[格助] 眺矚し[サ変・用] て[接助] 作る[四・体] 大伴家持《おほとものやかもち》

天平勝宝二年（七五〇）の三月一日の夕方に、春の庭園で桃やすももの花を眺めて作った（歌）

春 の[格助] 苑 紅 にほふ[四・体] 桃 の[格助] 花 下照る[四・体] 道 に[格助] 出で立つ[四・体] 娘子 （巻十九・四一三九）

春の庭園の、紅色に美しく照り輝く桃の花よ。その花の色で桃の木の下が明るく照り映える道に出て立つ少女よ。

語句の解説

教80ページ

2 ＊にほ《オ》ふ《ウ》 美しく照り輝く。美しく色づく。

鑑賞

家持が越中守として赴任していた頃の作。庭園の桃とすももの花が一斉に咲いて、北国にもようやく春が訪れた。そこに美しい少女

が立っているという絵画的な歌。桃の花と美少女という構図には、中国の詩の影響をみることができる。体言止め。なお、この歌の句切れには、二句切れ、三句切れ、句切れなしの諸説があるが、ここでは、三句切れと解した。

【品詞分解／現代語訳】

（東歌《あづまうた》） 東国地方の歌

多摩川 **に**（格助） **さらす**（四・体） **手作り** **さらさらに**（副） **なに**（副） **そ**（係助(係)） **こ**（代） **の**（格助） **児** **の**（格助） **ここだ**（副） **かなしき**（シク・体(結)）

多摩川にさらす手織りの布がさらさらとしているように、いまさらのようにどうしてこの娘のことがこんなにも愛しいのだろうか。

右 **は、**（係助） **武蔵の国** **の**（格助） **歌** **（巻十四・三三七三）**

右は、武蔵の国の歌である。

語句の解説

教81ページ

2さらす　漂白のため、水で洗ったり、長時間日光に当てたりする。

2児《こ》　娘。若い恋人のこと。

2かなしき　愛《いと》しい。係助詞「そ」の結びなので連体形。

＊「かなし」＝愛しい。

① 「かなしき」とは、ここではどのような意味か。

答 愛《いと》しい、という意味。

鑑賞 この歌は、川で布をさらす作業に従事する人々の労働歌であろうといわれている。「さらさら」が清涼な川の流れと手織りの布の手触りを思わせ、また、「さらす手作りさらさらに」「この児のここだ」の同音の繰り返しが軽快なリズムを生み出している。「多摩川にさらす手作り」は序詞《じょことば》。句切れなし。

【品詞分解／現代語訳】

（防人歌《さきもりうた》） 北九州一帯の沿岸に配属された警備兵士やその家族が詠んだ歌

韓衣（枕詞） **裾** **に**（格助） **取り付き**（四・用） **泣く**（四・体） **子ら** **を**（格助） **置き**（四・用） **て**（接助） **そ**（係助(係)） **来**（カ変・用） **ぬ**（助動・完・終(結)） **や**（間助） **母なし** **に**（助動・断・用） **して**（接助） **（巻二十・四四〇一）**

私の着物の裾にすがりついて泣く子どもを、置いて来てしまったのだなあ。母親もいない（子どもである）のに。

語句の解説

6 **韓衣《からころむ》**　「裾・袖・着る」などに係る枕詞としても用いられる。
6 **子《こ》らを**　子どもを。「ら」は、ここでは親愛の情を表す接尾語。
6 **置《お》きて来《き》ぬや**　置いて来てしまったのだなあ。「そ」＝係助詞で、通常は連体形で結ぶが、ここでは完了の助動詞「ぬ」の終止形で結ぶ異例の形。
6 **母《おも》なし**　母親のいない子。一語で名詞と解した。

鑑賞

防人の任期は三年だが、守られないことが多く、また当時、東国から北九州への旅は困難を極め、事実上家族との生き別れであった。その上、この作者はすでに妻を亡くしており、さらに「裾に取り付き泣く」という表現からは、子どもの幼さが読み取れる。母のない子どもを残し任地へと赴かねばならぬ作者の、子どもへの尽きぬ思い、悲痛な思いが感じられる。倒置。四句切れ。

一　**句切れに注意して各歌を音読しよう。**

考え方　「句切れ」とは、和歌、特に短歌において、結句(第五句)以外の句で文が切れる(一首の途中で文が終止する)ことをいう。

句切れはふつう、形式上からみて、感動詞や間投助詞、終助詞など(呼びかけ・詠嘆・反語などで意味が終止する箇所)、終止形や命令形、係り結びで文が終結する箇所、倒置の箇所、体言止め、その他によって意味が切れる箇所、などで切れる。一般に『万葉集』は五七調中心で、二句切れ・四句切れが多い。

二　**印象に残った歌を選び、そこに描かれた情景や思いを説明してみよう。**

解答例　歌に描かれた情景や、作者の心情を正しく読み取った上で、その魅力をまとめてみよう。それぞれの歌に付した**鑑賞**も参考にするとよい。

三　**万葉仮名による表記について、気づいたことを話し合ってみよう。**

考え方　万葉仮名は、仮名が生まれる前に、日本語を書き表すために用いた漢字のことである。基本的には、漢字の音を借りて、「宇利(うり)」「胡藤母(こども)」のように表記するが、漢字と同じ意味の日本語を当てて「君」を「きみ」、「古」を「いにしえ」と読む、いわゆる訓読みの例も見られる。「武良前(むらさき)」など、音読みと訓読みを組み合わせている場合もある(「武」「良」は音読み、「前」は訓読み)。付属語に注目すると、「淡海乃海」のように、格助詞の「の」を「乃」と表記することもあれば、「春苑」のように「の」が省略されている場合もある。また、「不見哉(見ずや)」のように、漢文のように読む例もある。送り仮名に注目すると「布流(振る)」「尓保布(にほふ)」というように、送り仮名も含めて漢字を当てている場合もあれば、「指(指す)」「出立(出で立つ)」のように送り仮名を省略している例もある。気づいたことを話し合ってみよう。

古今和歌集

教科書P.82～85

【品詞分解／現代語訳】

題　知ら（四・未）　ず（助動・打・終）

題知らず

小野小町《をののこまち》

花　の（格助）　色　は（係助）　移り（四・用）　に（助動・完・用）　けり（助動・詠・終）　な（終助）　いたづらに（ナリ・用）　わ（代）　が（格助）　身　世に（副詞）　ふる（上二・終）　ながめ　せ（サ変・未）　し（助動・過・体）　ま　に（格助）（春下・一一三）

花の色も私の美しさも衰えてしまったことよ。降り続く長雨を眺め、ぼんやりとむなしい物思いにふけっている間に、私はすっかり年を取ってしまった。

語句の解説

教82ページ

2 **花《はな》の色《いろ》**　平安時代は、一般に「花」と出てきたら、桜を指す。また、ここでは、自分の美しさのたとえでもある。

2 **移《うつ》りにけりな**　衰えてしまったことよ。

2 **いたづ《ズ》らに**　むなしく。

＊「いたづらなり」＝むなしい。無駄だ。

❶ 「いたづらに」は、どこに係るか。

答 「ながめせし」に係る。

2 **世《よ》に**　「世」と格助詞「に」とする説もある。

2 **ふる**　「古る」と「降る」の掛詞。「古る」はラ行上二段活用。「降る」はラ行四段活用。

2 **せし**　過去の助動詞「き」は基本的に連用形接続だが、連体形「し」がサ変に接続するときは未然形接続となる。

鑑賞

人の美しさを花の色にたとえ、その衰えやすさを嘆く歌。三句以降は倒置になっていて、もとの語順に直すと「いたづらにながめせしまにわが身世にふる」となる。「古る」と「降る」、「眺め」と「長雨」が掛詞になっているなど技巧にも優れ、小野小町の代表作の一つに数えられる。二句切れ・四句切れ。

【品詞分解／現代語訳】

題　知ら（四・未）　ず（助動・打・終）

題知らず

よみ人知らず

作者不明歌

五月 待つ〔四・体〕 花橘 の〔格助〕 香 を〔格助〕 かげ〔四・已〕 ば〔接助〕 昔 の〔格助〕 人 の〔格助〕 袖 の〔格助〕 香 ぞ〔係助(係)〕 する〔サ変・体(結)〕 （夏・一三九）

五月を待って咲く橘の花の香りをかぐと、昔親しくしていた人の袖にたきしめた香の香りがすることだ。

語句の解説

② 「昔の人」とはどのような人か。

答 昔、親しくしていた恋人。

5 **袖《そで》の香《か》ぞする** 当時の貴族は、たしなみとして着物に香をたきしめていた。この歌の「昔の人」は、いつも花橘《はなたちばな》の香りのする香をたきしめていたのであろう。

鑑賞

橘の花の香りから昔の恋人の袖の香りを連想するという、甘美優雅で官能的な歌。こうした連想の世界は平安朝独特の美の世界であるが、一首全体が、技巧を凝らさない、素朴で率直な詠風となっていて、清純な感じを与える。よみ人知らずの歌は、このように素朴であるがゆえに愛されたものが多い。句切れなし。

【品詞分解／現代語訳】

秋 立つ〔四・体〕 日 詠め〔四・已(命)〕 る〔助動・完・体〕　藤原敏行《ふぢはらのとしゆき》

立秋の日に詠んだ(歌)

秋 来〔カ変・用〕 ぬ〔助動・完・終〕 と〔格助〕 目 に〔格助〕 は〔係助〕 さやかに〔ナリ・用〕 見え〔下二・未〕 ね〔助動・打・已〕 ども〔接助〕 風 の〔格助〕 音 に〔格助〕 ぞ〔係助(係)〕 おどろか〔四・未〕 れ〔助動・自・用〕 ぬる〔助動・完・体(結)〕 （秋上・一六九）

秋が来たと目にははっきりと見えないが、風の(さわやかな)音を聞くと、(秋の訪れに)はっと気づかされたことだ。

語句の解説

教83ページ

2 **秋来《あきき》ぬと** 秋が来たと。

「ぬ」＝完了の助動詞。確かに秋になったという趣を表す。

2 **おどろかれぬる** はっと気づいたことだ。

＊「おどろく」＝ここでは、はっとしてそれに気づく、の意。

鑑賞

景色からは感じられない秋の気配を、風の音によって感じ取ったのである。季節の微妙な変化を、視覚でなく聴覚で捉えたという点に、この歌のおもしろみがある。ナ行音を重ねた緩やかな調べと、繊細で敏感な感覚をはたらかせたこの歌は、古来多くの人に愛唱されてきた。句切れなし。

【品詞分解／現代語訳】

雪	の	降り	ける	を	見	て	詠め	る
	格助	四・用	助動・過・体	格助	上一・用	接助	四・已(命)	助動・完・体

雪が降ったのを見て詠んだ（歌）

紀友則《きのとものり》

雪	降れ	ば	木ごと	に	花	ぞ	咲き	に	ける
	四・已	接助		格助		係助(係)	四・用	助動・完・用	助動・詠・体(結)

雪が降ったので　それぞれの木に花が咲いたことよ。

いづれ	を	梅	と	わき	て	折ら	まし
	格助		格助	四・用	接助	四・未	助動・意・体

どの花を梅だと見分けて折ろうか。

（冬・三三七）

語句の解説

❸「花」は、何を何にたとえたものか。

答　木の枝に積もった雪を梅の花にたとえたもの。

5 **折《お》らまし**　折ろうか。折ろうかしら。

「まし」＝ためらいを含む意志を表す助動詞。

鑑賞

枝に降り積もった雪を花にたとえて、どれが本物の梅なのかわからなくなってしまったという内容の歌。三句切れ。二句の「木毎《ごと》に」という表現がヒントとなって、四句で「花」の正体が「梅」だと判明する。このように漢字を分解して、詠み込んだものを「離合の歌」という。他に有名なものとして、百人一首の一つである「吹くからに秋の草木のしをるればむべ山風を嵐といふらむ」がある。

【品詞分解／現代語訳】

朱雀院	の	女郎花合	の	時	に、
	格助		格助		格助

朱雀院の女郎花合の時に、

「をみなへし」	と	いふ	五文字	を	句	の	かしら	に	置き	て	詠め	る
	格助	四・体		格助		格助		格助	四・用	接助	四・已(命)	助動・完・体

「をみなへし」という五文字を　和歌の句の先頭に置いて詠んだ（歌）

紀貫之《きのつらゆき》

小倉山	峰	たちならし	鳴く	鹿	の	経	に	けむ	秋	を	知る	人	ぞ	なき
		四・用	四・体		格助	下二・用	助動・完・用	助動・婉・体		格助	四・体		係助(係)	ク・体(結)

小倉山の峰に立ち、なれ親しんで鳴く鹿が　経たような秋を　知る人はいない。

（物名・四三九）

語句の解説

教84ページ

3 **経《へ》にけむ《ン》秋《あき》**　経たような秋。どのくらいの秋を経たのか、ということ。

鑑賞

小倉山の鹿が何年の秋を鳴き通しているか誰も知らないという内

容。鹿への愛情が感じられる。「折句《おりく》」という技法を用い、「小倉山《をぐらやま》」「峰《みね》」「鳴《な》く」「経《へ》にけむ」「知《し》る」と各句の先頭の音をつなげると「をみなへし」となるように詠まれている。句切れなし。

【品詞分解／現代語訳】

題 知ら（四・未） **ず**（助動・打・終）　**よみ人知らず**

題知らず

ほととぎす 鳴く（四・体） **や**（間助） **五月 の**（格助） **あやめ草 あやめ も**（係助） **知ら**（四・未） **ぬ**（助動・打・体） **恋 も**（係助） **する**（サ変・体） **かな**（終助）　**（恋一・四六九）**

ほととぎすが鳴く五月のあやめ草。そのあやめではないが、あやめ、つまり、分別のない恋をすることだよ。

語句の解説

6 **鳴《な》くや五月《さつき》**　鳴く五月。陰暦五月のことで、現在の五月下旬から七月上旬。

「や」＝間投助詞。語調を整えるとともに感動を表している。

鑑賞

夢中で恋をする様子を、序詞《じょことば》を用いて詠んだ歌。上の句は序詞なので、和歌の大意にはあまり関係ないが、「五月のあやめ草」とあることで、端午《たんご》の節句が想起され、夏の恋を連想させる。当時の恋は、手紙の贈答を通じて始まることが多かった。簡単に会うことのかなわない相手との恋愛に夢中になる切ない心情が伝わってくる。三句切れ。

【品詞分解／現代語訳】

題 知ら（四・未） **ず**（助動・打・終）　**壬生忠岑《みぶのただみね》**

題知らず

有明け の（格助） **つれなく**（ク・用） **見え**（下二・用） **し**（助動・過・体） **別れ より**（格助） **暁 ばかり**（副助） **憂き**（ク・体） **もの は**（係助） **なし**（ク・終）　**（恋三・六二五）**

逢ってもくれないあの人と別れた夜明けの空には、有明け月が輝きよそよそしく見えた、その逢えずに帰ったあの別れの日から、暁ほどつらいものはない。

語句の解説

教85ページ

2 **つれなく見《み》えし**　よそよそしく見えた。

＊「つれなし」＝ここでは、冷淡だ、よそよそしい、の意。

2 **暁《あかつき》**　夜明け前。「あけぼの」よりも早い時間。

2 **憂《う》きものはなし**　つらいものはない。

＊「憂し」＝ここでは、つらい、苦しい、の意。

鑑賞　「つれなく見えし」の解釈には諸説あるが、『古今和歌集』では、「逢《あ》はずして帰る恋」の歌とされているので、女も冷淡で、「有明《ありあ》け(の月)」もよそよそしく見えた、と解した。逢ってもくれない無情な女の冷たさを、有明けの月になぞらえて、片思いのつらさを表現しているのである。句切れなし。

【品詞分解／現代語訳】

五節	の	舞姫	を	見	て	詠め	る
	格助		格助	上一・用	接助	四・已(命)	助動・完・体

五節の舞姫を見て詠んだ(歌)　　良岑宗貞《よしみねのむねさだ》

天	つ	風	雲	の	通ひ路	吹き閉ぢよ	をとめ	の	姿	しばし	とどめ	む
	格助			格助		上二・命		格助		副	下二・未	助動・意・終

(雑上・八七二)

天空の風よ、雲の中の通路を吹き閉ざしておくれ。美しく舞うこの天女たちの姿をもうしばらくここにとどめておきたいから。

語句の解説

5**天《あま》つ風《かぜ》**　天空を吹く風。一語の名詞ともとれる。

「つ」＝上代語。所在・位置などを表し、連体修飾語を作る。…の、…にある、と訳す。

5**雲《くも》の通《かよ》ひ《イ》路《ち》**　ここでは、雲の中の通り道、の意。

①　「をとめ」とは誰を指すか。

答　五節の舞姫・天皇の御前で舞を演じる少女。

鑑賞　美しい舞姫を天女に見立て、その美しい舞い姿を眺め惜しんだ歌である。天女は、「雲の通ひ路」を通って天上と地上とを行き来すると考えられていた。あとしばらく眺めていたい、その気持ちが「しばしとどめむ」に表れている。奇抜な発想の、幻想的な一首。見立て。三句切れ。

課題

一　句切れに注意して各歌を音読しよう。

考え方　句切れについては、67ページを参照。それぞれの歌の**鑑賞**を読んで、音読してみよう。「古今集」は七五調中心で、初句切れ・三句切れが多い。

二　印象に残った歌を選び、そこに描かれた情景や思いを説明してみよう。

考え方　**鑑賞**を読んで、情景を説明してみよう。

三　それぞれの歌に用いられている修辞を指摘し、その効果を説明してみよう。

解答例　使われている修辞は次のとおり。効果は後にまとめた。

「花の色は……」の歌＝掛詞。倒置。
「ほととぎす……」の歌＝序詞。
「天つ風……」の歌＝五節の舞姫を天女に見立てている。

●効果
● 序詞＝ある語句に具体的なイメージを与えたり、歌にリズムを作り出したりする。
● 掛詞＝同音異義語を利用することで意味を二重にし、より多くのイメージを詠み込む。
● 見立て＝読み手の注意を呼び起こし、イメージを膨らませる。
● 倒置＝読み手の注意を呼び起こし、印象を深めたり、強調したりする。

新古今和歌集

教科書P.86～89

【品詞分解／現代語訳】

後鳥羽院《ごとば》

男ども	詩	を	作り	て	歌	に	合はせ	侍り	し	に、	水郷	春望	と	いふ	こと	を
		格助	四・用	接助		格助	下二・用	補丁・ラ変・用	助動・過・体	格助			格助	四・体		格助

殿上人たちが漢詩を作って、和歌と詩歌合をしました時に、「水郷の春の眺望」ということを（詠んだ歌）

見渡せ	ば	山もと	かすむ	水無瀬川	夕べ	は	秋	と	なに	思ひ	けむ
四・已	接助		四・体			係助		格助	副	四・用	助動・過原・体

（春上・三六）

見渡したところ、遠くの山の麓がかすみ、（その前を）水無瀬川が流れている。夕暮れは秋が最高とどうして今まで思っていたのだろう（春の夕暮れも劣らずすばらしいのに）。

語句の解説

教86ページ

1 **水郷春望**《すいきやうのしゅんばう》　水郷の春の眺望。詩歌合《しいかあわせ》の題。

2 **山《やま》もと**　山の麓。「山」は水無瀬《みなせ》川の上流の山で遠景。水無瀬川は近景。

2 **なに思《おも》ひ《イ》けむ《ン》**　どうして思っていたのだろう。
「なに」＝なぜ、どうして、の意の疑問の副詞。疑問の副詞があると、係り結びと同じように結びは連体形となる。
「けむ」＝過去の原因推量の助動詞。…たのだろう。

鑑賞

後鳥羽院の歌は、なだらかな表現の中におおらかさを感じさせる詠みぶりに特色がある。「秋は夕暮れ」という平安朝の伝統的な美意識に対して、「山もとかすむ水無瀬川」のこの美しい春景色も、情緒があって実によいではないかと、歌っているのである。三句切れ。

① 「夕べは秋」とした作品は何か。

答 枕草子。

【品詞分解／現代語訳】

千五百番歌合 に（格助）
千五百番歌合で（詠んだ歌）

藤原《ふぢはらの》良経《よしつね》

有明け の（格助）**つれなく**（ク・用）**見え**（下二・用）**し**（助動・過・体）**月 は**（係助）**出で**（下二・用）**ぬ**（助動・完・終）**山ほととぎす 待つ**（四・体）**夜 ながら**（接助）**に**（格助）**（夏・二〇九）**

夜明けに平然と見えていたあの有明の月は（今日も）出てしまった。山ほととぎす（が鳴くの）を待つ夜のままで。

語句の解説

5有明け《ありあけ》　夜が明けても残っている月。特に下弦の月から新月になるまでの間の月。この頃の月は真夜中にならないと出てこない。

5山《やま》ほととぎす　ほととぎすは、夜にも鳴く習性がある。

鑑賞

ほととぎすが山から里に下りてきて鳴くのを夜通し待っていたのに、有明の月が出てきたという内容。夜明けが近づいていることがわかり、恨めしく思っている心情が込められている。古今和歌集に収められている壬生忠岑の和歌「有明けのつれなく見えし別れより暁ばかり憂きものはなし」の本歌取り。壬生忠岑の歌は別れのつらさを歌っているのに対し、良経のこの歌は、待つことの恨めしさを歌っている。倒置。三句切れ。

【品詞分解／現代語訳】

題 知ら（四・未）**ず**（助動・打・終）
題知らず

寂蓮《じやくれん》法師

寂しさ は（係助）**そ**（代）**の**（格助）**色 と**（格助）**しも**（副助）**なかり**（ク・用）**けり**（助動・詠・終）**槙 立つ**（四・体）**山 の**（格助）**秋 の**（格助）**夕暮れ （秋上・三六一）**

寂しさは、特にどの色が寂しいというのでもなかったのだなあ。一面に槙が生い茂っている山の、この秋の夕暮れ（のなんと寂しいこと）よ。

語句の解説

教87ページ

2その色《いろ》としも　特にどの色が寂しさを誘うわけではなく、秋の山全体の雰囲気が寂しさを感じさせる、ということ。
「しも」＝副助詞。下に否定表現を伴うと、必ずしも…でない、の意を表す。

2なかりけり　なかったのだなあ。
「けり」＝詠嘆を表す。いわゆる、気づきの「けり」。

鑑賞

自然も人も全てが寂しい色合いに覆われ、華やいだ色など何もない世界をイメージさせる歌で、しみじみと身内にしみ通ってくるような寂しさが静かに詠まれている。この歌は、王朝以来の伝統である「秋の色＝紅葉の色」といったパターンを底に置き、それを否定することによってよりいっそう寂寥《せきりょう》感を強く表出している。体言止めの余情表現によって、読む者の心にいつまでもその情緒が残るような歌である。倒置・体言止め。三句切れ。

【品詞分解／現代語訳】

百首歌	奉り	し	時
	四・用	助動・過・体	

藤原定家《ふぢはらのさだいへ》

百首の歌を差しあげた時(詠んだ歌)

駒	とめ	て	袖	うちはらふ	陰	も	なし	佐野	の	わたり	の	雪	の	夕暮れ
	下二・用	接助		四・体		係助	ク・終		格助		格助		格助	

（冬・六七一）

馬をとめて、雪の降りかかった袖を払う物陰もないことだ。佐野の渡しの雪の夕暮れよ。

語句の解説

5 **駒《こま》** 「馬」の歌語。

5 **陰《かげ》もなし** 家はもちろんのこと、物陰さえないことをいう。

5 **わたり** 「あたり」ともとれるが、本歌では「渡し場」のこと。

鑑賞

本歌の現代語訳は、「困ったことに降ってきた雨だよ。三輪の崎の狭野《さの》の渡し場には、雨宿りする家もないのに。」で、旅の途中で雨に降りこめられたつらさを歌っているのに対して、この歌は、雪の夕暮れに設定を変え、馬を配し、絵画的世界を打ち立てている。それによって、作者の冬の世界と、本歌の旅の世界が二重写しとなり、別世界を作り出している。本歌取り。倒置・体言止め。三句切れ。

【品詞分解／現代語訳】

東	の	方	へ	まかり	ける	に、	詠み	侍り	ける
	格助		格助	四・用	助動・過・体	格助	四・用	補丁・ラ変・用	助動・過・体

西行法師《さいぎやう》

東国の方へ下りました時に、詠みました(歌)

年	たけ	て	また	越ゆ	べし	と	思ひ	き	や	命	なり	けり	小夜の中山
	下二・用	接助	副	下二・終	助動・可・終	格助	四・用	助動・過・終	係助		助動・断・用	助動・詠・終	

（羇旅《きりょ》・九八七）

年をとってから再び(この山を)越えることができると思っただろうか、いや、思いもしなかった。命があればこそであるよ。(今)小夜の中山を越えることができるのは。

語句の解説

教88ページ

1 **まかりけるに** 下りました時に。「まかる」＝「出《い》づ」の謙譲語。下る。退出する。

2 **年《とし》たけて** 年をとってから。

2 **越《こ》ゆべし** 「べし」を推量ととって、越えるだろう、とも訳せる。

① 「越ゆべし」とは、どこを越えるのか。

答　小夜の中山。

2 **思《おも》ひ《イ》きや**　思っただろうか、いや、思わなかった。

鑑賞

六十九歳の作者が、陸奥《みちのく》へ二度目の旅をした時の作。生涯のほとんどを放浪の中に送った作者の人生観が表れた歌でもあり、最初に旅した三十歳頃から流れた歳月と、今生きているという実感が、味わい深く歌われている。また、「思いきや」で一度切り、さらに「命なりけり」と切ることで、感動が強められている。体言止め。三、四句切れ。

【品詞分解／現代語訳】

百首 **の**[格助] **歌** **の**[格助] **中** **に**[格助]、**忍ぶる**[上二・体] **恋** **を**[格助]　　**式子内親王《しょくしないしんのう》**

百首の歌の中に、心の中に秘めておく恋を(という題で詠んだ歌)

玉の緒 **よ**[間助] **絶え**[下二・用] **な**[助動・完・未] **ば**[接助] **絶え**[下二・用] **ね**[助動・完・命] **ながらへ**[下二・未] **ば**[接助] **忍ぶる**[上二・体] **こと** **の**[格助] **弱り**[四・用] **も**[係助] **ぞ**[係助(係)] **する**[サ変・体(結)]

私の命よ、いっそ絶える(＝死ぬ)のなら絶えてしまえ。このまま生きながらえていると、恋を忍ぶ心が弱って(世間に知られて)しまうかもしれないから。

(恋一・一〇三四)

語句の解説

4 **百首《ひゃくしゅ》の歌《うた》**　いくつかの歌の題について一定数の歌を詠み、総計百首となるようにする題詠の方式。百首歌《ひゃくしゅうた》。

5 **絶《た》えなば絶《た》えね**　命令形だけでなく、完了の助動詞が二度使われて、激しい口調となっている。

5 **ながらへ《エ》ば**　未然形＋「ば」で、順接の仮定条件を表す。

5 **弱《よわ》りもぞする**　弱ってしまうかもしれないから。「もぞ」＝係助詞「も」＋係助詞「ぞ」。「もぞ」に伴う係り結びは、将来の悪い事態を予測して危ぶむ気持ちを表す。

鑑賞

題詠歌とは思えないほどの実感のこもった、作者の代表作である。上二句の命を懸けてまでといった切迫した歌いぶりと、下三句の不安を抱えた心弱い歌いぶりとが調和して、哀切な響きを生み出している。特に上二句では、集中的に用いたa音と、「絶えなば絶えね」という言い切りが、抑えがたい激しい恋心を破裂させていて効果的である。縁語。二句切れ。

【品詞分解／現代語訳】

雨 **の**[格助] **降る**[四・体] **日**、**女** **に**[格助] **つかはし**[四・用] **ける**[助動・過・体]　　**藤原俊成《ふぢはらのとしなり》**

雨の降る日に、女に贈った(歌)

思ひあまり	そなた	の	空	を	ながむれ	ば	霞	を	分け	て	春雨	ぞ	降る
四・用	(代)	格助		格助	下二・已	接助		格助	下二・用	接助		係助(係)	四・体(結)

（恋二・一一〇七）

恋しい思いに耐えかねて、あなたのいる方角の空をもの思いに沈みながらぼんやりと眺めていると、一面に立ちこめた霞を分けるように春雨が降ることだ。

語句の解説

教89ページ

②「そなた」とは、どのような方角か。

答 恋人のいる方角。恋人の家のある方角。

2 **霞《かすみ》を分《わ》けて** 霞を分けるようにして。

「霞」＝「古今集」以降、春は「霞」、秋は「霧」と詠み分けられるようになった。

鑑賞

作者の家集「長秋《ちょうしゅう》詠藻《えいそう》」の詞書《ことばがき》には、「はるごろ、しのぶる事ありける女のもとにつかはしける」とあり、作者が人目を忍び、恋していた実在の女性に贈った歌であることがわかる。上の句では、恋人がいる方角を眺めやる作者の、身もだえせんばかりの心情が歌われているが、そこには霞が立ちこめていて、はっきり見ることができないのである。下の句の、涙を連想させるような「春雨」には、やるせないまでの晴れやらぬ心の重さが表現されている。句切れなし。

課題

一 句切れに注意して各歌を音読しよう。

考え方 鑑賞 の句切れを参考に音読してみよう。「新古今」は七五調中心で、初句切れ・三句切れが多い。

二 印象に残った歌を選び、そこに描かれた情景や思いを説明してみよう。

考え方 鑑賞 を読んで、情景を説明してみよう。

三 『新古今和歌集』の和歌と《参考》にあげた和歌との関係について、気づいたことをまとめてみよう。

解答例 有名な和歌を踏まえて和歌を詠むことを「本歌取り」という。本歌のもつ気分や情趣を反映させて、余情を深める効果がある。

●「有明けの……」の歌 参考「有明けのつれなく見えし別れより暁ばかり憂きものはなし」（『古今和歌集』壬生忠岑）＝本歌取りの歌。本歌が別れのつらさをうたう恋の歌であるのに対し、良経の歌はほととぎすを待つことの恨めしさをうたう自然に関する歌になっている。本歌があることで、妖艶な雰囲気が漂ってくる。

●「駒とめて……」の歌 参考「苦しくも降り来る雨か三輪の崎狭《さ》野《の》の渡りに家もあらなくに」（『万葉集』長忌寸《ながのいみき》奥麻呂《おきまろ》）＝本歌取りの歌。ともにどこかで休もうとするも休めない状況が詠まれている。しかし、本歌の雨を雪にかえ、駒（馬）を登場させ、時間帯を夕暮れとしたことで、より具体的な情景を想像できるようになっている。

●「年たけて……」の歌 参考「春ごとに花の盛りはありなめどあひ見むことは命なりけり」（『古今和歌集』よみ人知らず）＝歌われているのは春の桜と山越えであるが、ともに命があることへの感動が詠まれている。特に「年たけて……」では、表現から実際に年を取ってから歌っていることがわかるようになっている。

●「玉の緒よ……」の歌 参考「玉の緒の絶えて短き命もて年月長き恋もするかな」（『後撰《ごせん》和歌集』紀貫之《きのつらゆき》）＝参考の歌が、はかない命をもって、それでも長く恋をしていることに対して、肯定的であるのに対して、「玉の緒よ……」では、いっそ命などなくなってしまえという痛切な恋の歌になっている。

和歌の修辞

教科書P.90〜93

課題

①五文字のテーマ（「さ・く・ら・は・な」など）を設定して折句の短歌を作ってみよう。

②第五句を「○○の夕暮れ」とする体言止めの短歌を作ってみよう。

考え方①折句は五文字の言葉を分解して、各句の最初に配置する技巧。現代では似た遊びとして「あいうえお作文」などがある。テーマを設定して取り組んでみよう。

②「夕暮れ」は古来、和歌に多く詠まれてきた。特に「秋の夕暮れ」とするものが多い。季節だけでなく「雪の夕暮れ」や「花の夕暮れ」などさまざまに考えられる。好きな言葉を入れて、和歌を作ってみよう。

1 **次の説明にあてはまる修辞を書け。**

① 古く有名な歌の一部をそのまま引用して、和歌に古歌の世界を取り込む技法。（　　）

② ある一定の語を導くために直前に置かれる語のこと。通常五音からなる。（　　）

③ 一つの言葉に二重の意味をもたせる技法。（　　）

④ ある語を導き出すために用いる語句。係る語は一定せず、通常七音以上からなる。（　　）

⑤ 一つの言葉と意味の上で密接に関わる語を用いて表現に膨らみを出す技法。（　　）

⑥ 和歌の末尾を体言で止めて、詠嘆の気持ちや余韻・余情をもたせる技法。（　　）

⑦ 事物の名などを分解して、和歌の各句の最初に、一字ずつ置いて詠み込む技法。（　　）

⑧ ある事柄を別の事柄になぞらえる表現技法。（　　）

答 1 ①本歌取り ②枕詞 ③掛詞 ④序詞 ⑤縁語 ⑥体言止め ⑦折句 ⑧見立て

五 軍記

●軍記物語とは

「軍記物語」とは、合戦を主題として、その時代や人物を描いた叙事詩的な文学作品。主に鎌倉・室町時代に作られた。『保元物語《ほうげんものがたり》』『平治物語《へいじものがたり》』『平家物語』『太平記』などが有名である。

『保元物語』は、鎌倉時代初期の軍記物語。作者は未詳。保元の乱のてん末を、鎮西八郎為朝《ちんぜいはちろうためとも》の活躍を中心にして描いている。和漢混交《こんこう》文体で書かれているが、琵琶法師の手により語り物として成長したものと見られている。

『平治物語』は、鎌倉時代初期の軍記物語。作者は未詳だが、『保元物語』と同じ作者とも考えられている。和漢混交文体により、平治の乱のてん末を、源平両武門の戦闘を中心に描いている。

『平家物語』は、鎌倉時代中期の軍記物語。作者は信濃前司行長《しなののぜんじゆきなが》ともいうが未詳。仏教の無常観を基調として、平家一門の栄華と没落・滅亡を描いている。平曲として琵琶法師によって語られた。

『太平記』は、南北朝の動乱を描いた軍記物語。室町時代に成立。作者は未詳だが、小島法師《こじまほうし》が関わったと思われる。華麗な和漢混交文体で、さまざまな人物を描いている。

祇園精舎《ぎをんしやうじや》

〔平家物語〕　教科書P.98

【大　意】　教98ページ1～3行

人の世は全て無常であり、権勢におごっている者も、勇猛な者も、必ず滅ぶものである。

【品詞分解／現代語訳】

祇園精舎 の(格助) 鐘 の(格助) 声、諸行無常 の(格助) 響き あり(ラ変・終)。娑羅双樹 の(格助) 花 の(格助)

祇園精舎の鐘の音には、諸行無常(＝全ての現象は刻々に変化して同じ状態ではないこと)を示す響

色、盛者必衰 の(格助) 理 を(格助) あらはす(四・終)。おごれ(四・已(命)) る(助動・存・体) 人 も(係助) 久しから(シク・未) ず(助動・打・終)、

きがある。(釈迦入滅の時、枯れて白くなったという)娑羅双樹の花の色は、盛んな者も必ず衰えるという道理を表して

ただ(副) 春 の(格助) 夜 の(格助) 夢 の(格助) ごとし(助動・比・終)。猛き(ク・体) 者 も(係助) つひに(副) は(係助) 滅び(上二・用)

いる。権勢を誇っている人も長くは続かない、まるで春の夜の夢のよう(にはかないもの)である。勇ましく猛々しい者

語句の解説 1

教98ページ

1 **盛者必衰《じやうしやひつすい》の理《ことわり》**　盛んな者も必ず衰えるという道理。「諸行無常」とともに対句で繰り返される、「祇園精舎」の段の主題。

「理」＝ここでは、道理、の意。

2 **久《ひさ》しからず**　長くは続かない。

「久し」＝ここでは、ある状態が長く続いているさま、長い間である、の意。

ぬ、ひとへに風の前の塵に同じ。

（ぬ：助動・完・終／ひとへに：副／の：格助／の：格助／に：格助／同じ：シク・終）

も結局は滅んでしまう、全く風の前の（すぐに吹き飛ばされて消えてしまう）塵と同じである。

（巻一）

木曾《きそ》の最期

〔平家物語〕

教科書P.98〜105

【大意】 1 教99ページ16行〜101ページ2行

鎌倉方の大軍に向かって義仲《よしなか》は名のりを上げ、次々と敵を倒していくが、やがて主従五騎になってしまう。

【品詞分解／現代語訳】


木曾左馬頭、その日の装束には、赤地の錦の直垂に、

（その：代／の：格助／に：格助／は：係助／の：格助／の：格助／に：格助）

木曾左馬頭（義仲）、その日のいでたちとしては、赤地の錦の直垂（の上）に唐綾縅の鎧を着て、

唐綾縅の鎧着て、鍬形打つたる甲の緒締め、厳物作りの
（の：格助／着：上一・用／て：接助／打つ：四・用（音）／たる：助動・存・体／の：格助／締め：下二・用／の：格助）
鍬形を打ってある甲の緒を締め、厳物作りの大太刀を

大太刀はき、石打ちの矢の、その日のいくさに射て少々
（はき：四・用／の：格助／の：格助／その：代／の：格助／の：格助／に：格助／射：上一・用／て：接助／少々：副）
腰につけ、石打ちの矢で、その日の合戦に射て少々残っているのを、

残つたるを、頭高に負ひなし、滋籐の弓持つて、聞こゆる木曾
（残つ：四・用（音）／たる：助動・存・体／を：格助／頭高に：ナリ・用／負ひなし：四・用／の：格助／持つ：四・用（音）／て：接助／聞こゆる：下二・体）
（箙に差した矢の先端が）頭より高く突き出るように背負い、滋籐の弓を持って、有名な

の鬼葦毛といふ馬の、きはめて太うたくましいに、黄覆輪の鞍
（の：格助／と：格助／いふ：四・体／の：格助／きはめて：副／太う：ク・用（音）／たくましい：シク・体（音）／に：格助／の：格助）
木曾の鬼葦毛という馬で、非常に太くたくましいのに、黄覆輪の鞍を置いて

置いてぞ乗つたりける。鐙踏んばり立ちあがり、大音声
（置い：四・用（音）／て：接助／ぞ：係助（係）／乗つ：四・用（音）／たり：助動・存・用／ける：助動・過・体（結）／踏んばり：四・用／立ちあがり：四・用）
乗っていた。鐙を踏んばって立ちあがり、大声をあ

2 ただ　ここでは、まるで、全く、の意。

2 春《はる》の夜《よ》の夢《ゆめ》のごとし　あとの「風の前の塵《ちり》」と対で、ともにはかないもののたとえ。

3 ひとへ《エ》に　まるで。全く。

語句の解説 1

教99ページ

16 装束《しやうぞく》　衣服。いでたち。

教100ページ

1 聞《き》こゆる　有名な。評判の高い。「評判になる」の意の動詞「聞こゆ」の連体形。

5 大音声《だいおんじやう》　大声。大きく張りあげた声。

6 昔《むかし》は聞《き》きけんものを　名のりをあげるときに自分を誇示して言う決まり文句。次の「今は見るらん」と対句的に使われる。「ものを」＝逆接の確定条件を表す接続助詞。

8 朝日《あさひ》の将軍《しやうぐん》　左馬頭《さまのかみ》と伊予守《いよのかみ》に任じられた時に、後白河《ごしらかは》上皇から賜った呼び名。

8 源義仲《みなもとのよしなか》ぞや　源義仲であるぞ。「ぞ」＝念押しを表す係助詞。終助詞とする説もある。

格助 下二・用 接助 四・用 助動・過・体 係助 係助 四・用 助動・過推・体 接助 格助
をあげて名のりけるは、「昔は聞きけんものを、木曾の
げて名のったことには、「以前は（うわさに）聞いたであろうが、木曾の冠者

係助 上一・終 助動・現推・終 係助 間助
冠者、今は見るらん、左馬頭兼伊予守、朝日の将軍源義仲ぞや。甲斐
（という者）を、（そして）今は（目の前に）見るであろう、（われこそは）左馬頭兼伊予守、朝日の将軍源義仲であるぞ。

格助 格助 係助（係） 四・已（結） 副 ク・体（音） 係助 四・用（音） 接助
の一条次郎とこそ聞け。互ひによい敵ぞ。義仲討って
（そこにいるのは）甲斐の一条次郎と聞く。互いに不足がない敵だ。義仲を討って

格助 下二・命 間助 格助 接助 四・用（音） 接助 下二・終
兵衛佐に見せよや。」とて、をめいて駆く。
兵衛佐（頼朝）に見せよ。」と言って、大声で叫んで馬を走らせる。

副 四・体 係助 係助 四・終 終助 四・終 終助
一条次郎、「ただ今名のるは大将軍ぞ。あますな者ども、もらすな
一条次郎は、「ただ今名のった者は大将軍だぞ。討ち残すな者ども、討ちもらすな

四・命 間助 格助 接助 格助 格助 下二・用 接助 （代） 四・未（音） 助動・意・終
若党、討てや。」とて、大勢の中に取りこめて、われ討つ取らん
若党、討てよ。」と言って、（義仲を）大勢の中に取り囲んで、自分こそが討ち取ろうと進んだ。

格助 係助（係） 四・用 助動・過・体（結） 格助 格助
とぞ進みける。木曾三百余騎、六千余騎が中を、縦様・横様・
木曾（の軍勢）三百余騎は、（敵の）六千余騎の中を、縦に、横に、

格助 四・用（音） 接助 格助 副 下二・用 助動・完・已 接助
蜘蛛手・十文字に駆け割って、後ろへつつと出でたれば、五十騎
四方八方に、十文字に駆け破って、（敵の）後ろへさっと出たところ、（味方は）

副助 格助 四・用 助動・完・用 助動・過・終 （代） 格助 四・用（音） 接助 四・体 格助
ばかりになりにけり。そこを破って行くほどに、
五十騎ほどになってしまった。そこ（の敵）を破って行くうちに、

格助 下二・用 助動・存・終 （代） 格助 係助 四・用（音） 接助 四・体
土肥次郎実平、二千余騎でささへたり。それをも破って行く
土肥次郎実平が、二千余騎で（行く手を）阻んでいる。それをも破って行くうちに、

格助 （代） 格助 係助 （代） 格助 係助
ほどに、あそこでは四、五百騎、ここでは二、三百騎、百四、五十騎、
あそこでは四、五百騎、ここでは二、三百騎、百四、五十騎、

副助 格助 格助 四・用 四・用 四・体 格助 格助 係助（係）
百騎ばかりが中を駆け割り駆け割り行くほどに、主従五騎にぞ
百騎ほどの中を駆け破り駆け破り行くうちに、（木曾勢は）主従五騎になってし

「や」＝呼びかけの間投助詞。

9 **甲斐《かひ》の一条次郎《いちでうのじらう》とこそ聞《き》け** 義仲が相手のことを、甲斐の一条次郎と聞く、ということ。

11 **とて** と言って。一語の格助詞ともとれる。

11 **を《オ》めいて** わめいて。大声で叫んで。

12 **あますな** 討ち残すな。「な」＝禁止を表す終助詞。

12 **若党《わかたう》** 若い郎党（郎等）。若い家来。

13 **われ討《う》つ《ッ》取《と》らん** 自分こそが討ち取って功名を立てよう、ということ。

① **「縦様・横様・蜘蛛手・十文字」とは、何を表しているか。**

答 大勢の敵の中を縦横無尽に駆け回って奮戦する様子。

16 **ささへ《エ》たり** 陣を構え、行く手を阻んでいるということ。「ささふ」＝ここでは、阻む、防ぐ、の意。

教101ページ

② **「主従五騎」とは誰か。**

答 木曾殿（源義仲）・巴・手塚太郎光盛・手塚別当・今井四郎兼平

四・用　助動・完・用　助動・過・体(結)
なり　に　ける。
まった。

【大意】2　教101ページ3〜13行

義仲は、五騎の中に生き残っていた巴に戦場から落ち延びるように命じた。巴は敵の首をねじ切り、東国へと落ちていった。

【品詞分解／現代語訳】

格助　副助　係助　四・未　助動・受・未　助動・打・用　助動・過・終　(代)
五騎　が　うち　まで　巴　は　討た　れ　ざり　けり。　木曾殿、「おのれ
(その)五騎の中まで巴は討たれなかった。　木曾殿は、「おまえは

係助　副(音)　助動・断・已　接助　(代)　格助　係助　四・命　(代)　係助　サ変・未
は　疾う疾う、女　なれ　ば、いづち　へ　も　行け。われ　は　討ち死にせ
早く早く、女だから、どこへでも(落ちて)行け。自分は討ち死にしようと思うの

助動・意・終　格助　四・体　助動・断・終　副　格助　四・未　接助　格助　サ変・未　助動・意・已
ん　と　思ふ　なり。もし　人手　に　かから　ば　自害　を　せ　んずれ
だ。　もし人手にかかるならば自害をするつもりなので、

接助　格助　格助　格助　格助　サ変・未　助動・尊・用　助動・完・用　助動・詠・終
ば、『木曾殿　の　最後　の　いくさ　に、女　を　具せ　られ　たり　けり。』
『木曾殿が最後の戦いに、女を連れておられたよ』などと(人から)言われるようなこと

副助　四・未　助動・受・未　助動・婉・体　係助　ラ変・体　助動・当・未　助動・打・終　格助　四・用
なんど　言は　れ　ん　こと　も、しかる　べから　ず。」と　のたまひ
も、(大将軍として)よろしくない。」とおっしゃったけれども、

助動・過・已　接助　副　上二・用　係助　四・未　助動・打・用　助動・過・体　接助　副　四・未
けれ　ども、なほ　落ち　も　行か　ざり　ける　が、あまりに　言は
(巴は)それでも落ちて行かなかったが、あまりに何度も言われ

助動・受・用　補謙・四・用(音)　接助　感　ク・未　助動・婉・体(音)　終助　格助
れ　奉つ　て、「あつぱれ、よから　う　敵　がな。最後　の
申して、　「ああ、不足のない敵がいるといいなあ。(そうしたら)

サ変・用　接助　下二・用　補謙・四・未　助動・意・終　格助　接助　下二・用　助動・存・体　格助
いくさ　し　て　見せ　奉ら　ん。」と　て、控へ　たる　ところ　に、
最後の戦いをして(義仲殿に)お見せ申しあげよう。」と言って、　馬を引きとめ待機しているところに、

格助　下二・用　助動・存・体　副助　格助　カ変・用
武蔵の国　に　聞こえ　たる　大力、恩田八郎師重、三十騎　ばかり　で　出で来
武蔵の国で有名な大力の、　恩田八郎師重が、　三十騎ほどで出て来た。

語句の解説 2

③　「おのれ」とは誰を指すか。

答　巴。

3 **疾《と》う疾《と》う**　早く早く。急いで早く。「疾く」のウ音便。
4 **いづ《ズ》ち**　どこ。どちら。「いづこ」と同じ。
5 **自害《じがい》をせんずれば**　自害をするつもりなので。「んずれ」＝意志の助動詞「んず(むず)」の已然形。…よう。…つもりだ。「ば」＝已然形＋「ば」で、順接の確定条件。ここでは、原因・理由を表す。
6 **なんど**　副助詞「など」と同じ。「なにと」が変化したもの。
6 **しかるべからず**　よろしくない。「しかるべし」＝それが適当である。よろしかろう。
6 **のたまひ《イ》けれども**　おっしゃったけれども。
＊「のたまふ」＝おっしゃる。「言ふ」の尊敬語。

助動・完・終／(代)／格助／格助／四・用／格助／下二・用／接助／副
たり。巴、その中へ駆け入り、恩田八郎に押し並べて、むずと
巴は、その中へ駆け入り、恩田八郎(の馬)に(自分の馬を)並べて、(恩田を)

四・用(音)／接助／四・用／(代)／格助／四・用(音)／助動・存・体／格助／格助／下二・用／接助
取つて引き落とし、わが乗つたる鞍の前輪に押しつけて、
ぐっとつかんで(馬から)引き落とし、自分の乗っている鞍の前輪に押しつけて、

副／四・未／助動・打・用／四・用(音)／接助／下二・用／助動・完・用／助動・過・終／(代)／格助
ちつともはたらかさず、首ねぢ切つて捨ててんげり。その
少しも身動きさせず、首をねじ切って捨ててしまった。(巴は)その

下二・用／格助／格助／上二・用／係助(係)／四・体(結)
のち、物具脱ぎ捨て、東国の方へ落ちぞ行く。
後、(鎧、甲などの)武具を脱ぎ捨て、東国の方へ落ちて行く。

サ変・終／上二・用／助動・完・用／助動・過・終
手塚太郎討ち死にす。手塚別当落ちにけり。
手塚太郎は討ち死にする。手塚別当は落ちて行った。

【大　意】 3 **教101ページ14行～102ページ16行**

弱音を吐く義仲に、今井四郎《いまいのしろう》は粟津《あわづ》の松原へ入って自害することを勧める。義仲はともに討ち死にしようとするが、今井が諫めたので、義仲は粟津の松原へ駆けて行った。

【品詞分解／現代語訳】

格助／四・用(音)／接助／四・用／助動・過・体／係助
今井四郎、木曾殿、主従二騎になつてのたまひけるは、「日ごろ
今井四郎と、木曾殿と、主従二騎になって(木曾殿が)おっしゃったことには、「普段は何

---

7 **なほ落《お》ちも行《い》かざりけるが**　それでも落ちて行かなかったが。強意の係助詞「も」を「落ち行く」の間に入れた強調表現。

7 **言《い》は《ワ》れ奉《たてまつ》つ《ッ》て**　謙譲の補助動詞「奉る」で言われた巴を低め、義仲を敬った語法。

7 **あつ《ッ》ぱれ**　ああ。感動詞「あはれ」に促音を追加したもので、「あはれ」をさらに強めた言葉。

8 **よから《ロ》う《ウ》敵《かたき》がな**　不足のない敵がいればいいなあ。落ち延びる前に、せめて最後の華々しいはたらきを義仲に見せたい、という巴の思いが表れている。

「がな」＝願望の終助詞。

12 **捨《す》ててんげり**　捨ててしまった。「捨ててけり」に撥音《はつおん》「ん」を追加し、その撥音のため「けり」が濁音化したもの。軍記物語特有の強調表現。

語句の解説 3

16 **御身《おんみ》**　お体。二人称代名詞ではない。

16 **疲《つか》れさせ給《たま》は《ワ》ず**　お疲れになっておりません。

「させ」＝尊敬の助動詞「さす」の連用形。

＊「給ふ」＝尊敬の補助動詞。お…になる。…なさる。

は何とも覚えぬ鎧が今日は重うなつたるぞ
とも感じない鎧が今日は重くなったぞ。」

や。」今井四郎申しけるは、「御身もいまだ疲れさせ給は
今井四郎が申しあげたことは、「お体もまだお疲れになっておりません。

ず。御馬も弱り候はず。何によつてか、一両の
お馬も弱っておりません。どうして、一両の御着背

御着背長を重うは思しめし候ふべき。それは御方に
長を重くお思いになるのでしょうか(、いや、そんなはずはありません)。それは味方に御軍勢がありま

御勢が候はねば、臆病でこそさは思しめし候へ。
せんので、気後れでそうお思いになるのです。

兼平一人候ふとも、余の武者千騎と思しめせ。矢七つ八つ候へば、
兼平は一人でございましても、他の武者千騎(がいる)とお思いください。矢が七、八本ございますから、

しばらく防き矢つかまつらん。あれに見え候ふ、粟津の松原
しばらく防ぎ矢をいたしましょう。あそこに見えます、粟津の松原と申

と申す、あの松の中で御自害候へ。」とて、打つて行く
す、あの松の中で御自害なさいませ。」と言って、馬に鞭打って行くうちに

ほどに、また新手の武者五十騎ばかり出で来たり。「君はあの
また新手の武者五十騎ほどが出て来た。「わが君はあの松原へお

松原へ入らせ給へ。兼平はこの敵防き候はん。」
入りください。兼平はこの敵を防ぎましょう。」と申しあげたところ、

と申しければ、木曾殿のたまひけるは、「義仲、都にていかに
木曾殿のおっしゃったことには、「義仲は、都で討ち死にするはず

もなるべかりつるが、これまで逃れ来るは、汝と一所で
であったが、ここまで逃れて来たのは、おまえと同じ所で死のうと

「させ給ふ」＝最高敬語。地の文では天皇や皇族などの高貴な人に対して使われるが、会話文においては、話し手の判断でそれ以外の人にも使う。今井四郎兼平《かねひら》の義仲に対する言葉にも、しばしば使われている。

16 **弱《よわ》り候《さうらワ》はず**　弱っておりません。

*「候ふ」＝丁寧の補助動詞。…ます。…です。

16 **何《なに》によつ《ツ》てか**　どうして(何が原因で)…か。「か」＝反語の係助詞。結びは「べき」。

教102ページ

1 **思《おぼ》しめし候《さうらウ》ふべき**　お思いになるのでしょうか、いや、そんなはずはありません。

*「思しめす」＝お思いになる。「思ふ」の尊敬語。

④ 「さ」は何を示しているか。

答　義仲の「日ごろは……重うなつたるぞや。」という言葉。

2 **余《よ》の武者《むしや》**　他の武者。

3 **防《ふせ》き矢《や》つかまつらん**　防ぎ矢をいたしましょう。

「防き矢」＝攻撃を防ぐために射る矢。ここでは、義仲が自害する間、敵を近づけな

死なんと思ふためなり。所々で討たれんより
思うためだ。別々の所で討たれるよりも、

も、ひと所でこそ討ち死にをもせめ。」とて、馬の鼻
同じ所で討ち死にをしよう。」と言って、(兼平の馬と)

を並べて駆けんとし給へば、今井四郎馬より
馬の鼻を並べて駆けようとなさるので、今井四郎は馬から飛び降り、

飛び降り、主の馬の口に取りついて申しけるは、「弓矢取り
主君の馬のくつわに取りついて申しあげたことは、「武士は長い間

は年ごろ日ごろいかなる高名候へども、最期のとき不覚しつれ
普段どのような軍功がございましても、最期の時に思わぬ失敗をしてしまうと、

ば、長き疵にて候ふなり。御身は疲れさせ給ひ
末代までの不名誉でございます。お体はお疲れになっていらっしゃいます。

て候ふ。続く勢は候はず。敵に押し隔てられ、言ふかひなき
(あとに)続く(味方の)軍勢はございません。敵に隔てられ(離れ離れになって)、取るに足りない

人の郎等に組み落とされさせ給ひて、討たれ
人の家来に組み落とされなさって、お討たれになりまし

させ給ひなば、『さばかり日本国に聞こえさせ給ひ
たら、『あれほど日本国で有名でいらっしゃった木曾殿を、

つる木曾殿をば、それがしが郎等の討ち奉つたる。』
誰それの家来がお討ち申しあげた。』などと申すようなことこそ残念でござい

なんど申さんことこそ口惜しう候へ。ただあの松原へ
ます。ただあの松原へお入りください。」

入らせ給へ。」と申しければ、木曾、「さらば。」とて、
と申しあげたので、木曾は、「それ(ほど言うの)ならば。」

いように射る矢、ということ。
「つかまつる」＝「す」「行ふ」の丁寧(謙譲)語。…いたします。

5 「いかにもなるべかりつる」とはどういうことか。

答 討ち死にするはずであったということ。

8 **討《う》ち死《じ》にをもせめ** 討ち死にをしよう。「め」＝勧誘の助動詞「む」の已然形。多く「こそ……め」の形で用いられる。

6 「弓矢取り」とは、何のことか。

答 弓矢を取って用いる人。武士。

11 **長《なが》き疵《きず》** 末代までの不名誉。永遠の汚名。「疵」＝ここでは、恥、不名誉、の意。

12 **続《つづ》く勢《せい》は候《さうら》はず** (あとに)続く(味方の)軍勢はございません。
「候ふ」＝「あり」の丁寧語。ございます。

12 **言ふ《ウ》かひ《イ》なき** 取るに足りない。「人」ではなく、「郎等」にかかる。

12 **＊郎等《らうどう》** 家来。従者。

13 **聞《き》こえさせ給《たま》ひ《イ》つる** 有名でいらっしゃった。

粟津の松原 へ〔格助〕 ぞ〔係助(係)〕 駆け〔下二・用〕 給ふ〔補尊・四・体(結)〕。
と言って、粟津の松原へ(馬を)走らせなさる。

【大　意】 4 教103ページ1〜13行

今井は、義仲が自害する時間を稼ごうと、ただ一騎で五十騎ほどの敵の中に駆け入り奮戦する。敵は今井を取り囲んで射殺そうとするが、傷を負わせることもできない。

【品詞分解／現代語訳】

今井四郎 ただ〔副〕 一騎、 五十騎 ばかり〔副助〕 が〔格助〕 中 へ〔格助〕 駆け入り〔四・用〕、 鐙 踏んばり〔四・用〕
今井四郎はただ一騎で、五十騎ほどの(敵の)中へ駆け入り、鐙を踏んばって立

立ちあがり〔四・用〕、 大音声 あげ〔下二・用〕 て〔接助〕 名のり〔四・用〕 ける〔助動・過・体〕 は〔係助〕、「日ごろ は〔係助〕 音 に〔格助〕 も〔係助〕
ちあがり、大声をあげて名のったことは、「日ごろはうわさにも聞いているであ

聞き〔四・用〕 つ〔助動・強・終〕 らん〔助動・現推・終〕、 今 は〔係助〕 目 に〔格助〕 も〔係助〕 見〔上一・用〕 給へ〔補尊・四・命〕。 木曾殿 の〔格助〕 御乳母子、
ろう、今は目で見られよ。木曾殿の乳母子、

今井四郎兼平、 生年 三十三 に〔格助〕 まかりなる〔四・終〕。 さる〔連〕 者 あり〔ラ変・終〕 と〔格助〕 は〔係助〕、 鎌倉殿
今井四郎兼平、年は三十三になり申す。そういう者がいるとは、鎌倉殿ま

まで〔副助〕 も〔係助〕 知ろしめさ〔四・未〕 れ〔助動・尊・用〕 たる〔助動・存・体〕 らん〔助動・現推・体〕 ぞ〔係助〕。 兼平 討つ〔四・用(音)〕 て〔接助〕 見参 に〔格助〕
でもご存じでいらっしゃるだろうぞ。兼平を討って(首を鎌倉殿に)ご覧に

入れよ〔下二・命〕。」 と〔格助〕 て〔接助〕、 射残し〔四・用〕 たる〔助動・存・体〕 八筋 の〔格助〕 矢 を〔格助〕、 差しつめ〔下二・用〕 引きつめ〔下二・用〕、
入れよ。」と言って、射残してある八本の矢を、次々に手早く弦につがえて、

＊「聞こゆ」＝ここでは、評判になる、世に知られる、の意。

15 **口惜しう**《くちをシュウ》 「口惜しく」のウ音便。

＊「口惜し」＝ここでは、残念だ、悔しい、の意。

15 **さらば** それならば。そういうことならば。兼平の言うことを受け入れたことを表す言葉。下に「入らむ」などが省略されている。

語句の解説 4

教103ページ

3 **音**《おと》**にも聞**《き》**きつらん** うわさにも聞いているだろう。名のりをあげるときの決まり文句。

「音」＝うわさ。評判。

5 **まかりなる** なり申す。「なる」の謙譲語。

5 **さる者**《もの》**あり** そういう者がいる。兼平が自分のことを誇らしげに言った言葉。

「さる者」＝そういう者。そのような者。

6 **知**《し》**ろしめされたるらんぞ** ご存じでいらっしゃるだろうぞ。

＊「知ろしめす」＝知っていらっしゃる。ご存じだ。「知る」「知っている」の意の尊敬語。

「ぞ」＝念押しの意を表す係助詞。終助詞とする説もある。

さんざんに 射る。 死生 は 知ら ず、 やにはに 敵 八騎 射落とす。 そ
（ナリ・用／上一・終／係助／四・未／助動・打・用／副／四・終／(代)）
容赦なく射る。（矢の当たった相手の）生死はわからないが、たちまちに敵八騎を射落とす。その

の のち 打ち物 抜い て、 あれ に 馳せ合ひ、 これ に 馳せ合ひ、 切つ
（格助／四・用(音)／接助／(代)／格助／四・用／(代)／格助／四・用／四・用(音)）
後太刀を抜いて、あちらに馬を駆って敵にあたり、こちらに馬を駆って敵にあたり、切って

て 回る に、 面 を 合はする 者 ぞ なき。 分捕り あまた し たり
（接助／四・体／接助／格助／下二・体／係助(係)／ク・体(結)／副／サ変・用／助動・完・用）
回るが、正面から立ち向かう者がない。敵の命をたくさん奪ったのであった。

けり。 ただ、「射取れ や。」 と て、 中 に 取りこめ、 雨 の 降る やうに
（助動・過・終／副／四・命／間助／格助／接助／格助／下二・用／格助／四・体／助動・比・用）
（そこで敵は）ただ、「射殺せよ。」と言って、（兼平を）中に取り囲んで、雨の降るように（矢を）射たが、

射 けれ ども、 鎧 よけれ ば 裏かか ず、 あき間 を 射
（上一・用／助動・過・已／接助／ク・已／接助／四・未／助動・打・用／格助／上一・未）
（兼平の）鎧がよいので（矢が）裏まで通らず、鎧の隙間を射ないので傷も

ね ば 手 も 負は ず。
（助動・打・已／接助／係助／四・未／助動・打・終）
負わない。

【大　意】 5　教103ページ14行～104ページ16行

義仲は泥田に馬を乗り入れて身動きできなくなり、あえなく首を取られてしまう。これを知った今井は、もう戦う意味もなくなったと、壮烈な自害を遂げたのであった。

【品詞分解／現代語訳】

木曾殿 は ただ 一騎、 粟津の松原 へ 駆け 給ふ が、 正月二十一日、
（係助／副／格助／下二・用／補尊・四・体／接助）
木曾殿はただ一騎で、粟津の松原へ（馬を）駆けなさるが、正月二十一日（の）、

入相 ばかり の こと なる に、 薄氷 は 張つ たり けり、 深田
（副助／格助／助動・断・体／接助／係助／四・用(音)／助動・存・用／助動・過・終）
夕暮れ頃のことであるので、薄氷は張っているし、（木曾

あり と も 知ら ず して、 馬 を ざつと うち入れ たれ ば、 馬 の
（ラ変・終／格助／係助／四・未／助動・打・用／接助／格助／副／下二・用／助動・完・已／接助／格助）
殿は）深田があるとも知らないで、馬をざっと乗り入れたところ、（深く沈ん

---

6 **見参《げんざん》に入《い》れよ**　ご覧に入れよ。
「見参」＝「対面」「面会」の謙譲語。
「見参に入る」＝「入る」が下二段活用の他動詞の場合、ご覧に入れる、の意になる。ちなみに、四段活用の自動詞の場合は、お目にかかる、の意となる。

8 **死生《ししやう》は知らず**　矢に当たって、負傷したのか死んだのかはわからない。
「死生」＝生死。

8 **やには《ワ》に**　その場ですぐ。ただちに。

11 **射取《いと》れや**　（弓矢で）射殺せよ。太刀ではとうてい兼平にかなわないためである。

13 **手《て》も負《お》は《ワ》ず**　傷も負わず。
「手」＝ここでは、傷、負傷、の意。

語句の解説 5

15 **正月二十一日《しょうがつにじゅういちにち》**　現在の暦では、二月下旬から三月上旬。

16 **深田《ふかた》**　底の深い泥田。泥深い田。

教104ページ

1 **馬《うま》の頭《かしら》も見《み》えざりけり**　馬が泥田に沈んで、頭も見えないほどだった、ということ。

2 **打《う》てども打《う》てども**　（鞭《むち》で馬を）打っても打っても。

3 **おぼつかなさ**　気がかり。心配。形容詞「お

係助　下二・未　助動・打・用　助動・過・終　四・已　接助　四・已　接助　四・已　接助　四・已
頭も見えざりけり。あふれども　あふれども、打てども打て
でしまい)馬の頭も見えなくなった。鐙で馬の横腹を蹴って急がせても、(鞭で馬を)打っても打っ

接助　四・未　助動・打・終　格助　格助　格助　四・用
どもはたらかず。今井が行方のおぼつかなさに、ふり仰ぎ
ても(馬は)動かない。(木曾殿は)今井の行方が気がかりで、振り向いて顔

補尊・四・已(命)　助動・完・体　格助　格助　四・用(音)　接助　四・用(音)
給へる内甲を、三浦の石田次郎為久、追つかかつてよつ引い
をお上げなさった甲の内側を、三浦の石田次郎為久が、追いついて弓を十分に引き絞ってひょ

接助　副　上一・終　助動・断・已　接助　格助　格助　格助　下二・用　接助
てひやうふつと射る。痛手なれば、真向を馬の頭に当てて
うふっと射る。(義仲は)重傷なので、甲の鉢の前面を馬の頭に当ててうつ伏しなさったとこ

四・用　補尊・四・已(命)　助動・完・体　格助　格助　四・用(音)　接助
うつ伏し給へるところに、石田が郎等二人落ち合うて、
ろに、石田の家来二人が駆けつけて、

副　格助　格助　係助　四・用(音)　助動・完・用　助動・過・終　格助　格助　四・用
つひに木曾殿の首をば取つてんげり。太刀の先に貫き
とうとう木曾殿の首を取ってしまった。(首を)太刀の先に貫いて

ク・用　下二・用　格助　下二・用　接助　(代)　格助　格助　下二・未
高くさし上げ、大音声をあげて、「この日ごろ日本国に聞こえ
高く差し上げ、大声をあげて、「近頃日本国に有名でいらっしゃった木曾殿を、

助動・尊・用　補尊・四・用　助動・完・体　格助　係助　格助　格助　四・用
させ給ひつる木曾殿をば、三浦の石田次郎為久が討ち
三浦の石田次郎為久がお討ち申しあげたぞ。」と名

補謙・四・用(音)　助動・完・体　係助　間助　格助　四・用　助動・過・已　接助　サ変・用
奉つたるぞや。」と名のりければ、今井四郎いくさし
のったので、今井四郎は(敵と)戦っていたが、

助動・過・体　接助　(代)　格助　四・用　係助　(代)　格助　四・未　助動・意・終　格助　接助　係助(係)
けるが、これを聞き、「今は誰をかばはんとてか、
これを聞き、「今となっては誰をかばおうとして、

格助　係助　サ変・終　助動・当・体(結)　(代)　格助　上一・用　補尊・四・命　格助
いくさをもすべき。これを見給へ、東国の殿ばら、
戦いをする必要があろうか(、いや、その必要はない)。これをご覧なされ、東国の方々よ、

格助　格助　格助　サ変・体　格助　接助　格助　格助
日本一の剛の者の自害する手本。」とて、太刀の先を口
日本一の剛毅な者が自害する手本だ。」と言って、太刀の先を口に含み、

ぼつかなし」の語幹に接尾語「さ」が付いて名詞化したもの。

3 **ふり仰《あふ》ぎ**　義仲は、兼平が気がかりで振り返り、甲《かぶと》が視界を遮らないように顔を上げてその姿を見ようとしたのである。そのため、内甲《うちかぶと》(甲の内側)があらわになってしまっている。

4 **よつ《ツ》引《ぴ》いて**　十分に弓を引き絞って。「よく引きて」の促音便・イ音便。

6 **落《お》ち合《あ》うて**　来合わせて。「落ち合ひて」のウ音便。

7 **取《と》つ《ッ》てんげり**　「取りてけり」の「取り」の促音便化と撥音「ん」の追加、その撥音のために「けり」が濁音化したもの。強調表現。

11 **今《いま》は誰《たれ》をかばはん《ワ》とてか、いくさをもすべき**　義仲に立派な自害を遂げさせるために戦っていたが、義仲が討たれてしまった今となっては、もう戦う必要はなくなったということ。
「か」＝反語の係助詞。

7　「これ」とは何か。

に〔格助〕 含み〔四・用〕、馬 より〔格助〕 逆さまに〔ナリ・用〕 飛び落ち〔上二・用〕、貫かっ〔四・用(音)〕 て〔接助〕 ぞ〔係助(係)〕 失せ〔下二・用〕 に〔助動・完・用〕

馬から逆さまに飛び落ち、(太刀に)貫かれて死んでしまった。

ける〔助動・過・体(結)〕。さて〔副〕 こそ〔係助(係)〕 粟津 の〔格助〕 いくさ は〔係助〕 なかり〔ク・用〕 けれ〔助動・過・已(結)〕。(巻九)

こうして(木曾殿主従が討ち死にされたので)粟津の合戦は終わったのである。

答

「日本一の剛の者」である自分が自害するところ。

14 **貫《つらぬ》かつ《ッ》て** 自分の太刀に貫かれて。「貫かりて」の促音便。他動詞の「貫く」ではないので、「貫いて」とは訳さない。

15 **失《う》せにける** 死んでしまった。

＊「失す」＝ここでは、死ぬ、の意。

15 **さてこそ粟津《あはづ》のいくさはなかりけれ** 言葉どおりに訳せば、「こうして粟津の合戦はなかったのである。」となるが、ここでは、「こうして粟津の合戦は終わったのである。」ととる説に従った。

課題

一 **「巴との別れ」**(101ページ)**を読み、義仲と巴の言動から、それぞれの心情をまとめてみよう。**

解答例 義仲は、勝ち目のない戦いに挑み、自害する覚悟を決めたが、愛する巴は生きながらえてほしいと思い、逃がそうとしている。巴は、義仲と共にいるつもりだったが、義仲に落ち延びるように言われ、義仲の気持ちを理解し、せめて最後に武勇を見せようと敵を討ち取ってから、東国へ去っていく。

二 **「御身もいまだ疲れさせ給はず。」**(101・16)、**「御身は疲れさせ給ひて候ふ。」**(102・11)**と反対のことを言った兼平の、その時々の気持ちを説明してみよう。**

解答例 前者は、弱音を吐く義仲に、あえて「疲れていない」と励ますことで、粟津の松原で自害するまで気力をふり絞ってほしいという思いから出た言葉。後者は、自分とともに討ち死にしようという義仲に、「お体は疲れている」と言うことで、戦うのをやめさせ、武士としての名を重んじ、立派に自害させたいという思いから出た言葉。どちらも主君である義仲の名誉を第一と考え、大将らしい最期を飾らせたいという、今井の必死の思いがこめられている。

三 **主従二騎になってから、義仲の心情はどのように変化していくか。兼平に対する言動に即して整理してみよう。**

考え方 味方が次々と減っていく状況に諦めに似た絶望感を抱いていたが、兼平の自害の勧めに、兼平と同じ場所で討ち死にをしようとする。しかし、兼平に、武士は最期が大切であると説得され、自害の決意をする。最期は、兼平の行方が気がかりで振り返ったところを矢で射られ、首を取られてしまった。

語句と表現

一 傍線部の敬語の種類を調べてみよう。

①今井四郎申しけるは、（101・15）
②御馬も弱り候はず。（101・16）
③矢七つ八つ候へば、（102・3）
④粟津の松原へぞ駆け給ふ。（102・16）

解答 ①謙譲語　②丁寧語　③丁寧語　④尊敬語

学びを広げる　古典作品の典拠利用『平家物語』

教科書P.105

多彩な登場人物たちが生き生きと活躍する『平家物語』は、多くのエピソードが能や歌舞伎、浄瑠璃の演目として人気を博してきた。近代以降でも、吉川英治《よしかわえいじ》、尾崎士郎《おざきしろう》、宮尾登美子《みやおとみこ》らによって小説化されたり、テレビドラマや映画、アニメなどでたびたび映像化されたりした。どのような作品があるか、調べてみよう。

文法から解釈へ⑥　敬語

教科書P.108

1 次の傍線部の敬語の種類を後から選び、記号で答えよ。

① 竹の中におはするにて知りぬ。（『竹取物語』より）（　　）
② ある山里に尋ね入ること侍《はべ》りしに、（『徒然草』より）（　　）
③ 平朝臣清盛《たひらのあつそんきよもり》公と申しし人の（『平家物語』より）（　　）

ア 尊敬語　イ 謙譲語　ウ 丁寧語

答　1 ①ア ②ウ ③イ

古文を読むために⑥　敬語

教科書P.109

1 次の傍線部の敬語を説明したものを後から選び、記号で答えよ。（『平家物語』より）

① 今井四郎《いまゐのしらう》申しけるは、（　　）
② 余《よ》の武者千騎《むしやせんぎ》と思《おぼ》しめせ。（　　）
③ 馬の鼻を並べて駆けんとし給《たま》へば、（　　）

ア 尊敬の補助動詞　イ 丁寧の補助動詞　ウ 謙譲の補助動詞
エ 尊敬の本動詞　オ 丁寧の本動詞　カ 謙譲の本動詞

答　1 ①カ ②エ ③ア

六 日記・紀行

●日記とは

「日記」とは、日々の出来事や感想などを記録した文章である。特に平安時代から鎌倉時代を中心として、仮名で書かれたものをさすことが多く、その多くは女性の手で書かれた。

『土佐《とさ》日記』は、紀貫之《きのつらゆき》によって平安時代前期に書かれた。作者が土佐守《とさのかみ》の任を終えて高知から京都に帰り着くまでの五十五日間の旅の記録。女性に仮託《かたく》して書かれており、日本初の仮名文日記。

●紀行とは

「紀行」とは、旅の中の出来事や感想を記した文章である。日本の作品では、和歌・俳句・漢詩などを交えた作品が多い。

『奥の細道』は、一六八九(元禄《げんろく》二)年に松尾芭蕉《まつおばしょう》が関東・奥羽・北陸・東海地方の旅の記録を、俳諧とともにまとめたもの。

門出

〔土佐日記〕

教科書P.112〜115

【大意】 1 教112ページ1〜7行

女である私も日記というものを書いてみようと思う。ある年の十二月二十一日、ある人が国司の任期を終え、船着き場へ移る。見送りの人々が来て、大騒ぎのうちに夜も更けた。

【品詞分解／現代語訳】

男 も(係助) す(サ変・終) なる(助動・伝・体) 日記 と(格助) いふ(四・体) もの を(格助)、女 も(係助) し(サ変・用) て(接助) み(上一・未) む(助動・意・終) と(格助) て(接助)、する(サ変・体) なり(助動・断・終)。

男も書くという日記というものを、女(である私)も書いてみようと思って、書くのである。

それ(代) の(格助) 年 の(格助) 十二月 の(格助) 二十日あまり一日 の(格助) 日 の(格助) 戌の刻 に(格助)、門出す(サ変・終)。

ある年の十二月の二十一日の午後八時頃に、出発する。

そ(代) の(格助) 由、いささかに(ナリ・用) もの に(格助) 書きつく(下二・終)。

その(旅の)様子を、少しばかりものに書きつける。

語句の解説 1

教112ページ

1 女《をんな》もしてみむ《ン》 まだ一般的でなかった仮名文字で日記を書くにあたり、作者は女性を装ったのである。

2 戌《いぬ》の刻《とき》に 当時は、人目を避けるために、旅立ちや帰宅は夜行うのが普通であった。

2 ＊由《よし》 物事の次第。あらまし。

3 いささかに 少しばかり。

＊「いささかなり」＝わずかである。

① 「ある人」とは誰のことか。

連　格助　下二·用　接助　格助　副　サ変·用　下二·用
ある 人、県 の 四年 五年 果て て、例 の ことども みな し 終へ
ある人が、国司としての任期の四、五年が終わって、(国司引き継ぎの)通例の事務を全て終わらせて、

接助　副助　四·用　接助　四·体　格助　下二·用　接助　格助　四·終　助動·当·体　格助
て、解由 など 取り て、住む 館 より 出で て、船 に 乗る べき 所 へ
解由状などを(新任者から)受け取って、住んでいた国司の官舎から出て、船に乗るはずの所へ移る。

四·終　(代)　(代)　四·体　四·未　助動·打·体　サ変·終　ク·用　下二·用　助動·完·体
渡る。かれ これ、知る 知ら ぬ、送り す。年ごろ よく 比べ つる
あの人この人、知っている人知らない人(など多くの人)が、見送りをする。この数年来親しく交際してい

係助　ク·用　四·用　接助　副　副　サ変·用　接助　四·体
人々 なむ、別れがたく 思ひ て、日 しきりに、とかく し つつ、ののしる
た人たちは、別れがたく思って、一日中、あれやこれやと(世話を)しながら、大騒ぎす

格助　下二·用　助動·完·終
うち に、夜 更け ぬ。
るうちに、夜が更けてしまった。

【大　意】 **2** **教112ページ8行～114ページ14行**

二十二日、和泉《いずみ》の国まで無事であるようにと祈願する。藤原《ふじわら》のときざねが送別の宴《うたげ》を催し、皆酔いしれた。二十三日、八木《やぎ》のやすのりという親しく使っていたわけでもない人が、餞別《せんべつ》を贈ってくれ、人情の厚薄ということを思い知らされた。二十四日、国分寺の僧官も餞別をしに来てくれ、身分を問わず、子どもまでもが酔いしれた。

【品詞分解／現代語訳】

格助　副助　格助　ナリ·用　下二·終
二十二日 に、和泉の国 まで と、平らかに 願 立つ。藤原のときざね、船路
二十二日に、和泉の国まで、無事であるようにと神仏に祈願する。藤原のときざねが、(この

助動·断·已　接助　サ変·終　四·用　接助　副　シク·用
なれ ど 馬のはなむけ す。上 中 下、酔ひ飽き て、いと あやしく、
旅は馬に乗らない)船旅であるのに馬のはなむけ(＝送別の宴)をする。上、中、下(の全ての身分の人)が、すっかり

格助　格助　四·已(命)　助動·存·終
潮海 の ほとり にて あざれあへ り。
酔っぱらって、たいそう不思議なことに、(塩の利いた)潮海のそばで(だらしなく)ふざけ合っている。

答　作者(紀貫之)。

6 **＊年《とし》ごろ**　数年来。長年。

6 **よく**　副詞ともとれる。

6 **日《ひ》しきりに**　一日中。

「しきりに」＝ひっきりなしに。

6 **とかくしつつ**　あれやこれやとしながら。

「つつ」＝反復・継続を表す接続助詞。

7 **＊ののしる**　ここでは、大騒ぎする、大声をあげて騒ぐ、の意。

語句の解説 2

8 **平《たひ》らかに願《ぐわん》立つ**　無事であるようにと祈願する。

＊「平らかなり」＝ここでは、無事だ、平安だ、の意。

② 「上中下」とは、何について述べたものか。

答　身分。

9 **酔《ゑ》ひ飽《あ》きて**　すっかり酔っぱらって。

＊「飽く」＝ここでは、動詞の連用形に付いて、十分に…、すっかり…、の意。

9 **いとあやしく**　たいそう不思議なことに。

二十三日。八木のやすのり と いふ 人 あり。この 人、国 に 必ず しも
格助 四・体 ラ変・終 (代) 格助 格助 副 副助
二十三日。八木のやすのりという人がいる。この人は、国司の役所で必ずしも仕事

言ひ使ふ 者 に も あら ざ なり。これ ぞ、たたはしき
四・体 助動・断・用 係助 ラ変・未 助動・打・体(音) 助動・伝・終 (代) 係助(係) シク・体
などを言いつけて使う者でもないそうだ。(それなのに)この人が、堂々として

やう に て、馬のはなむけ し たる。守柄 に や あら
助動・断・用 接助 サ変・用 助動・完・体(結) 助動・断・用 係助(係) ラ変・未
立派な様子で、餞別を贈ってくれた。国司の人柄であろうか、

む、国人 の 心 の 常 と して、「今は。」と て 見え
助動・推・体(結) 格助 格助 助動・断・用 接助 係助 格助 接助 下二・未
(この)国の人の人情の常として、「今は(別れのときで、もう顔出しする

ざ なる を、心 ある 者 は、恥ぢ ず に なむ 来
助動・打・体(音) 助動・伝・体 接助 ラ変・体 係助 上二・未 助動・打・用 格助 係助(係) カ変・用
必要はない)。」と思って見送りに来ないそうだが、真心のある人は、(人目など)気にせずにやって来るのだなあ。

ける。これ は、物 に より て 褒むる に しも あら ず。
助動・詠・体(結) (代) 係助 格助 四・用 接助 下二・体 助動・断・用 副助 ラ変・未 助動・打・終
これは、贈り物をもらったことによって褒めるわけではない。

二十四日。講師、馬のはなむけ し に 出でませ り。あり と ある
サ変・用 格助 四・已(命) 助動・完・終 ラ変・用 格助 ラ変・体
二十四日。国分寺の僧官が、餞別をしにおいでになった。そこにいあわせた人々は

上下、童 まで 酔ひ痴れ て、一文字 を だに 知ら ぬ 者、し が 足
副助 下二・用 接助 格助 副助 四・未 助動・打・体 (代) 格助
身分の上の者も下の者も、子どもまでが正体なく酔っぱらって、一の文字さえ知らない者が、その足は十の文

は 十文字 に 踏み て ぞ 遊ぶ。
係助 格助 四・用 接助 係助(係) 四・体(結)
字を踏んで遊んでいる。

「あやし」＝ここでは「潮海のほとりにてあざれあへり」にかかるとみて、不思議だ、珍しい、の意ととった。

教114ページ

8 **褒《ほ》むるにしもあらず** 褒めるわけではない。「しも」＝強意を表す副助詞。

11 **出《い》でませり** おいでになった。「出でます」＝「行く」「来」の尊敬語。おいでになる。作者の講師に対する敬意を表す。

12 **一文字《いちもんじ》をだに** 一の文字さえ。「だに」＝程度の低いものをあげて重いものを類推させる副助詞。…さえ。

13 **十文字《じふもんじ》に踏《ふ》みてぞ遊《あそ》ぶ** 手では一の文字さえ書けないのに、足では十という文字を書いているというしゃれ。酔っぱらって千鳥足になっているのである。「遊ぶ」は連体形で、「ぞ」の結び。

課題

一 次の三つの表現のおもしろさを、それぞれ説明してみよう。

①**船路なれど馬のはなむけす。**(112・8)

解答例 馬に乗らない船旅であるのに、馬のはなむけをする、としゃれたところ。

②**潮海のほとりにてあざれあへり。**(112・9)

解答例 塩があればあざら(腐ら)ないはずなのに、潮海のほとりであざって(ふざけて)いる、としゃれているところ。

③**一文字をだに知らぬ者、しが足は十文字に踏みてぞ遊ぶ。**(114・12)

解答例 手では「一」という文字さえ書けないのに、酔っぱらって、足では「十」の文字を踏んで遊んでいる、としゃれたところ。

二 **「守柄にや……しもあらず。」(114・5〜9)には、作者のどのような思いが表れているか、説明してみよう。**

解答例 任地を去り、京に帰る国司に礼を尽くしたところで、国の人たちに得るものはない。それでも見送りに来てくれたのは、自分がよい役人であり、国の人たちから慕われていたからだという思い。

三 **作者が、この日記を女性の立場で書き記した理由は何か、調べてみよう。**

解答例 ●女性の立場で「女文字」といわれた仮名、「女文学」といわれた和文で書くことで、自分の考えや心情、特に任地で急死した女児に対する哀惜の情を、より細やかに表現しようとしたため。

●旅日記を体験的な記録としてだけでなく、物語的な虚構を取り混ぜた文芸作品として書こうとしたため。

語句と表現

一 **次の傍線部の助動詞の意味の違いを調べてみよう。**

①**男もすなる日記といふものを、女もしてみむとて、するなり。**(112・1)

解答 「すなる」＝伝聞の助動詞「なり」の連体形。「するなり」＝断定の助動詞「なり」の終止形。

②**知る知らぬ、送りす。**(112・5)／**夜更けぬ。**(112・7)

解答 「知らぬ」＝打消の助動詞「ず」の連体形。「更けぬ」＝完了の助動詞「ぬ」の終止形。

二 **次の傍線部の係助詞の結びを説明してみよう。**

①**よく比べつる人々なむ、**(112・6)

②**守柄《かみがら》にや**(114・5)

③**恥ぢずになむ**(114・7)

解答例 ①「別れがたく思ひて」の「思ひ」が連体形の「思ふ」になるところ、「て」という接続助詞が付いたために結びが消滅し(流れ)ている。

②下の「あらむ」の「む」(推量の助動詞「む」の連体形)。

③下の「来ける」の「ける」(詠嘆の助動詞「けり」の連体形)。

忘れ貝 〔土佐日記〕

教科書P.116〜117

【大　意】 1 **教116ページ4〜6行**

二月四日、船頭は天候がよくないと言って船出しないが、一日中波も風も立たない。船頭は天候の予測もできない愚か者だ。

【品詞分解／現代語訳】

語句の解説1

教116ページ

4**風《かぜ》、雲《くも》の気色《けしき》** 風や雲の様子。

「気色」＝様子。ありさま。

四日。楫取り、「今日、風、雲の〔格助〕気色、はなはだ〔副〕悪し〔シク・終〕。」と〔格助〕言ひ〔四・用〕て〔接助〕、船

二月四日。船頭が、「今日は、風や雲の様子が、大変悪い。」と言って、船

出ださ〔四・未〕ず〔助動・打・用〕なり〔四・用〕ぬ〔助動・完・終〕。しかれども〔接〕、ひねもすに〔副〕波風立た〔四・未〕ず〔助動・打・終〕。

を出さずに終わった。それなのに、一日中波も風も立たない。

こ〔(代)〕の〔格助〕楫取りは〔係助〕、日も〔係助〕え〔副〕計ら〔四・未〕ぬ〔助動・打・体〕かたゐなり〔助動・断・用〕けり〔助動・詠・終〕。

この船頭は、天気(の具合)も予測できない愚か者であったのだなあ。

【大意】 2 教116ページ7行〜117ページ4行

この港の浜辺には美しい貝や石などがたくさんある。そこで船にいた人が、亡くなった子どもへの思いを忘れるために忘れ貝を拾おう、という歌を詠んだ。それを聞いてある人は、亡くなった子どもへの思いだけでも形見にしようと歌を詠んだ。

【品詞分解／現代語訳】

こ〔(代)〕の〔格助〕泊の〔格助〕浜に〔格助〕は〔係助〕、くさぐさの〔格助〕うるはしき〔シク・体〕貝、石など〔副助〕多かり〔ク・終〕。

この港の浜辺には、いろいろの美しい貝、石などがたくさんある。

かかれば〔接〕、ただ〔副〕昔の〔格助〕人を〔格助〕のみ〔副助〕恋ひ〔上二・用〕つつ〔接助〕、船なる〔助動・存在・体〕人の〔格助〕

そこで、ただもう亡くなった人だけを恋しがって、船の中にいる人が詠んだ(歌)、

詠め〔四・已(命)〕る〔助動・完・体〕、

寄する〔下二・体〕波打ち〔四・用〕も〔係助〕寄せ〔下二・未〕なむ〔終助〕わ〔(代)〕が〔格助〕恋ふる〔上二・体〕人忘れ貝下り〔上二・用〕て〔接助〕
拾は〔四・未〕む〔助動・意・終〕

(浜辺に)打ち寄せてくる波よ、(どうか忘れ貝を)打ち寄せてほしい。(そうすれば)私が恋い慕う人(＝失った子ども)を忘れるという(その)忘れ貝を、私は(船から)下りて拾おう。

---

1 「しかれども」とは、どのようなことを指すか。

答 楫取りが「天気が悪い」と言って、船を出さなかったこと。

5 **ひねもすに** 一日中。

＊「ひねもす」＝朝から晩まで。一日中。

5 **え計《はか》らぬ** 予測できない。

語句の解説 2

7 **＊くさぐさ** いろいろ。さまざま。

7 **うるは《ワ》しき貝《かひ》** 美しい貝。

＊「うるはし」＝ここでは、美しい、きれいだ、の意。

7 **多《おほ》かり** たくさんある。「多くあり」の変化した語。形容詞「カリ活用」の終止形。カリ活用は終止形と已然形を欠くが、「多かり」は例外。

2 「かかれば」とは、どのようなことを指すか。

答 港の浜辺にいろいろの美しい貝や石などがたくさんあること。

8 **船《ふね》なる人《ひと》** 船の中にいる人。

「なる」＝存在を表す助動詞「なり」の連体形。…にいる。

格助　四・已(命)　助動・完・已　接助　連　格助　下二・未　助動・打・用　接助　格助
と　言へ　れ　ば、ある　人　の　堪へ　ず　して、船　の
と言ったところ、ある人が堪えきれずに、船旅の間の

格助　四・已(命)　助動・完・体
心やり　に　詠め　る、
気晴らしに詠んだ(歌)、

四・用　副助　サ変・未　助動・打意・終　格助　上二・体　格助　副助　係助
忘れ貝　拾ひ　しも　せ　じ　白玉　を　恋ふる　を　だに　も　形見
(私はあの子を忘れるための)忘れ貝なんか、拾うこともすまい。せめて、白玉(のようなあの子)を恋しく思う気

格助　四・未　助動・意・終
と　思は　む
持ちだけでも、形見と思おう。

格助　係助(係)　四・已(命)　助動・完・体(結)　格助　格助　係助　ク・用　四・用　助動・強・終
と　なむ　言へ　る。女子　の　ため　に　は、親、幼く　なり　ぬ
と言ったのだった。(亡くなった)女の子のためには、親は、きっと愚かになってしまうに

助動・推・終　助動・断・未　助動・打・用　係助　ラ変・用　助動・過推・体　接助　格助　四・未　助動・推・終
べし。「玉　なら　ず　も　あり　けむ　を。」と　人　言は　む
違いない。「玉というほど(美しい子)でもなかったろうに。」と人は言うだろうか。

係助　接　ナ変・用(音)　助動・過・体　ク・用　助動・過・終　格助　四・体　係助
や。されども、「死　し　子、顔　よかり　き。」と　言ふ　やう　も
しかし、「死んだ子は、顔立ちがよかった。」と言うようなこともある。

ラ変・終
あり。

副　シク・体　格助　格助　下二・体　格助　四・用　接助　連　格助　四・已(命)
なほ、同じ　所　に　日　を　経る　こと　を　嘆き　て、ある　女　の　詠め
やはり、同じ場所で日を過ごすことを嘆いて、ある女の詠んだ歌は、

助動・完・体
る　歌、

格助　下二・用　接助　係助　四・未　助動・打・体　格助　係助(係)　四・終　格助　係助
手　を　漬て　て　寒さ　も　知ら　ぬ　泉　に　ぞ　汲む　と　は
手を(水に)浸しても冷たさも感じない(この名ばかりの)泉ではないが、(この)和泉の国で水を汲むというわけで

ク・終　格助　下二・用　助動・完・用　助動・詠・体(結)
なし　に　日ごろ　経　に　ける
もなく、(むなしく)何日も過ごしてしまったことよ。

---

9 **打《う》ちも寄《よ》せなむ**　どうか打ち寄せてほしい。
「も」＝強意の係助詞。

9 **恋《こう》ふる人忘《ひとわす》れ貝《がひ》**　恋い慕う人を忘れるという、その忘れ貝。
「忘れ」＝「恋ふる人忘れ」と、「忘れ貝」の掛詞《かけことば》。

11 **白玉《しらたま》**　白い美しい玉。特に真珠のこと。「忘れ貝」の縁語。

❸ **「白玉」とは、何をたとえたものか。**

答　土佐の国で亡くなった女の子。

12 **幼《をさな》くなりぬべし**　愚かになってしまうに違いない。
「幼し」＝ここでは、幼稚である、愚かだ、の意。
「ぬべし」＝完了の助動詞「ぬ」の下に、推量の助動詞「べし」が付くと、強意を表す用法になる。

教117ページ

4 **手《て》を漬《ひ》てて**　手を水に浸して。
＊「漬つ」＝水につける。水に浸す。

4 **日《ひ》ごろ**　ここでは、幾日も、何日か、の意。

課題

一 **「寄する波……」(116・9)と「忘れ貝……」(116・11)の歌にこめられた心情を、それぞれ説明してみよう。**

解答例 「寄する波……」の歌は、忘れ貝を拾って、哀惜の情を断ち切りたいという内容だが、これは忘れなければやりきれないという深い哀惜の情を逆説的に詠んだもの。「忘れ貝……」の歌は、亡くした子への思いさえも形見と思おうという内容で、その子へのいとしさ、恋しさを忘れずにいたいという思いを直接的に詠んだもの。

二 **「親、幼くなりぬべし。」(116・12)とは、どのような様子を表しているか、話し合ってみよう。**

考え方 亡くなった娘をことあるごとに思い出し、悲嘆に暮れている様子を表していると考えられる。思ったことを話し合ってみよう。

三 **「手を漬てて……」の歌にはどのような心情がこめられているか、説明してみよう。**

解答例 「汲《く》むとはなしに日ごろ経《へ》にける」に、和泉の国にとどまり何日も過ぎてしまったことを嘆く心情がこめられている。

語句と表現

一 **次の傍線部を文法的に説明してみよう。**

①寄する波打ちも寄せなむわが恋ふる人忘れ貝下りて拾はむ(116・9)

解答 「なむ」＝他に対する願望を表す終助詞。「む」＝意志の助動詞「む」の終止形。

②忘れ貝拾ひしもせじ白玉を恋ふるをだにも形見と思はむ(116・11)

解答 「しも」＝強意の副助詞(強意の副助詞「し」に強意の係助詞「も」がついた形とする説もある)。「だに」＝最小限の限定を表す副助詞。

帰　京

〔土佐日記〕

教科書P.118〜119

【大　意】 1 **教118ページ1〜6行**

入京してわが家に着いてみると、話に聞いていた以上に荒れ果てていた。隣家から望んで預かってくれたのに、ひどく思いやりがないとは感じるが、お礼だけはしようと思う。

【品詞分解／現代語訳】

夜　更け(下二・用)　**て**(接助)　**来れ**(カ変・已)　**ば、**(接助)　**所々　も**(係助)　**見え**(下二・未)　**ず。**(助動・打・終)

夜が更けてくるので、あちらもこちらも見えない。

京　に(格助)　**入りたち**(四・用)　**て**(接助)　**うれし。**(シク・終)

京に踏み入ってうれしい。

語句の解説 1

教118ページ

2 **月明《つきあ》かければ**　月が明るいので。

＊「明かし」＝明るい。

3 **言《い》ふ《ゥ》かひ《ィ》なく**　どうしようもないほど。

＊「言ふかひなし」＝ここでは、どうしよ

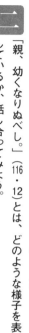

格助 四・用 接助 格助 四・体 接助 ク・已 接助 副 ク・用 下二・終
家に至りて、門に入るに、月明かければ、いとよくありさま見ゆ。
家に着いて、門を入ると、月が明るいので、たいそうよく(邸内の)様子が見える。

四・用 助動・過・体 格助 係助 四・用 接助 ク・用 係助(係) 下二・用 下二・用 助動・存・体(結)
聞きしよりもまして、言ふかひなくぞこぼれ破れたる。
(話に)聞いていた以上に、どうしようもないほど壊れ傷んでいる。

格助 下二・用 助動・存・用 助動・完・体 格助 係助 下二・用 助動・完・体 助動・断・用 助動・詠・終
家に預けたりつる人の心も、荒れたるなりけり。
家の管理を頼んでおいた人の心も、すさんでいたのであるなあ。

係助(係) ラ変・已(結) 格助 助動・比・已 接助 四・用 接助 四・已(命) 助動・完・体
中垣こそあれ、一つ家のやうなれば、望みて預かれる
隣の家との隔ての垣こそあるが、一つの屋敷のようなので(と言って)、(先方から)望んで預かったのだ。

助動・断・終 接 格助 係助 下二・未 助動・打・用 下二・未 助動・使・用 助動・完・終
なり。さるは、便りごとに物も絶えず得させたり。
それでも、(京への)ついでのあるたびに(土佐からの)贈り物も絶えず取らせてきた。

ラ変・体 格助 ナリ・用 係助 四・未 助動・使・未 助動・打・終 副 係助
今宵、「かかること。」と、声高にものも言はせず。いとは
(しかし)今夜は、「このざまだ。」と、(家人や家来たちに)大声で思うことも言わせない。ひどく思いやりがないと感じ

ク・用 下二・已 接助 係助 サ変・未 助動・意・終 格助 サ変・終
つらく見ゆれど、志はせむとす。
られるけれど、お礼はしようと思う。

【大　意】　2　教118ページ7行～119ページ4行

荒れ果てた庭に新しく生えた小松が交じっている。この家で生まれ、土佐で亡くなった子のことを思い出し、悲しみに堪えきれず、心の通い合う人と歌を詠みかわした。残念なことは多いが、書き尽くすことができない。とにかくこんな日記は早く破ってしまおう。

【品詞分解／現代語訳】

接 四・用(音) 接助 四・用 四・已(命) 助動・存・体 ラ変・終 格助
さて、池めいてくぼまり、水漬ける所あり。ほとりに松
さて、(庭には)池のようにくぼんで、水がたまっている所がある。そのかたわらに松も

係助 ラ変・用 助動・過・終 格助 格助 係助(係) 上二・用 助動・完・用
もありき。五年六年のうちに、千年や過ぎに
あった。(京を離れていた)五、六年の間に、千年も過ぎてしまったのであろうか、

うもない、の意。

3 **こぼれ破《やぶ》れたる**　壊れ傷んでいる。

*「こぼる」＝壊れる。破損する。

4 **中垣《なかがき》こそあれ**　「こそ……已然形」の係り結びで、文があとに続く場合は、逆接の意になる。

5 **さるは**　逆接の接続詞。「さあるは」の変化した形。

5 **かかること**　家や庭が荒れていることを指している。

6 **いとはつらく**　ひどく思いやりがないと。

「は」＝強意の係助詞。

*「つらし」＝ここでは、思いやりがない、冷淡だ、の意。

語句の解説 2

8 **千年《ちとせ》や過《す》ぎにけむ《ン》**　千年も過ぎてしまったのであろうか。「松は千年」といわれるが、その松がなくなっているのを見て、管理者である隣人への皮肉をこめて言ったもの。

9 **おほ《オ》かたの**　大部分が。

「の」＝主格を表す格助詞。

9 **あは《ワ》れ**　ああ(ひどい)。まあ。感動詞だが、ここでは庭のあまりのひどさに、二の句が

助動・過原・体(結) 係助 四・用 助動・完・用 助動・詠・終 副 上二・用 助動・完・体 係助(係)
けむ、 片方 は 無くなり に けり。 今 生ひ たる ぞ
(松の)半分ほどはなくなってしまったことだよ。(そうかと思えば)新しく生えたのが交

四・已(命) 助動・存・体(結) 格助 副 下二・用 助動・完・用 助動・完・已 接助 感
交じれ る。 おほかた の、 みな 荒れ に たれ ば、 「あはれ。」
じっている。(松だけでなく)大部分が、すっかり荒れてしまっていたので、「ああ(ひど

格助 係助(係) 四・体(結) 下二・未 助動・打・体 ク・用 四・用 シク・体 格助
と ぞ、 人々 言ふ。 思ひ出で ぬ こと なく、 思ひ 恋しき が
い)。」と、 人々は言う。 思い出さないことはなく、 恋しく思うことの中でも、

格助 (代) 格助 格助 下二・用 助動・過・体 格助 副 四・未
うち に、 こ の 家 にて 生まれ し 女子 の、 もろともに 帰ら
この家で生まれた女の子が、 一緒に帰らないので、

助動・打・已 接助 副 係助 シク・体 係助 副 四・用 接助 四・終
ね ば、 いかが は 悲しき。 船人 も みな、 子 たかり て ののしる。
どんなに悲しいことか。 船に乗って帰ってきた一行も皆、子どもたちが寄り集まって大騒ぎ

連 格助 副 シク・体 格助 下二・未 助動・打・用 接助 ナリ・用 四・已(命)
かかる うち に、 なほ 悲しき に 堪へ ず して、 ひそかに 心知れ
する。こうした間に、 やはり悲しさに堪えられないで、 ひそかに心の通い合う人と

助動・存・体 格助 四・已(命) 助動・完・用 助動・過・体
る 人 と 言へ り ける 歌、
詠みかわした歌、

下二・用 助動・過・体 係助 四・未 助動・打・体 接助 (代) 格助 格助 格助
生まれ し も 帰ら ぬ ものを わ が 宿 に 小松 の
(この家で)生まれた子も帰らないのに、 わが家に(以前はなかった)小松が生えてい

ラ変・体 格助 上一・体 格助
ある を 見る が 悲しさ
るのを見るのは悲しいことだよ。

格助 係助(係) 四・已(命) 助動・完・体(結) 副 四・未 助動・打・用 係助(係) ラ変・未 助動・推・体(結)
と ぞ 言へ る。 なほ 飽か ず や あら む、
と詠んだ。 それでもまだ詠み足りないのであろうか、

副 副 係助
また、 かく なむ。
また、このように(詠んだ)。

上一・用 助動・過・体 格助 格助 格助 上一・未 助動・反仮・未 接助 ク・用 シク・体
見 し 人 の 松 の 千年 に 見 ましか ば 遠く 悲しき
死んだあの子が千年の寿命がある松のように生きて、いつまでも見ることができたならば、(遠い土佐の国で)永

継げない気持ちを表す。

10 **もろともに** 一緒に。そろって。

11 **いかがは悲《かな》しき** どんなに悲しいことか。「いかが」＝「いかにか」の撥音便《はつおんびん》「いかんが」の撥音「ん」が表記されない形。疑問・反語の係助詞「か」を含むことから、結びは連体形となる。

13 **帰《かへ》らぬものを** 帰らないのに。

教119ページ

1 **飽《あ》かず** ここでは、もの足りない、の意。

1 **かくなむ《ン》** 下に「詠める」が省略してある。

① **「見し人」とは、誰のことか。**

答 亡くなった娘のこと。

2 **見《み》ましかば……せましや** もし見ることができたならば……しただろうか、いや、しなかっただろうに。「ましかば……まし」＝事実に反したことを仮想して、その結果を推量する、反実仮想の語法。

2 **遠《とほ》く悲《かな》しき別《わか》れ** 遠い土佐の国での死別と、「死」という永遠の別れの意を掛けている。

3 **え尽《つ》くさず** とても書き尽くすことができ

別れ〔サ変・未〕**せ**〔助動・反仮・終〕**まし**〔係助〕**や**
遠の悲しい別れをしただろうか(、いや、そんなことはしなかっただろうに)。

忘れがたく、〔ク・用〕**口惜しき**〔シク・体〕**こと 多かれ**〔ク・已〕**ど、**〔接助〕**え**〔副〕**尽くさ**〔四・未〕**ず。**〔助動・打・終〕
忘れがたく、残念なことが多いけれど、とても書き尽くすことはできない。

とまれかうまれ、〔(連語)(音)〕**疾く**〔ク・用〕**破り**〔四・用〕**て**〔助動・強・未〕**む。**〔助動・意・終〕
ともかく、(こんな日記は)早く破り捨ててしまおう。

ない。
「え……ず」＝不可能を表す。

4 **疾《と》く破《や》りてむ《ン》** 早く破り捨ててしまおう。
＊「疾し」＝ここでは、早い、の意。連用形「疾く」は、副詞ともとれる。

② 何を「疾く破りてむ」というのか。

答 ここまで書いてきた、この日記。

課題

一 京に着いてからの作者の心情の変化を、展開に即して整理してみよう。

解答例 京に着いたときはうれしかったが、家や人々の様子を見て、亡くなった娘のことを思い出し、悲嘆に暮れている。

二 「生まれしも……」(118・13)と「見し人の……」(119・2)の二つの歌にこめられた心情について、話し合ってみよう。

考え方 庭に新しく生えていた小松から、もう二度と帰らない我が子への堪えがたい悲しみを、また、はかない命を惜しみ悲しむ思いを詠んだ歌である。考えたことをもとに話し合ってみよう。

三 この場面と「門出」(112ページ)の場面とを読み比べ、表現や内容の対応が見られる箇所を指摘してみよう。

考え方 「門出」で書くことを宣言した日記を、「帰京」の最後には破棄することを宣言して締めくくっている。

語句と表現

一 傍線部に注意して、口語訳してみよう。

①**中垣こそあれ、一つ家のやうなれば、**(118・4)

解答例 中垣はあるけれど、一つの家のようなので、

②**見し人の松の千年に見ましかば遠く悲しき別れせましや**(119・2)

解答例 死んだあの子が松のように千年もの間見ることができたら、(遠い土佐の国で)永遠の悲しい別れをしただろうか(、いや、そんなことはしなかっただろうに)。

③**忘れがたく、口惜しきこと多かれど、え尽くさず。**(119・3)

解答例 忘れがたく、残念なことが多いけれど、とても書き尽くすことはできない。

旅立ち

〔奥の細道〕

教科書P.122～124

【大意】 1 教122ページ1行～123ページ1行

月日は永遠の旅人のようなものであり、人生もまた旅そのものにほかならない。風雅の道の昔の人も、旅に生涯を終えた者が多い。自分も漂泊の思いが抑えきれず、とうとう旅立つ決心をし、草庵《そうあん》を人に譲って杉風《さんぷう》の別荘に移った。

【品詞分解／現代語訳】

月日 は〔係助〕 百代 の〔格助〕 過客 に〔助動・断・用〕 して〔接助〕、行きかふ〔四・体〕 年 も〔係助〕 また〔副〕 旅人 なり〔助動・断・終〕。
月日は永遠の旅人（のようなもの）であり、次々に移ってゆく年もまた旅人（のようなもの）である。

舟 の〔格助〕 上 に〔格助〕 生涯 を〔格助〕 浮かべ〔下二・用〕、馬 の〔格助〕 口 とらへ〔下二・用〕 て〔接助〕 老い を〔格助〕 迎ふる〔下二・体〕 者 は〔係助〕、
舟の上で一生を送る者や、馬のくつわを取って老年を迎える者は、

日々 旅 に〔助動・断・用〕 して〔接助〕 旅 を〔格助〕 栖 と〔格助〕 す〔サ変・終〕。古人 も〔係助〕 多く〔ク・用〕 旅 に〔格助〕 死せ〔サ変・未〕
毎日が旅であって旅そのものをすみかとしている（ようなものである）。（風雅の道の）昔の人も旅に

る〔助動・完・体〕 あり〔ラ変・終〕。予〔（代）〕 も〔係助〕 いづれ〔（代）〕 の〔格助〕 年 より〔格助〕 か〔係助〕、片雲 の〔格助〕 風 に〔格助〕 誘は〔四・未〕 れ〔助動・受・用〕
生涯を終えた者が多い。自分も いつの年からか、ちぎれ雲が風に誘われるように、

て〔接助〕、漂泊 の〔格助〕 思ひ やま〔四・未〕 ず〔助動・打・用〕、海浜 に〔格助〕 さすらへ〔下二・用〕 て〔接助〕、去年 の〔格助〕 秋、江上 の〔格助〕
漂泊の思いがやまず、海辺をさすらって、去年の秋、川のほとりの

破屋 に〔格助〕 蜘蛛 の〔格助〕 古巣 を〔格助〕 払ひ〔四・用〕 て〔接助〕、やや〔副〕 年 も〔係助〕 暮れ〔下二・用〕、春 立て〔四・已（命）〕 る〔助動・完・体〕
あばら家に（戻り）蜘蛛の古巣を払って（しばらく住んでいるうちに）、やがてその年も暮れ、春になって霞のかかった空

霞 の〔格助〕 空 に〔格助〕、白河の関 越え〔下二・未〕 ん〔助動・意・終〕 と〔格助〕、そぞろ神 の〔格助〕 物 に〔格助〕 つき〔四・用〕 て〔接助〕 心
を眺めるにつけ、白河の関を越えたいと、そぞろ神が身にとりついて心を狂わせ、

を〔格助〕 狂は〔四・未〕 せ〔助動・使・用〕、道祖神 の〔格助〕 招き に〔格助〕 あひ〔四・用〕 て〔接助〕、取る〔四・体〕 もの 手 に〔格助〕 つか〔四・未〕 ず〔助動・打・終〕。
道祖神が招いているようで、取るものも手につかない。

語句の解説 1

教122ページ

1 **行《ゆ》きかふ《コウ》** あるものが去って、他のものが代わって入る。行き来、往来、の意ではない。

① 「舟の上に生涯を浮かべ」る者、「馬の口とらへて老いを迎ふる者」とはどのような人々を指すか。

答 「舟の上で……」＝船頭・船方のこと。「馬の口……」＝馬子・馬方のこと。

3 **死《し》せるあり** 死んだ人がいる。「死せる」の下に、「者」「人」などを補って訳す。

3 **いづれ《ズ》の年《とし》よりか** いつの年からか。下に「ありけむ」などが省略されている。

3 **片雲《へんうん》の風《かぜ》に誘《さそ》はれ《ワ》て** ちぎれ雲が風に誘われるように。
「片雲」＝ちぎれ雲。
「の」＝主格の格助詞。連体格ととれば、ちぎれ雲を運ぶ風に誘われて、となる。

5 **春立《はるた》てる霞《かすみ》の空《そら》** 春になって霞のかかった空。

股引の(格助)破れを(格助)つづり(四・用)、笠の(格助)緒付けかへ(下二・用)て(接助)、三里に(格助)灸据ゆる(下二・体)より(格助)、
股引の破れを繕い、笠の緒を付けかえて、三里に灸を据えているうちから、

松島の(格助)月まづ(副)心に(格助)かかり(四・用)て(接助)、住め(四・已(命))る(助動・完・体)方は(係助)人に(格助)譲り(四・用)て(接助)、
松島の月が(どんなであろうと)何よりも気にかかり、住んでいた家は人に譲り、

杉風が(格助)別墅に(格助)移る(四・体)に(格助)、
杉風の別荘に移るに際し、

草の(格助)戸も(係助)住み替はる(四・体)代ぞ(係助)雛の(格助)家
粗末な草庵も、(人が)住み替わる時がきたのだなあ。私の出たあとは華やかな雛人形を飾る家となるのだろう。

面八句を(格助)庵の(格助)柱に(格助)懸け置く(四・終)。
(と詠み、この句を発句とした連句の)面八句を庵の柱に掛けておいた。

【大　意】　2　教124ページ1～8行

陰暦三月二十七日の早朝、千住《せんじゅ》まで見送ってくれた知人や門人と名残を惜しみつつ、いよいよ前途はるか長い旅路へと旅立つ。ふたたび帰って来られるだろうかという思い、人々との別れに涙が流れる。

【品詞分解／現代語訳】

「春立つ」＝春になる。「立てる」＝「春立つ」と「立てる霞」の両方にかかる。

5 **物《もの》につきて**　自分にとりついて。「物につく」＝神・怨霊《おんりょう》・邪鬼など、超人間的なものがとりつくこと。

6 **心《こころ》を狂《くる》は《ワ》せ**　具体的には、取るものも手につかず、旅の準備をしたり、旅先の情景などを思い浮かべたりしていることをいう。

❷ **「股引の破れをつづり、……灸据ゆるより」とはどのような行為か。**

答　旅に出る準備。

9 **草《くさ》の戸《と》も住《す》み替《か》は《ワ》る代《よ》ぞ雛《ひな》の家《いへ》**　私の草庵もまた人が住み替わっていくと、冒頭にふまえられた李白《りはく》の「天地は万物の逆旅《げきりょ》」を響かせている。季語＝雛（春）　切れ字＝ぞ　「草の戸」＝粗末な家。芭蕉庵を指す。

語句の解説 2

教124ページ

1 **末《すゑ》の七日《なぬか》**　二十七日。ひと月を上旬・中旬・下旬に分けた日にちの呼び方。

1 **朧々《ろうろう》として**　おぼろに霞んで。

1 **有明《ありあ》け**　有明け月。夜が明けても空に残っ

弥生も末の七日、あけぼのの空朧々として、月は有明けにて光をさまれるものから、富士の峰かすかに見えて、

陰暦三月二十七日、夜明けの空はおぼろに霞んで、月は有明けの月で光は薄らいでいるけれど、（遠く）富士の峰がかすかに見えて、

上野・谷中の花の梢、またいつかはと心細し。むつましきかぎりは宵より集ひて、舟に乗りて送る。千住といふ所にて舟を上がれば、前途三千里の思ひ胸にふさがりて、幻の巷に離別の泪をそそぐ。

上野・谷中の桜の梢を、またいつ見ることができるだろうかと（思うと）心細い。親しい人々は全て前の晩から集まって、（一緒に）舟に乗って送ってくれる。千住という所で舟から上がると、前途はるかな旅に出るのだという思いで胸がいっぱいになり、幻のようにはかない現世で別れの涙を流すのであった。

行く春や鳥啼き魚の目は泪

春も過ぎ去ろうとしているなあ。それを惜しんで、鳥は悲しげに鳴き、魚の目は涙で潤んでいるようだ。

これを矢立ての初めとして、行く道なほ進まず。人々は途中に立ち並びて、後ろ影の見ゆるまではと、見送るなるべし。

これを旅先で詠む最初の句として（歩き始めたが）、なかなか道がはかどらない。（見送りの）人々は道に立ち並んで、（私たちの）後ろ姿の見えている間はと、見送ってくれるのだろう。

課題

一 本文を音読して、対句的な表現を抜き出してみよう。

解答
月日は百代《はくたい》の過客《くわかく》にして
行きかふ年も　また旅人なり

ている月。

1 **光《ひかり》を《オ》さまれるものから**　光は薄らいでいるけれど。

＊「をさまる」＝ここでは、なくなる、消える、の意。

2 **またいつかは**　またいつ見ることができるだろうか。

「かは」＝詠嘆をこめた疑問を表す。

③ 「またいつかは」の後の省略を補え。

答 「見む」「眺めむ」などが省略されている。

3 **かぎり**　ここでは、全て、残らず、の意。

4 **前途三千里《せんどさんぜんり》の思《おも》ひ《イ》**　これから進み行く先の旅路が、遠くはるかなことへの感慨。

6 **行《ゆ》く春《はる》や鳥啼《とりな》き魚《うを》の目《め》は泪《なみだ》**　「行く春」には旅に出る自分が、「鳥」「魚」には、自分や見送りの人々がたとえられている。季語＝行く春（春）　切れ字＝や

舟の上に　生涯を浮かべ
馬の口とらへて　老いを迎ふる

そぞろ神の　物につきて　心を狂はせ
道祖神《だうそじん》の　招きにあひて　取るもの手につかず

二　作者の旅に出る前の気持ちと、旅立ちに際しての気持ちとを整理してみよう。

考え方　旅に出る前は第一段落から、旅立ちに際しては第二段落からまとめる。

解答例　●旅に出る前＝旅こそが人生であると考え、詩歌に生きた先人たちのあとに続きたいと、とりつかれたかのように旅に憧れる気持ち。

●旅立ちに際して＝長い旅路を思って不安になり、親しい人々との別れを惜しむ気持ち。

三　「草の戸も……」（122・9）と「行く春や……」（124・6）の二つの句について、それぞれどのような心情がこめられているか、説明してみよう。

解答例　●「草の戸も……」＝自分が旅立った後、別の人が住むようになれば、粗末だった自分の家は、雛人形を飾るような華やかな家に変化するだろうと想像している。旅で留守にしがちで手入れもまともでなかった荒れた家に、雛人形を飾るような幼い女の子がいる家族が住むことになり、家が適切に手入れされ、雰囲気も明るく爽やかなものになることを期待している。それとともに、「月日は百代の過客にして、行きかふ年もまた旅人なり」というように、家もまた月日の経過とともに変化していくことに思いをはせ、感慨にふけっている。

●「行く春や……」＝去っていく春に対する惜別の思いを、主観として表現するのではなく、鳥や魚の悲しみとして表現している。去っていく春と旅立とうとしている自分を重ね、また、鳥や魚に自分や見送りの人を重ねることで、惜春の情だけではなく、親しい人と別れて旅立っていくことの哀感が伝わってくる。

語句と表現

一　次の傍線部を文法的に説明してみよう。

①旅に死せるあり。（122・3）
②三里に灸《きう》据ゆるより、（122・7）
③住める方は人に譲りて、（122・8）

解答　①完了の助動詞「り」の連体形。
②ヤ行下二段活用動詞「据ゆ」の連体形「据ゆる」の一部。
③完了の助動詞「り」の連体形。

立《りふ》石《しやく》寺《じ》

〔奥の細道〕 教科書P.126

【大意】 教126ページ1〜7行

山形領に立石寺という山寺がある。尾花沢《おばなざわ》の俳人たちの勧めで、予定を変えて立石寺に参詣した。蟬《せみ》の声だけが聞こえる静寂の中で、自分の心も澄みきってゆくのが感じられる。

【品詞分解／現代語訳】


山形領 に 立石寺 と いふ 山寺 あり。 慈覚大師 の 開基 に して、

（に 格助／と 格助／いふ 四・体／あり ラ変・終／の 格助／に 助動・断・用／して 接助）

山形領に立石寺という山寺がある。慈覚大師の創建した寺で、

ことに 清閑 の 地 なり。 一見す べき 由、 人々 の 勧むる に より
（ことに 副／の 格助／なり 助動・断・終／一見す サ変・終／べき 助動・適・体／の 格助／勧むる 下二・体／に 格助／より 四・用）
とりわけ清く静かな地である。一度見るほうがよいと、人々が勧めるので、

て、 尾花沢 より とつ て 返し、 その 間 七里 ばかり なり。 日 いまだ
（て 接助／より 格助／とつ 四・用(音)／て 接助／返し 四・用／そ (代)／の 格助／ばかり 副助／なり 助動・断・終／いまだ 副）
尾花沢から(予定を変えて)逆方向に向かい、その(山寺までの)間は七里ぐらいの距離である。日がまだ暮れ

暮れ ず。 麓 の 坊 に 宿 借りおき て、 山上 の 堂 に 登る。 岩
（暮れ 下二・未／ず 助動・打・終／の 格助／に 格助／借りおき 四・用／て 接助／の 格助／に 格助／登る 四・終）
ない(うちに着いた)。麓の宿坊に宿を借りておいて、山上にある堂に登る。岩

に 巌 を 重ね て 山 と し、 松柏 年 旧り、 土石 老い て、 苔
（に 格助／を 格助／重ね 下二・用／て 接助／と 格助／し サ変・用／旧り 上二・用／老い 上二・用／て 接助）
に岩を重ねて山となっており、松や柏などが樹齢を重ねて(うっそうと茂り)、土

なめらかに、 岩上 の 院々 扉 を 閉ぢ て、 物 の 音 聞こえ ず。 岸 を
（なめらかに ナリ・用／の 格助／を 格助／閉ぢ 上二・用／て 接助／の 格助／聞こえ 下二・未／ず 助動・打・終／を 格助）
石も古びて苔が滑らかに(覆っていて)、岩山の上の幾つもの支院は全て扉を閉じていて、物音一つ聞こえない。断崖を

巡り 岩 を 這ひ て、 仏閣 を 拝し、 佳景 寂寞と して、 心 澄みゆく のみ
（巡り 四・用／を 格助／這ひ 四・用／て 接助／を 格助／拝し サ変・用／寂寞と タリ・用／して 接助／澄みゆく 四・体／のみ 副助）
巡り 岩をはうようにして、寺院を参詣すると、すばらしい景観はひっそりと静まりかえって、心が澄み

覚ゆ。

（覚ゆ 下二・終）

きってゆくのだけが感じられる。

語句の解説

教126ページ

1 **清閑《せいかん》の地《ち》なり** 清らかでもの静かな土地。

2 **一見《いっけん》すべき由《よし》** 一度見るほうがよい。
「一見す」＝ここでは、一度見る、の意。

「由」＝…の旨《むね》(こと)、の意。

2 **とつ《ッ》て返《かへ》し** 北上する予定だったのを南下したことをいう。来た道を引き返したのではない。

3 **山上《さんじやう》の堂《だう》** 岩の上に建てられた釈迦《しやか》堂や経堂を指す。

4 **岩《いは》に巌《いはほ》を重《かさ》ねて** 岩に岩を重ねて。
「巌」＝巨岩のこと。ただし、ここでは岩と意味的な違いはない。

4 **松柏年《しようはくとし》旧《ふ》り** 松や柏などが年をとって。
「松柏」＝松とコノテガシワなどの常緑樹のこと。

「旧る」＝古くなる。年をとる。

6 **覚《おぼ》ゆ** 思われる。感じられる。

7 **閑《しづ》かさや岩《いは》にしみ入《い》る蟬《せみ》の声《こゑ》** 静まりかえった中に蟬の声だけが聞こえる。その声

閑かさ　や（間助）　岩　に（格助）　しみ入る（四・体）　蝉　の（格助）　声

なんという静寂であろう。その静寂の中で、蝉の声だけが岩にしみこんでゆくように感じられるが、逆に静寂を際立たせているように感じたのである。季語＝蝉（夏）　切れ字＝や

課題

一　芭蕉は立石寺で何に心を動かされたのか、説明してみよう。

解答例　岩に岩を重ねてできたようなけわしい山に、老いた松や柏が茂り、土や石は一面に苔《こけ》むしている。そのような長い時間をかけてできあがったすばらしい景観が、静かに存在しているということに芭蕉は心動かされたのである。

二　「閑かさや……」（126・7）の句には、どのような情景が詠まれているか、説明してみよう。

解答例　老木と苔むした石に囲まれ、静まりきった山中に、蝉の声だけが岩にしみ入るように聞こえてくる。その声がいっそう静寂を際立たせ、自分の心も同じように澄みきってゆくという情景。

三　「閑かさや岩にしみ入る蝉の声」（126・7）の句は、「山寺や石にしみつく蝉の声」を推敲《すいこう》したものである。両者を比較して、どのような違いが感じられるか、話し合ってみよう。

考え方　「閑かさや……」と「山寺や……」の違いは、①「閑かさ」か「山寺や」か、②「岩」か「石」か、③「しみ入る」か「しみつく」かの三点である。

①「や」という切れ字を伴っているので、「閑かさや……」の句では静寂が、「山寺や……」の句では寺という場所が感動の中心ということになる。「山寺や」とした場合、単なる物が感動の対象であり、また山寺のどのようなところに感動したのかがわかりづらい。「閑かさや」という主観的な表現にしたほうが、静寂という感動の対象がはっきりする。

②「岩」は比較的大きく、動かないもの、「石」は比較的小さく、どこにでも転がっているものというイメージがある。本文では「岩に巌を重ねて山とし」や「岩上の院々」などの表現から、小さな小石というより、巨岩を目にしていることがわかるため、「岩」のほうが実景に適しているように思われる。

③「入る」「つく」という言葉から、「しみつく」が表面に付着し、深く入っていかないようなイメージであるのに対し、「しみ入る」は深く浸透しているイメージがある。「石にしみつく蝉の声」とした場合、蝉の声が岩石にはりつき、深くしみわたっていかないようなイメージになり、静寂と結びつかない。「岩にしみ入る蝉の声」とした場合は、蝉の声が岩に深く浸透するイメージとなり、より静寂を表現するのに適していると思われる。

気づいたことをもとに、話し合ってみよう。

大垣

〔奥の細道〕

教科書P.128

【大　意】 教128ページ1〜6行

長旅を経て、美濃《みの》の国にある如行《じょこう》の家に芭蕉の門人が集まり、旅の疲れをいたわってくれる。しかし九月六日になると、伊勢《いせ》神宮の遷宮を見るために、また船に乗って旅に出るのであった。

【品詞分解／現代語訳】

露通 も(係助) こ(代) の(格助) 港 まで(副助) 出で迎ひ(四・用) て、(接助) 美濃の国 へ(格助) と(格助) 伴ふ。(四・終) 駒 に(格助) 助け(下二・未)

露通もこの港まで出迎えてくれて、美濃の国へと一緒に行く。馬に助けられて、

られ(助動・受・用) て(接助) 大垣の庄 に(格助) 入れ(四・已) ば、(接助) 曾良 も(係助) 伊勢 より(格助) 来たり合ひ、(四・用) 越人 も(係助)

大垣の庄に入ると 曾良も伊勢からやって来て一緒になり、越人も馬を

馬 を(格助) 飛ば(四・未) せ(助動・使・用) て、(接助) 如行 が(格助) 家 に(格助) 入り集まる。(四・終) 前川子、荊口父子、そ(代)

走らせて(やって来て)、如行の家に入って集まる。前川子、荊口父子、そのほか親し

の(格助) ほか 親しき(シク・体) 人々、日夜 とぶらひ(四・用) て、(接助) 蘇生 の(格助) 者 に(格助) 会ふ(四・体) が(格助) ごとく、(助動・比・用)

い人々が、昼も夜も訪ねてきて、まるで生き返った人に会うように、

かつ(副) 喜び、(四・用) かつ(副) いたはる。(四・終) 旅 の(格助) もの憂さ も(係助) いまだ(副) やま(四・未) ざる(助動・打・体) に、(接助)

一方では喜び、他方ではいたわってくれる。旅のつらさもまだ治まらないのに、

長月六日 に(格助) なれ(四・已) ば、(接助) 伊勢 の(格助) 遷宮 拝ま(四・未) ん(助動・意・終) と、(格助) また(副) 船 に(格助) 乗り(四・用) て、(接助)

九月六日になると、伊勢神宮の遷宮を拝もうと、また船に乗って、

蛤 の(格助) ふたみ に(格助) 別れ行く(四・体) 秋 ぞ(係助)

蛤が蓋と身に分かれるように、私はここで別れて、もう冬に移ろうとする秋の終わりに、伊勢の二見が浦に行くのであるよ。

語句の解説

教128ページ

1 **出《い》で迎《むか》ひ《イ》て** 出迎えて。

1 **駒《こま》** 馬。

2 **来《き》たり合《あ》ひ《イ》** やって来て一緒になる。

3 **とぶらひ《イ》て** 訪れて。「とぶらふ」＝訪れる。見舞う。

3 **蘇生《そせい》** 生き返ること。

4 **かつ喜《よろこ》び、かついたは《ワ》る** 一方で喜び、他方でいたわってくれる。「かつ…かつ〜」＝一方で…他方で〜。

5 **長月《ながつき》六日《むいか》** 陰暦九月六日。現在の九月下旬から十月下旬辺りに当たる。

6 **蛤《はまぐり》のふたみに別《わか》れ行《ゆ》く秋《あき》ぞ** ここでは「別れて行く」と「行く秋」の掛詞になっている。季語＝行く秋(秋)　切れ字＝ぞ

課題

一　この場面での芭蕉と門人たちの心情を考えてみよう。

解答例　門人たちは、芭蕉を港で出迎え、他の地方から集まり、喜んだりいたわったりしている。芭蕉に再会した喜びと長旅の疲れをねぎらったりする気持ちでいる。他方、芭蕉は門人たちの歓待を喜びつつも、次の旅に出ようという気持ちが湧き上がっている。

二　「蛤のふたみに別れ……」（128・6）の句には、どのような情景が詠まれているか、説明してみよう。

考え方　これから芭蕉が向かおうとする伊勢は蛤の名産地であることから「蛤」が伊勢を暗示している。蛤が蓋と身に分かれることに、二見《ふたみ》が浦へ別れていくことを掛け、さらに、自分が行くことと、秋が行くことを掛けている。また、晩秋という季節は肌寒く、別れの悲しさが身に染みる時期でもある。

解答例　秋の終わり、見送るために集まってくれた門人たちとの別れを惜しみつつ、伊勢神宮の遷宮を拝むために、船に乗って旅立っていく情景。

学びを広げる　古典作品の読み比べ

教科書P.129

『奥の細道』における「旅立ち」も「大垣」も、ともに芭蕉は舟に乗って出発していて、それを旧知の人が見送っている。その見送りの人への別れの挨拶として、「行く春や……」と「蛤の……」の句を詠んでいる。この二句も、前者の季語は「行く春」、後者の季語は「行く秋」と対応が見られる。内容も、見送りに来てくれた人たちとの別れを惜しむものとなっている点で共通している。

『土佐日記』の「門出」と『奥の細道』の「旅立ち」を比べると、第一に旅の目的が違う。『土佐日記』では、土佐の国司の任期を終え、京の自宅へ帰ることが目的であり、一方、『奥の細道』は、旅そのものを目的としている。また、旅立ちの様子を比べると、『土佐日記』では、身分の上下なく、数日にわたって旅立ちの宴が催されていることがわかるが、『奥の細道』では、前日に旧知の人が集まって、見送っているだけである。旅立ちに際しての心情を比べると、『土佐日記』では、親しい人との別れを惜しむ表現はあるものの、全体的に悲しい雰囲気は伝わってこない。『奥の細道』では、「上野・谷中《やなか》の花の梢《こずゑ》、またいつかはと心細し」や「幻の巷《ちまた》に離別の泪をそそぐ」など、別れを悲しむ心情が伝わってくる。その他にも、気づいたことをもとに話し合ってみよう。

一　漢文入門

漢文の世界へ

教科書P.132〜135

●漢文を日本語で読む

漢文とは、漢字で書かれた中国古来の文章で、それにならい日本で書かれた日本漢文も含むものである。漢文を通して中国文化を知り、それを吸収・消化することで日本文化を発展させてきた日本人にとって、漢文は、知恵の宝庫であり、日本の古典でもある。「訓読」法で漢文を読むことは、さまざまな発見と感動につながるだろう。

●漢文学習の基礎用語

白文…漢字だけで書かれた原文。

訓読…原文をそのまま日本語訳（和訳）する方法。

訓点…訓読に必要な送り仮名、返り点、句読点の総称。

送り仮名…用言の活用語尾や助詞・助動詞を表す片仮名。

返り点…返って読む順序を示す符号。

漢文の基本構造と訓読

教科書P.136〜137

【訓読文】	【書き下し文】	【現代語訳】
一　主語―述語		
花開《ク》。	花開く。	花が開く。
二　修飾語―被修飾語		
白《キ》雲。	白き雲。	白い雲。
再《ビ》会《フ》。	再び会ふ。	再び会う。
三　並列		
飲《ミ》食《フ》。	飲み食ふ。	飲んで食べる。
善《ト》悪。	善と悪。	善と悪。

【訓読文】

四　述語—目的語(補語)

読ムレ書ヲ。

帰ルレ国ニ。

五　否定を示す語—述語

不《ず》レ覚エ。

無シレ比《なら》ビ。

◎返り点の種類と用い方

レ点

転ジテレ禍《わざはひ》ヲ為《な》スレ福ト。

一・二点

尽クシテ二人事ヲ一待ツ二天命ヲ一。

上・下点

有リ下朋《とも》ノ自《よ》リ二遠方一来タル上。

レ点・上レ点

従フ二心ノ所ニ一レ欲スル。

竪《たて》点(合符《ごうふ》)

吾《われ》日ニ三‐省ス二吾《わ》ガ身ヲ一。

◎練習問題

1　次の文を訓点に従って読んでみよう。

①花開キ鳥啼《な》ク。　②大器ハ晩成ス。

③行ク雲流ルル水。　④有レバレ備ヘ無シレ患《うれ》ヒ。

⑤忠言ハ逆ラフレ耳ニ。　⑥瓜《くわ》田《でん》ニ不レ納《い》レレ履《くつ》ヲ。

⑦低《た》レテレ頭《かうべ》ヲ思フ二故郷ヲ一。　⑧不レバレ知ラ二其ノ子ヲ一視《み》ヨ二其ノ友ヲ一。

【書き下し文】

書を読む。

国に帰る。

覚えず。

比び無し。

禍ひを転じて福と為す。

人事を尽くして天命を待つ。

朋の遠方より来たる有り。

心の欲する所に従ふ。

吾日に吾が身を三省す。

【現代語訳】

本を読む。

故郷に帰る。

気づかない。

他に比べるものがない。

不幸や災難をうまく変えて、幸福になるようとりはからう。

人の行うべき事柄の最善を尽くし、その結果は運命に任せる。

(同じ志をもった)友が遠方よりやってくる。

(自分の)心のままに行動する。

一日に何度も自分のことを振り返り、反省する。

解答　①花開き鳥啼く。　②大器は晩成す。　③行く雲流るる水。　④備へ有れば患ひ無し。　⑤忠言は耳に逆らふ。　⑥瓜田に履を納れず。　⑦頭を低れて故郷を思ふ。　⑧其の子を知らざれば其の友を視よ。

2　次の文を書き下し文にしてみよう。

①聞ク二啼《てい》鳥《てう》ヲ一。
②百聞ハ不レ如《し》カ二一見ニ一。
③有ルレ徳者ハ必ズ有リレ言。
④不下以テ二千里ヲ一称セラレ上也《なり》。
⑤巧《こう》詐《さ》ハ不レ如《し》カ二拙《せつ》誠《せい》ニ一。
⑥有リ下献ズル二楓《ふう》樹《じゆ》ヲ一者上。
⑦有リ下博《ひろ》ク施シテ二於民ニ一而能《よ》ク済《すく》フ上レ衆ヲ。
⑧秦人恐-喝シテ二諸侯ヲ一、求ムレ割カンコトヲレ地ヲ。

解答　①啼鳥を聞く。
②百聞は一見に如かず。
③徳有る者は必ず言有り。
④千里を以て称せられざるなり。
⑤巧詐は拙誠に如かず。
⑥楓樹を献ずる者有り。
⑦博く民に施して能く衆を済ふ有り。
⑧秦人諸侯を恐喝して、地を割かんことを求む。

3　(　)内の書き下し文を参考にして、読む順番に番号を書きなさい。

①積レ仁潔レ行。（仁を積み行を潔くす。）
②一日行二千里一。（一日に千里を行く。）
③過則勿レ憚レ改。（過てば則ち改むるに憚《はばか》ること勿かれ。）
④於レ物無レ不レ陥也。（物に於《お》いて陥《とほ》さざる無きなり。）
⑤孔子学二鼓レ琴師襄子一。（孔子《こうし》琴を鼓するを師襄子《じやうし》に学ぶ。）
⑥不レ登二高山一、不レ知二天之高一也。（高山に登らずんば、天の高きを知らざるなり。）
⑦言四沛公不三敢背二項伯一。（沛公《はいこう》の敢《あ》へて項伯《こうはく》に背かざるを言ふ。）

解答　①2・1・4・3
②1・2・5・3・4
③1・2・5・4・3
④2・1・5・4・3・6
⑤1・2・8・4・3・5・6・7
⑥4・3・1・2・9・8・5・6・7・10
⑦8・1・2・7・3・6・4・5

4　書き下し文を参考にして、次の文に返り点と送り仮名を施してみよう。

①挙頭望山月。（頭《かうべ》を挙げて山月を望む。）
②未聞好学者也。（未だ学を好む者を聞かざるなり。）
③割鶏焉用牛刀。（鶏を割くに焉《いづ》くんぞ牛刀を用ゐんや。）
④不以一悪忘衆善。（一悪を以て衆善を忘れず。）

解答　①挙ゲテレ頭ヲ望ム二山月ヲ一。
②未ダレ聞カ二好ムレ学ヲ者ヲ一也。
③割クニレ鶏ヲ焉クンゾ用ヰンヤ二牛刀ヲ一。
④不下以テ二一悪ヲ一忘レ中衆善ヲ上。

成句・格言を読む

教科書P.138〜139

●訓読文

①少年易《やす》クレ老イ、学難《がた》シレ成リ。
②一寸ノ光陰不《ず》レ可《べ》カラレ軽ンズ。
③不レ入ラ二ンバ虎穴一ニ、不レ得二虎子一ヲ。
④他山之《の》石、可シ二以《もつ》テ攻《をさ》ムレ玉ヲ。
⑤天ノ時ハ不レ如《し》カ二地ノ利一ニ、地ノ利ハ不レ如カ二人ノ和一ニ。
⑥不下為《ため》ニ二児孫ノ一買ハ中美田ヲ上。
⑦寧《むし》ロ為《な》ルトモ二鶏口ト一、無カレ為ル二牛後ト一。
⑧勿《な》カレ下以テ二悪ノ小ナルヲ一為《な》スコト上之《これ》ヲ。
⑨士ハ不レ可カラ三以テ不《ざ》ル二弘毅《こうき》ナラ一。
⑩士ハ当《まさ》ニべシ下先ダチテ二天下之憂ヒニ一而憂ヘ、後レテ二天下之楽シミニ一而楽シム上。

●訓読上の注意

①「レ点」は、下の字を先に読み、次に上の字を読むことを示す記号。
③二字以上を越えて下から上へ返読する場合には、「一・二点」を用いる。
④「一・二点」と「レ点」を併用するケース。
⑥「一・二点」を飛び越え、さらに一字以上飛び越える場合には、「上・中・下点」を用いる。
⑦「レ点」は二つめの「二点」のあとに読む。
⑧「上・下点」と「レ点」を併用するケース。
⑩「当」は再読文字。再読文字には二度めに読む返り点を付す。「まさニ〜べシ」と読む。

●語句の解説

②**不《ず》レ可《べカラ》レ軽《かろンズ》**　おろそかにしてはいけない。
「可」＝許可、可能を表す助字。
④**可《べ》二以《シもつテ》攻《をさム》レ玉《ぎょくヲ》**　それを用いて玉を磨くことができる。
「攻」＝磨く。
⑤**天時《てんノときハ》不《ず》レ如《しカ》二地利《ちノりニ》一**　「Ａハ不二如カＢ一ニ」は、Ａは Ｂに及ばない、の比較の意を表す。
⑧**勿《なカレ》**　禁止表現。
⑨**弘毅《こうき》**　度量が広くて、意志が強固なこと。
⑩**当《まさニ》**　当然の意を表す再読文字。
「当《まさ》ニレべシＡ（ス）」＝当然Ａすべきだ。

課題

一　成句・格言を繰り返し音読して、漢文訓読に親しもう。

考え方　返り点や送り仮名に注意して、繰り返し音読しよう。教科書に掲載されているものは有名な成句であることが多いので、これをしっかりと読み、漢文特有のリズムに慣れることを意識するとよい。余裕があれば、暗唱できるようにして、その意味も覚えておくようにしよう。

◎練習問題

1　次の文を書き下し文にしてみよう。

①学ビテ然《しか》ル後ニ知ルレ不《ざ》ルヲレ足ラ。
②知ル三時ニ有ルヲ二利不利一也《なり》。
③病ハ従《よ》リレ口入リ、禍《わざはヒ》ハ従リレ口出《い》ヅ。
④君子ハ必ズ慎ミ二其《そ》ノ独リヲ一、小人ハ閑居シテ為《な》ス二不善ヲ一。
⑤青ハ取リテ二之《これ》ヲ於藍《あゐ》ヨリ一而青シ二於藍ヨリモ一。
⑥客ニ有リ下能《よ》ク為ス二鶏鳴ヲ一者上。

⑦君子不《ハず》二以《もつテ》レ言《ヲ》挙《ゲ》レ人《ヲ》、不二以《テ》レ人《ヲ》廃《セ》レ言《ヲ》。
⑧勿《なカレ》下以《テ》二善《ノ》小《ナルヲ》一不《ルコト》上為《サ》。
⑨孔《こう》子《し》将《まさニ》《す》レ問《ハント》二礼《ヲ》於老《らう》子《し》一《ニ》。
⑩君自《より》二故郷一来《タル》、応《まさニ》《べシ》レ知《ル》二故郷《ノ》事一《ヲ》。
⑪用《キルハ》レ人《ヲ》宜《よろシク》《べシ》レ取《ル》二其《ノ》所《ヲ》レ長《ズル》。

解答　①学びて然る後に足らざるを知る。
②時に利不利有るを知るなり。
③病は口より入り、禍ひは口より出づ。
④君子は必ず其の独りを慎しみ、小人は閑居して不善を為す。
⑤青は之を藍より取りて藍よりも青し。
⑥客に能く鶏鳴を為す者有り。
⑦君子は言を以て人を挙げず、人を以て言を廃せず。
⑧善の小なるを以て為さざること勿かれ。
⑨孔子将に礼を老子に問はんとす。
⑩君故郷より来たる、応に故郷の事を知るべし。
⑪人を用ゐるは宜しく其の長ずる所を取るべし。

2　書き下し文を参考にして、次の文に送り仮名・返り点をつけてみよう。

①漱石枕流。
（石に漱《くちすす》ぎ流れに枕す。）
②見小利則大事不成。
（小利を見れば則《すなは》ち大事成らず。）
③知之者不如好之者。
（之を知る者は之を好む者に如《し》かず。）
④楚人有鬻盾与矛者。
（楚人《そひと》に盾と矛とを鬻《ひさ》ぐ者有り。）

解答　①漱《ギ》レ石《ニ》枕《ス》レ流《レニ》。　②見《レバ》二小利《ヲ》一則《チ》大事不レ成《ラ》。
③知《ル》レ之《ヲ》者《ハ》不レ如《カ》二好《ム》レ之《ヲ》者一《ニ》。　④楚人《ニ》有《リ》下鬻《グ》二盾《ト》与レ矛《ヲ》者上。

3　「五十歩百歩」を訓読してみよう。

孟《まう》子《し》対《こたヘテ》曰《いハク》、

「王好《ム》レ戦《ヒヲ》。請《フ》以《テ》レ戦《ヒヲ》喩《たとヘン》。塡《てん》然《ぜんトシテ》鼓《シ》レ之《ヲ》、兵刃既《ニ》接《ス》。棄《すテ》レ甲《ヲ》曳《ひキテ》レ兵《ヲ》而走《ル》。或《あるイハ》百歩《ニシテ》而後《ニ》止《とどマリ》、或《イハ》五十歩《ニシテ》而後《ニ》止《マル》。以《テ》二五十歩《ヲ》一笑《ハバ》二百歩《ヲ》一、則《チ》何如《いかんト》。」

曰《ハク》、

「不可《ナリ》。直《たダ》不《ル》二百歩《ナラ》一耳《のみ》。是《これモ》亦《また》走《ル》也《ト》。」

解答
孟《もう》子《し》対《こた》へ《エ》て曰《い》は《ワ》く、

「王戦《たたか》ひ《イ》を好《この》む。請《こ》ふ《ウ》戦《たたか》ひ《イ》を以《もっ》て喩《たと》へ《エ》ん。塡然《てんぜん》として之《これ》を鼓《こ》し、兵刃《へいじん》既《すで》に接《せっ》す。甲《こう》を棄《す》て兵《へい》を曳《ひ》きて走《はし》る。或《ある》いは百歩《ひゃっぽ》にして後《のち》に止《とど》まり、或《ある》いは五十歩《ごじっぽ》にして後《のち》に止《とど》まる。五十歩《ごじっぽ》を以《もっ》て百歩《ひゃっぽ》を笑《わら》は《ワ》ば、則《すなわ》ち何如《いかん》。」と。

曰《い》は《ワ》く、

「不可《ふか》なり。直《た》だ百歩《ひゃっぽ》ならざるのみ。是《これ》も亦《また》走《はし》るなり。」と。

●置き字

学ビテ而時ニ習フ㆑之《これ》ヲ。
学びて時に之を習ふ。
学んで（そのことについて）折にふれて復習して身につける。

千里之《の》行モ、始マル㆓於足下ヨリ㆒。
千里の行も、足下より始まる。
千里の行程も、足もとの一歩から始まる。

志ス㆓于学ニ㆒。
学に志す。
学問で身を立てていくと決意する。

小人之学ハ、入リテ㆓乎耳ヨリ㆒、出《い》ヅ㆓乎口ヨリ㆒。
小人の学は、耳より入りて、口より出づ。
小人は、耳から学んだことを、すぐ口に出す。

心誠ニ求ムレバ㆑之ヲ、雖《いへど》モ㆑不ト㆑中《あた》ラ、不㆑遠カラ矣。
心誠に之を求むれば、中らずと雖も遠からず。
（何事も）心から本当に求めれば、たとえ的中しなくとも遠くはずれることはない。

三人行カバ、必ズ有リ㆓我ガ師㆒焉。
三人行かば、必ず我が師有り。
三人一緒に行動すれば、必ず自分の手本となる人がいる。

力ハ抜キ㆑山ヲ兮気ハ蓋《おほ》フ㆑世ヲ
力は山を抜き気は世を蓋ふ
私の力は（動かない）山を引き抜き、私の気力は（広い）世の中を覆い尽くす。

良薬ハ苦ケレドモ㆓於口ニ㆒、而利アリ㆓於病ニ㆒。
良薬は口に苦けれども、病に利あり。
よく効く薬は苦いけれども、病気には効果がある。

◎練習問題

1　次の文を訓点に従って読んでみよう。

①其ノ身正シケレバ、不シテ㆑令セ而行ハル。
②過チテ而不ル㆑改メ、是《こ》レヲ謂《い》フ㆑過チト矣。
③己ノ所ハ㆑不ル㆑欲セ、勿カレ㆑施スコト㆓於人ニ㆒。

解答　①其《そ》の身《み》正《ただ》しければ、令《れい》せずして行《おこな》はる。
②過《あやま》ちて改《あらた》めざる、是《こ》れを過《あやま》ちと謂《い》ふ。
③己の欲せざる所は、人に施すこと勿かれ。

2　次の文を書き下し文にしてみよう。

①未ダざル㆑有ラ㆘仁ニシテ而遺《す》ツル㆓其ノ親ヲ㆒者㆖也。
②行ク㆓百里ヲ㆒者ハ半バトス㆓於九十ヲ㆒。
③苛政ハ猛㆓於虎ヨリモ㆒也。

解答　①未だ仁にして其の親を遺つる者有らざるなり。
②百里を行く者は九十を半ばとす。
③苛政は虎よりも猛なり。

再読文字

未《いまダ》《ず》二嘗《かつテ》敗北《セ》一。
老将《イまさニ》《す》レ至《ラント》。
引《キテ》レ酒《ヲ》且《まさニ》《す》レ飲《マント》レ之《ヲ》。
及《ンデ》レ時《ニ》当《まさニ》《べシ》二勉励《ス》一。
応《まさニ》《べシ》レ知《ル》二故郷《ノ》事《ヲ》一。
惟《たダ》仁者《ハ》宜《よろシク》《べシ》レ在《ル》二高位《ニ》一。
須《すべかラク》《べシ》三常《ニ》思《フ》二病苦《ノ》時《ヲ》一。
過《ギタルハ》猶《なホ》《ごとシ》レ不《ざルガ》レ及《バ》。
盍《なんゾ》《ざル》三各《おのおの》言《ハ》二爾《なんぢノ》志《ヲ》一。

未だ嘗て敗北せず。
老い将に至らんとす。
酒を引きて且に之を飲まんとす。
時に及んで当に勉励すべし。
応に故郷の事を知るべし。
惟だ仁者は宜しく高位に在るべし。
須らく常に病苦の時を思ふべし。
過ぎたるは猶ほ及ばざるがごとし。
盍ぞ各爾の志を言はざる。

まだ敗北したことがない。
老いがせまってきている。
酒を引き寄せて今にもそれを飲もうとする。
何事かなすにふさわしい時には、懸命に励むべきである。
きっと故郷のことをよく知っているでしょう。
ただ徳の優れた者だけが高い地位につくのがよい。
ぜひいつも病気で苦しむ時のことを考える必要がある。
行きすぎているのは、あたかもやり足りないのと同じだ。
どうしておのおの自分の理想を言わないのか、言えばよいではないか。

◎練習問題

1　次の文を訓点に従って読んでみよう。

①須《ラク》《べシ》レ尽《クス》レ酔《ヲ》。
②将《ニ》レ限《ラント》二其《ノ》食《ヲ》一。
③未《ダ》《ル》レ足《ラ》二与《ともニ》議《スルニ》一也。
④猶《ホ》《キ》二縁《よリテ》レ木《ニ》求《ムルガ》レ魚《うを》《ヲ》也。

解答　①須《すべか》らく酔《すい》を尽《つ》くすべし。
②将《まさ》に其《そ》の食《しょく》を限《かぎ》らんとす。
③未《いま》だ与《とも》に議《ぎ》するに足《た》らざるなり。
④猶《な》ほ木《き》に縁《よ》りて魚《うお》を求《もと》むるがごときなり。

2　次の文を書き下し文にしてみよう。

①子将《ニ》《す》二安《いづクニカ》之《ゆカント》一。
②未《ダ》《ざルニ》レ成《ラ》、一人之蛇成《ル》。
③為《スハ》レ楽《シミヲ》当《ニ》《シ》レ及《ブ》レ時《ニ》。
④日月如《ごとク》レ流《ルルガ》老《イ》将《ニ》レ至《ラント》。

解答　①子将に安くにか之かんとす。
②未だ成らざるに、一人の蛇成る。
③楽しみを為すは当に時に及ぶべし。
④日月流るるがごとく老い将に至らんとす。

二　故事成語

●故事成語とは

「故事」とは、昔あった事柄、昔から伝えられている興味のある事柄をいう。その「故事」に基づいてできた熟語や語句を「故事成語」といい、現代でもよく引用して比喩的に使われている。

例えば、中学校の卒業式などで「蛍の光」「窓の雪」と歌う「蛍雪」は『晋書《しんじょ》』に、また、北原白秋《きたはらはくしゅう》作詞、山田耕筰《やまだこうさく》作曲の唱歌「待ちぼうけ」のうさぎが根っこにぶつかる話は『韓非子《かんぴし》』に典拠がある。

ここで学習する「漁父之利《ぎょふのり》」「借《ル》㆓虎《ノ》威《ヲ》㆒」「朝三暮四《ちょうさんぼし》」「推敲《すいこう》」も同様に、今でもよく使われており、故事成語は日本人の言語生活に深く結びついた言葉であるといえる。

漁《ぎょ》父《ふ》之《の》利《り》

〔戦国策〕

教科書P.146～147

【大　意】　教146ページ1行～147ページ6行

貝とシギとが争っている間に、通りかかった漁師がまとめてとらえてしまった。

語句の解説

教146ページ

1 **易水《えきすい》**　中国河北省を流れる川。

2 *「方」＝ここでは「まさニ」と読む。ちょうどその時。

3 *「而」＝ここでは「しかうシテ」と読む。順接を表す接続詞。そして。そこで。

6 **不《ずンバ》㆑雨《あめフラ》**　雨が降らないならば。「ずンバ」は、否定の仮定条件を表す場合に訓読でよく用いられる表現。

教147ページ

1 **即《すなはチ》**　すぐさま。

2 **蚌《ばう》亦《モまた》**　貝もまた。

「亦」＝副詞。…もまた。同様に。異なる動作主が同じ行動をとることをいう。

2 **謂《いヒテ》㆑鷸《いつニ》曰《いハク》**　シギに向かって言った。

「謂《いヒテ》㆑[A]《ニ》曰《いハク》」＝話す対象を明示する。Aに向かって言う。

3 **不《ず》㆑出《いダサ》**　シギのくちばしを貝殻から出さない。

5 **不《ず》㆑肯《がへんぜ》**　きき入れない。納得しない。

*「肯」＝ここでは「がへんぜ」と読む。承知する。納得する。

5 **相《あひ》**　「お互いに」と訳せる場合と訳せない場合があるので注意。ここでは訳す。

6 **得《えテ》而并《あはセ》㆓擒《とラフ》之《これヲ》㆒**　「得」は「…することができる」という意味の補助動詞。「擒」は「生け捕りにする」という意味。

課題

一 本文を繰り返し音読しよう。

考え方 返り点、再読文字、置き字などに注意して丁寧に読もう。

二 「漁父の利」は、現在どのような意味で使われているか、調べてみよう。

解答例 当事者同士が争っている間に、第三者が労せずして利益を横取りすることのたとえ。また、そうして得られた利益。

語句と表現

一 「即」（147・1）、「相」（147・5）について、文中と同じ意味でこの字を用いている熟語をそれぞれあげてみよう。

解答例 「即」＝即興、即座など。「相」＝相談、相愛など。

借《ル》二虎《ノ》威《ヲ》一

〔戦国策〕

教科書P.148〜149

【大 意】 教148ページ1〜7行

虎に食べられそうになった狐《きつね》が、自分は百獣の王だと偽り、虎を後に従わせて歩いた。すると、獣たちが逃げたので、虎は獣たちは狐をおそれて逃げたのだと思った。

【書き下し文】

❶虎百獣《とらひゃくじゅう》を求《もと》めて之《これ》を食《く》らふ《ウ》。❷狐《きつね》を得《え》たり。❸狐《きつね》曰《い》はく《ワ》、「子《し》敢《あ》へ《エ》て我《われ》を食《く》らふ《ウ》こと無《な》かれ。❹天帝我《てんていわれ》をして百獣《ひゃくじゅう》に長《ちょう》たらしむ。❺今《いま》、子《し》我《われ》を食《く》らはば《ワ》、是《こ》れ天帝《てんてい》の命《めい》に逆《さか》らふ《ウ》なり。❻子《し》我《われ》を以《もっ》て信《しん》ならずと為《な》さば、吾《われ》子《し》の為《ため》に先行《せんこう》せん。❼子《し》我《わ》が後《あと》に随《したが》ひ《イ》て観《み》よ。❽百獣《ひゃくじゅう》の我《われ》を見《み》て、敢《あ》へ《エ》て走《はし》らざらんや。」と。❾虎《とら》以《もっ》て然《しか》りと為《な》す。❿故《ゆえ》に遂《つい》に

【現代語訳】

❶虎は多くの獣たちを探して食べる。❷（ある時）狐を捕まえた。❸狐が言うには、「あなたは決して私を食べてはいけない。❹天帝は私に百獣の王をさせている。❺もし、あなたが私を食べるならば、それは天帝の命令に逆らうことになる。❻あなたが私（の話）を信じないならば、私はあなたのために先に立って歩こう。❼あなたは私の後ろについてきてよく見なさい。❽獣たちが私を見て、どうして逃げないでいようか（、いや、きっと逃げる）。」と。❾虎はそのとおりだと思った。❿そこでそのまま狐と一緒に

語句の解説

教148ページ

❸❖無《カレ》二敢《ヘテ》～（スルコト）一 ＝禁止を表す。

「也」＝ここでは置き字で、断定を表す。

❹❖使《ム》二Ａ《ヲシテ》Ｂ（セ）一 ＝使役を表す。

❺❖今～（セ）バ ＝仮定を表す。

❻為《な》レ《サバ》不《ず》レ信《トしんナラ》 信じないならば。

❽＊「之」＝ここでは、「の」と読む。

❽敢《あヘテ》不《ざ》レ走《ランはしラ》乎《や》 どうして逃げないでいようか、いや、きっと逃げる。

❖敢《ヘテ》不《ラン》レ～（セ）乎＝反語を表す。

❾＊「以為」＝ここでは、「もつテなス」と読み、「……（である）と思った」という意味を表す。「おもヘラク」と読み、「思うことには……」という意味の場合もある。

之《これ》と行《ゆ》く。⓫獣之《けものこれ》を見《み》て皆走《みなはし》る。⓬虎獣《とらけもの》の己《おのれ》を畏《おそ》れて走《はし》るを知《し》らざるなり。⓭以《もっ》て狐《きつね》を畏《おそ》ると為《な》すなり。

行った。⓫獣たちはこれを見て皆逃げた。⓬虎は獣たちが自分をおそれて逃げたことがわからなかった。⓭狐をおそれているのだと思ったのである。

⓾＊「与」＝ここでは、「と」と読む。

① **「之」は何を指すか。**

答　狐と一緒にいる「虎」。

課題

一　**「然」（148・6）の内容を具体的に説明してみよう。**

解答例　狐が虎に向かって言った、自分は百獣の王である、証拠として、自分の後ろについてくれば獣たちが逃げていく、という内容を、虎はそのとおりだと思った。

二　**「虎の威を借る」は、現在どのような意味で使われているか、調べてみよう。**

解答例　実力をもたないつまらない人間が、権勢のある身内や知り合いを後ろ盾にして威張る、という意味。

語句と表現

一　**「観」（148・4）と「見」（148・4）の意味の違いを調べ、その違いがわかりやすい熟語をそれぞれあげてみよう。**

解答例　「観」＝念を入れて見る。観測、参観など。「見」＝単に目で見る。見物、見学など。

句法

一　**書き下し文に直し、太字に注意して、句形のはたらきを書こう。**

1　子**無**《カレ》二**敢**《ヘテ》食《ラフコト》レ我《ヲ》也。（　　）（　　）

2　天帝**使**《ム》三我《ヲシテ》長《タラ》二百獣《ニ》一。（　　）（　　）

3　**今**、子食《ラハバ》レ我《ヲ》、是《レ》逆《ラフ》二天帝《ノ》命《ニ》一也。（　　）（　　）

4　**敢**《ヘテ》**不**《ラン》レ走《ラ》**乎**。（　　）（　　）

答
1　子敢へて我を食らふこと無かれ。／禁止
2　天帝我をして百獣に長たらしむ。／使役
3　今、子我を食らはば、是れ天帝の命に逆らふなり。／仮定
4　敢へて走らざらんや。／反語

朝《てう》三《さん》暮《ぼ》四《し》

〔列子〕

教科書P.150〜151

【大　意】 教150ページ1〜6行

猿の餌代に困った狙公《そこう》が、餌のとちの実を朝に三つ、暮れに四つにすると言うと、猿たちは怒ったが、朝に四つ、暮れに三つと言うと、猿たちはまんまとだまされて喜んだ。

【書き下し文】

❶宋《そう》に狙公《そこう》なる者《もの》有《あ》り。❷狙《さる》を愛《あい》し、之《これ》を養《やしな》ひて群《むれ》を成《な》す。❸能《よ》く狙《さる》の意《い》を解《かい》し、狙《さる》も亦《また》公《こう》の心《こころ》を得《え》たり。❹其《そ》の家《か》口《こう》を損《そん》じて、狙《さる》の欲《よく》を充《み》たせり。❺俄《にわ》かにして匱《とぼ》し。❻将《まさ》に其《そ》の食《しょく》を限《かぎ》らんとす。❼衆狙《しゅうそ》の己《おのれ》に馴《な》れざるを恐《おそ》るるや、先《ま》ず之《これ》を誑《あざむ》きて曰《い》はく、「若《なんじ》に芧《とち》を与《あた》ふるに、朝《あした》に三《さん》にして暮《く》れに四《し》にせん、足《た》るか。」と。❽衆狙《しゅうそ》皆《みな》起《た》ちて怒《いか》る。❾俄《にわ》かにして曰《い》はく、「若《なんじ》に芧《とち》を与《あた》ふるに、朝《あした》に四《し》にして暮《く》れに三《さん》にせん、足《た》るか。」と。❿衆狙《しゅうそ》皆《みな》伏《ふ》して喜《よろこ》ぶ。

【現代語訳】

❶宋の国に、猿を飼う狙公という者がいた。❷猿をかわいがり、育てて(その数は)群をなすほどであった。❸(狙公は)猿の気持ちをよく理解し、猿もまた狙公の心をつかんでいた。❹(狙公は)自分の家族の食料を減らして、猿の食欲を満たしてやっていた。❺(ところが)まもなく(餌が)欠乏してきた。❻(そこで狙公は)猿の餌を制限しようとした。❼(それによって)猿たちが自分に従わなくなることを恐れ、最初に猿たちをあざむいて言った、「おまえたちにとちの実をやるのに、朝に三つ、暮れに四つにしよう、足りるか。」と。❽猿たちは皆立ち上がって怒った。❾(そこで)すぐさま言った、「おまえたちにとちの実をやるのに、朝に四つ、暮れに三つにしよう、足りるか。」と。❿猿たちは(今度は)皆ひれ伏して喜んだ。

語句の解説

教150ページ

❸能《よ》ク解《かい》シ二狙《さる》之《の》意《い》ヲ一　猿の気持ちをよく理解できる。

❖能《ク》～(ス)＝可能を表す。

❸亦《また》　異なる主体が同じ動作を繰り返すことを表す副詞。…もまた～。

❺焉　断定の語気を表す終尾詞。訓読しない。

❼不《ざ》ルヲレ馴《な》レ二於己《おのれ》ニ一　自分に従わないのを。

「馴」＝なつく。素直に従う。

「於」＝対象を表す前置詞。

❼＊「也」＝ここでは「や」と読む。文中に用いられて、その場合には、の意を表す。

❼＊「若」＝ここでは「なんぢ」と読む。二人称の人称代名詞。

❼足《た》ルか乎(ナル)　足りるか。

❖～乎＝疑問を表す。「乎」は、疑問の終尾詞で、文末に付いて疑問や反語を表す。

課題

一　衆狙が怒ったり喜んだりしたのはなぜか、説明してみよう。

解答例　「朝三」「朝四」といった目先の違いに気をとられたから。

二　「朝三暮四」は、狙公と衆狙のどちらの立場で考えるかによって意味が異なる。そのことに注意して、現在どのような意味で使われているか、調べてみよう。

解答例　狙公の立場では、言葉巧みに相手をだますこと。衆狙の立場では、目先の利益にとらわれるあまり、結果が同じであることを見抜けないこと。

語句と表現

一　本文中から置き字を全て抜き出してみよう。

解答　而・焉（150・3）、於・而（150・4）、而・而（150・5）、而・而（150・6）

二　「衆」（150・3）と「足」（150・5）について、文中と同じ意味でこの字を用いている熟語をそれぞれあげてみよう。

解答例　「衆」＝衆寡、衆生など。
「足」＝満足、不足など。

句法

一　書き下し文に直し、太字に注意して、句形のはたらきを書こう。

1　**能**ク解ス二狙之意ヲ一。
（　　　　）（　　　　）

2　朝ニ三ニシテ而暮レニ四ニセン、足ル**乎**。
（　　　　）（　　　　）

答
1　能く狙の意を解す。／可能
2　朝に三にして暮れに四にせん、足るか。／疑問

推《すい》敲《かう》　〔唐詩紀事〕

教科書P.152〜153

【大　意】　教152ページ1〜4行

ロバに乗って詩作していた賈島《かとう》は、詩語を「推」にするか「敲」にするか迷っていたとき、韓愈《かんゆ》の行列にぶつかった。事の次第を話すと、韓愈は「敲」の字がよいと言った。

【書き下し文】

❶賈島《かとう》挙《きょ》に赴《おもむ》きて京《けい》に至《いた》る。❷驢《ろ》

【現代語訳】

❶賈島は科挙を受験するために都の長安に

語句の解説　教152ページ

❷賦《ふ》　ここでは、口ずさみながら詩を作ることをいう。

に騎《の》りて詩《し》を賦《ふ》し、「僧《そう》は推《お》す月下《げっか》の門《もん》」の句《く》を得《え》たり。❸推《すい》を改《あらた》めて敲《こう》と作《な》さんと欲《ほっ》す。❹手《て》を引《ひ》きて推《すい》敲《こう》の勢《いきおイ》ひを作《な》すも、未《いま》だ決《けっ》せず。❺覚《おぼ》えずして大尹韓愈《たいいんかんゆ》に衝《あ》たる。❻乃《すなわ》ち具《つぶさ》に言《い》ふ《ウ》。❼愈《ゆ》曰《い》は《ワ》く、「敲《こう》の字《じ》佳《よ》し。」と。❽遂《つい》に轡《たづな》を並《なら》べて詩《し》を論《ろん》ずること之《これ》を久《ひさ》しくす。

やってきた。❷ロバに乗って詩を作っていると、「僧侶が月明かりの下で門を推す」という句を思いついた。❸(さらに考えて)「推」の字を「敲」の字に改めようとした。❹(そこで)手を動かして推したり敲《たた》いたりのしぐさをしてみたが、(どちらの字にするか)まだ決められないでいた。❺(夢中で考えていて)思いがけず都の長官の韓愈(の行列)にぶつかってしまった。❻そこで(ぶつかるに至った経緯を)こと細かに説明した。❼(それを聞いて)韓愈が言うことには、「『敲』の字がすぐれている。」と。❽そのまま(賈島と韓愈は)馬を並べてしばらくの間詩について論じ合ったのだった。

① 「推」とは、どのような意味か。

答 前へおしだすこと。

② 「敲」とは、どのような意味か。

答 たたくこと。

❹**未《いまダ》レ決《けっセ》**　まだ決められないでいた。
「未《ず》レ《ダ》A（セ）」＝「未」は、時間や程度が、まだ到達していない状態を表す再読文字。

❺**不《ず》レ覚《シテおぼエ》**　知らないで。思いがけず。
❖不レ〜（セ）＝否定を表す。

❻＊「乃」＝ここでは「すなはチ」と読む。「そこで」という意味を表す。

❻＊「具」＝ここでは「つぶさニ」と読む。こと細かく。具体的に。韓愈の行列にぶつかった経緯を詳しく、ということ。

❼**矣**　断定の語気を表す終尾詞。置き字。

③ 「並レ轡」とは、どのような様子か。

答 馬を横一列に並べること。

❽**久《ひさシクス》レ之《これヲ》**　しばらくの間…した。

課題

一　韓愈が「敲」(152・4)の字をよいとしたのはなぜか、その理由を話し合ってみよう。

考え方　「推」と「敲」それぞれの動作における「音」に着目し、それが詩の中で果たす役割について考えてみる。

解答例①　「敲」の字によって門を叩く音を連想させることで、月の夜の静寂感を逆により高めることができると考えたから。

考え方　そのまま門を推して(開いて)中に入るという動作が、どのような前提のもとで可能であるかを考えてみる。

解答例②　「推」では予定どおり、または約束どおりの訪問だが、「敲」ではそれが不意の訪問となり、場面の緊張感といったものをより高めてくれるから。

二　なぜ二人は「並《ベテ》レ轡《ヲ》」(152・4)詩を論じたのか、考えてみよう。

解答例　議論が盛り上がり、終わらなかったため。

三　「推敲」は、現在どのような意味で使われているか、調べてみよう。

解答例　文章や詩の語句について、何度もそれを練り直すこと。

語句と表現

一　「衝」(152・3)と「具」(152・3)について、文中と同じ意味でこの字を用いている熟語をそれぞれあげてみよう。

解答例　「衝」＝衝突、衝撃など。「具」＝具体、具現など。

句法

一　書き下し文に直し、太字に注意して、句形のはたらきを書こう。

1　**不**《シテ》レ覚《エ》衝《タル》ニ大尹韓愈《ニ》一。
(　　　　　　　　　　)(　　　)

答　1　覚えずして大尹韓愈に衝たる。／否定

学びを広げる　現代に生きる故事成語

教科書P.153

教科書で取りあげた四編以外の故事成語について意味や由来を調べ、それを使って短い文章をつくり、発表してみよう。

(故事成語の例)

・蛇足　・呉越《ごえつ》同舟　・五十歩百歩　・塞翁《さいおう》が馬
・背水の陣　・四面楚歌《そか》　・完璧　・助長
・杞憂《きゆう》　・大器晩成　・逆鱗《げきりん》に触れる　・登竜門

この中から、八つの故事成語の〈由来〉と〈意味〉を紹介する。

解答例　・蛇足…〈由来〉酒を飲む順番を決めるために、地面に蛇を描くことにした。最初に完成させた者は、さらに足まで描こうとしたが、描き終わらないうちに、次に完成させた者が酒を飲んでしまったことから。〈意味〉あっても益のない余計なこと。

・呉越同舟…〈由来〉敵対し合っていた呉と越の両国が、一つの舟に乗り合わせて嵐に遭ったとき、両国の人が協力し合って対処したことから。〈意味〉仲の悪い者同士が、同じ場所に居合わせること。

また、いざというときは、協力し合うこと。

・五十歩百歩…〈由来〉梁《りょう》の恵王《けいおう》に対し、孟子《もうし》が、戦場から五十歩退却した兵が百歩退却した兵を臆病だと笑ったが、逃げたことには変わりはなく、どちらも大した差はないと諭したことから。〈意味〉ほとんど違いがなく、どちらも同じようなものであること。

・塞翁が馬……〈由来〉塞翁の飼っていた馬が逃げたが、後に立派な馬をつれて帰ってきた。老人の子がその馬から落ちて脚を折ったが、そのために戦争に行かずにすんだことから。〈意味〉生の吉凶は簡単には定めがたいこと。

・背水の陣……〈由来〉漢《かん》の韓信《かんしん》が趙《ちょう》を攻めたとき、わざと川を背にして陣取り、味方に決死の覚悟をさせることで、大勝利を得たという故事から。〈意味〉一歩も退くことのできない絶体絶命の状況で事に当たること。

・四面楚歌…〈由来〉楚の項羽《こうう》が漢の高祖《こうそ》に垓下《がいか》で包囲されたとき、四面の漢軍の中から楚国の歌がおこるのを聞いて、楚の民がもはや多く漢軍に降服したかと思って驚いたことから。〈意味〉敵の中に孤立して、助けのないこと。

・完璧…〈由来〉趙《ちょう》の藺相如《りんしょうじょ》が、十五の城と交換するために和氏《かし》の璧《へき》を持って秦に使いを出したが、昭王《しょうおう》が約束の城を与えないので、身命を賭してその璧をとり返して帰ったことから。〈意味〉大事なことを全うすること。

・助長…〈由来〉宋《そう》の国の人が、苗の生長を早めようとして、苗を引っぱってやり、かえって枯らしてしまったという故事から。〈意味〉不要な力添えをして、かえって害を与えること。好ましくない傾向をいっそう強めること。転じて、物事の成長・発展のために力を添えることにも使う。

漢文を読むために① 漢字の成り立ち／音と訓

教科書P.154〜155

漢字は古代中国で作られ、三千年以上前から使われている文字である。その成り立ちによって象形・指事・会意・形声文字の四種類に分けることができる。また、もともと中国の発音を日本風にした読みを音《おん》、日本語の意味をあてはめたものを訓《くん》という。

一　次の説明にあてはまる漢字の成り立ちの種類を書きなさい。

① 抽象的なものを、線や点で表すもの。（　　）
② 複数の文字の意味を組みあわせたもの。（　　）
③ 絵が簡略化されて文字になったもの。（　　）
④ 発音を表す部分と意味を表す部分を組みあわせたもの。（　　）

解答 ①指事文字　②会意文字　③象形文字　④形声文字

二　次の漢字の成り立ちを書きなさい。

①月（　　）②洗（　　）③中（　　）④因（　　）

解答 ①象形文字　②形声文字　③指事文字　④会意文字

三　次の傍線部の漢字の音・訓の種類を書きなさい。

①利益《りえき》（　　）②芝《しば》（　　）

解答 ①漢音　②国訓

三　史話

●「史話」について

「史話」とは、歴史上の事実を語る話である。中国人は、歴史を記録することに熱心であった。国の政治やそれに関わった人たちの行為を全て記録したのである。その方法には「紀伝体」（個人の伝記を重ね、それをとおして一時代の歴史としてまとめたもの）と、「編年体」（物事を年月の順を追って記述したもの）があるが、『史記』以降の正史は紀伝体で書かれている。

『十八史略』は、宋《そう》末・元初の人曾先之《そうせんし》によって編まれた七巻からなる史書。古代から宋（九六〇～一二七九）までの歴史を記した十八の史書から、興味のある話を簡略化して初学者用の入門書として編集されたもの。編年体で書かれている。

『史記』は、漢の武帝（在位前一四一～前八七）の時に太史令（天文・暦法や、国書の起草や歴史をつかさどる役職の長官）となった司馬遷《しばせん》の著による百三十巻からなる歴史書。正史の第一冊。『史記』はそれまでの編年体ではなく紀伝体で書かれ、歴史的事実を客観的に記録するのみでなく、関連した個々の人間にも焦点を当てている。

先《まヅ》従《よ》レ隗《りくわい》始《メヨ》

〔十八史略〕

教科書P.158～159

【大　意】　1　教158ページ4～8行

燕《えん》の昭王は、有能な人材を自国に招いて斉《せい》の国に仕返ししたいと思い、どうしたらそのような人材を得ることができるかと郭隗《かくかい》に尋ねた。

【書き下し文】

❶燕人《えんひと》太子《たいし》平《へい》を立《た》てて君《きみ》と為《な》す。❷是《これ》を昭王《しょうおう》と為《な》す。❸死《し》を弔《とむら》ひ生《せい》を問《と》ひ、辞《じ》を卑《ひく》くし幣《へい》を厚《あつ》くして、以《もっ》て賢者《けんじゃ》を招《まね》く。❹郭隗《かくかい》に問《と》ひて曰《い》はく、「斉《せい》は孤《こ》の国《くに》の乱《みだ》るるに因《よ》りて、襲《おそ》ひて燕《えん》を破《やぶ》る。❺孤極《こきわ》めて燕《えん》

【現代語訳】

❶燕の人々は皇太子の平を立てて君主とした。❷これを昭王という。❸（昭王は）戦死者を弔い、生存者や遺族を慰め、へりくだった言葉を使い、多くの贈り物を用意して、有能な人材を自分の国に招こうとした。❹（その時）郭隗に尋ねて言った、「斉の国は私の国の乱れに付け込んで、

語句の解説 1

教158ページ

❺極《きはメテ》　十分に。この上なく。下の「知」にかかる。

❻誠《まことニ》　本当に。ぜひとも。

❻＊「与」＝ここでは、「ともニ」と読む。「一緒に」という意味。

❻雪《すすガンコトハ》ニ先王之恥《せんわうのはぢヲ》一　先王の恥をすすぎたいということは。

「雪」＝洗い清める。除く。

の小《しょう》にして以《もっ》て報《ほう》ずるに足《た》らざるを知《し》る。❻誠《まこと》に賢士《けんし》を得《え》て与《とも》に国《くに》を共《とも》にし、以《もっ》て先王《せんおう》の恥《はじ》を雪《すす》がんことは、孤《こ》の願《ねが》ひ《ィ》なり。❼先生《せんせい》可《か》なる者《もの》を視《しめ》せ。❽身《み》之《これ》に事《つか》ふ《ウ》るを得《え》ん。」と。

【大　意】 2 教159ページ1～5行

郭隗は、千里の馬と死馬の巧みなたとえ話を用いて、まず自分を優遇することを説いた。

【書き下し文】

❶隗《かい》曰《い》は《ワ》く、「古《いにしえ》の君《きみ》に千金《せんきん》を以《もっ》て涓人《けんじん》をして千里《せんり》の馬《うま》を求《もと》めしむる者《もの》有《あ》り。❷死馬《しば》の骨《ほね》を五百金《ごひゃくきん》に買《か》ひ《ィ》て返《かえ》る。❸君怒《きみいか》る。❹涓人《けんじん》曰《い》は《ワ》く、『死馬《しば》すら且《か》つ之《これ》を買《か》ふ《ウ》。❺況《いわ》んや生《い》ける者《もの》をや。❻馬今《うまいま》に至《いた》らん。』と。❼期年《きねん》ならずして、千里《せんり》の馬至《うまいた》る者《もの》三《さん》。❽今《いま》、王必《おうかなら》ず士《し》を致《いた》さんと欲《ほっ》せば、先《ま》づ《ズ》隗《かい》より始《はじ》めよ。❾況《いわ》んや隗《かい》よりも賢《けん》なる者《もの》、豈《あ》に千里《せんり》を遠《とお》しとせんや。」と。

襲って燕の国を破りました。❺私は燕の国が小さく、(斉の国に)仕返しをするのに(力も)足りないことを十分に知っております。❻ぜひとも賢者を得て国政を一緒に行い、そして先王の受けた恥をすすぎたいということは、私の願いなのです。❼先生、ふさわしい人物を教えてください。❽私はその方を師として仕えることとなりましょう。」と。

【現代語訳】

❶郭隗が言うには、「昔の君主で、千金を使って身のまわりの世話をする者に一日に千里を走るほどの名馬を買い求めさせた者がいました。❷(ところがその者は)死んだ馬の骨を五百金で買って帰ってきました。❸君主は怒りました。❹身のまわりの世話をする者が言いますのに、『死んだ馬(の骨)でさえ買ったのです。❺まして生きている馬ならなおさら(高く買うに違いないと考えるはず)です。❻(すると)千里の馬はすぐにやってくるでしょう。』と。❼一年もたたないうちに、千里を走るほどの名馬が三頭もやってきました。❽もし、王様がどうしても立派な人物を招きたいとお考えになるなら、

❼視《しめ》セ二可《か》ナル者《もの》ヲ一　ふさわしい人物を示せ。

「視」＝示す。教える。「示」に通じる。

❽＊「事」＝ここでは、「つかフルヲ」と読む。「仕える」という意味。

語句の解説 2

教159ページ

① 「古之君」で始まる郭隗のたとえ話はどこまで続くか。

答 「千里ノ馬至ル者三。」まで。

❶使《し》ムル三涓人《けんじん》ヲシテ求《もと》メ二千里《せんり》ノ馬《うま》ヲ一　涓人に千里の馬を求めさせる。

❖使ム二[A]ヲシテ[B]（セ）一＝使役を表す。

② 「千里馬」とは、どのような人物を指しているか。

答 賢者。王と一緒に国政を行い、先王の恥をすすいでくれるような立派な人物。

③ 「死馬」とは、どのような人物を指しているか。

まずこの隗から始めてごらんなさい。❾(そうすれば)まして私より賢明な人物が、どうして千里(の道のり)を遠いと思いましょうか(、いや、千里の道も遠いと思わずにやってくるでしょう)。」と。

答

郭隗。さほど優れているとは思われていない人物。

❹❺**死**《し》**馬**《ば》スラ**且**《か》ツ**買**《か》フ㆑**之**《これ》ヲ。**況**《いは》ンヤ**生**《い》ケル**者**《もの》ヲ**乎**《や》　死馬でさえ買うのである。まして生きた馬ならなおさら買うはずだ。

❖Aスラ且ツB(ス)。況ンヤCヲ乎＝抑揚を表す。

「況…乎」＝強調される事柄を示す。

❻**馬**《うま》**今**《いま》ニ**至**《いた》ラン**矣**　千里の馬はすぐにやってくるだろう。

「今」＝ただちに、すぐに、の意の副詞。

「矣」＝置き字。強い断定を表す。

❽**今**《いま》　もし。仮定を表す。❻の「今ニ」と混同しないこと。

*「従」＝ここでは、「より」と読む。「……から」という意味。

❾**況**《いは》ンヤ**賢**《けん》ナル㆓**於**隗《くわい》ヨリモ㆒**者**《もの》　(隗程度の者でさえ、王は厚遇するのだから)まして隗より賢い人(＝自分)は(さらに厚遇するに違いないと思って)。抑揚を表すが、上に「隗スラ且ツ用ヰル㆑之ヲ」が省略されている。

❖A(ナリ)㆓於B㆒ヨリモ＝比較を表す。

❾**豈**《あ》ニ**遠**《とほ》シトセン㆓**千**《せん》**里**《り》ヲ㆒**哉**《や》　どうして千里の距離を遠いと思おうか、いや、思わない。

❖豈ニ～(セ)ン哉＝反語を表す。

【大意】 3 **教159ページ6〜7行**

昭王が郭隗の言うとおりにしたところ、多くの賢者が燕に集まった。

❶是《ここ》に於《お》いて昭王隗《しょうおうかい》の為《ため》に改《あらた》めて宮《きゅう》を築《きず》き、之《これ》に師事《しじ》す。❷是《ここ》に於《お》いて士《し》争《あらそ》ひ《イ》て燕《えん》に趨《おもむ》く。

❶そこで昭王は隗のために邸宅を新たに築き、彼を先生として仕えた。❷そこで(天下の)立派な人物たちは争って燕にやってきた。

語句の解説 3

❶＊「於レ是」＝「ここニおイテ」と読む。「そこで」という意味。前を受けて結果を表す。

❷**趨**《おもむク》　小走りする。足早に向かって行く。

課題

一　「先ズ従レ隗始メヨ。」(159・5)とは、具体的にどのようなことを求めているのか、説明してみよう。

解答例　賢者を招きたいのなら、まず私(隗)を賢者として優遇することから始めよということ。

二　郭隗の弁舌の巧みさはどのような点にあるか、話し合ってみよう。

考え方　「死馬の骨」「千里の馬」という、非常にわかりやすく奇抜なたとえ話を前置きにし、その上、自分を「死馬の骨」にたとえて謙遜することで、謙虚な態度の王に認めてもらおうとしている点などがあげられる。

語句と表現

一　「雪」(158・7)について、文中と同じ意味でこの字を用いている熟語をあげてみよう。

解答例　雪辱、雪冤《せつえん》など。

句法

一　書き下し文に直し、太字に注意して、句形のはたらきを書こう。

1 **使**ムル三涓人ヲシテ求メ二千里ノ馬ヲ一　（　　）（　　）

2 死馬スラ且ツ買フレ之ヲ。**況**ンヤ生ケル者ヲ**乎**。　（　　）（　　）

3 況ンヤ賢ナル二**於**隗ヨリモ一者、　（　　）（　　）

4 **豈**ニ遠シトセン二千里ヲ一**哉**。　（　　）（　　）

答
1 涓人をして千里の馬を求めしむる／使役
2 死馬すら且つ之を買ふ。況んや生ける者をや。／抑揚
3 況んや隗よりも賢なる者、／比較
4 豈に千里を遠しとせんや。／反語

鶏《けい》鳴《めい》狗《く》盗《とう》

〔史記〕

教科書P.160〜163

【大 意】 1 教160ページ4行〜161ページ5行

秦《しん》の昭王は孟嘗君《もうしょうくん》に会見を申し込んだが、孟嘗君が秦に入ると幽閉して殺そうとした。孟嘗君は昭王に献上していた狐白裘《こはくきゅう》を盗み出して昭王の寵姫《ちょうき》に献じ、無事に釈放された。

【書き下し文】

❶秦《しん》の昭王《しょうおう》其《そ》の賢《けん》なるを聞《き》き、乃《すなわ》ち孟嘗君《もうしょうくん》を見《み》んことを求《もと》む。❷孟《もう》嘗君《しょうくん》秦《しん》に入《い》るや、昭王《しょうおう》乃《すなわ》ち止《とど》め囚《とら》へ《エ》て之《これ》を殺《ころ》さんと欲《ほっ》す。❸孟嘗君《もうしょうくん》人《ひと》をして昭王《しょうおう》の幸姫《こうき》に抵《いた》り解《と》かんことを求《もと》めしむ。❹幸姫《こうき》曰《い》は《ワ》く、「願《ねが》は《ワ》くは君《きみ》の狐白裘《こはくきゅう》を得《え》ん。」と。❺此《こ》の時《とき》、孟嘗君《もうしょうくん》に一狐白裘《いっこはくきゅう》有《あ》り。❻直千金《あたいせんきん》、天下無双《てんかむそう》なり。❼秦《しん》に入《い》りしとき之《これ》を昭王《しょうおう》に献《けん》じて、更《さら》に他《た》の裘《きゅう》無《な》し。❽孟嘗君《もうしょうくん》之《これ》を患《うれ》ひ《イ》、偏《あまね》く客《かく》に問《と》ふ《ウ》も、能《よ》く対《こた》ふ《ウ》るもの莫《な》し。❾最下《さいか》の座《ざ》に能《よ》く狗盗《くとう》を為《な》す者《もの》有《あ》り。❿曰《い》は《ワ》く、「臣《しん》能《よ》く狐白裘《こはくきゅう》を得《え》ん。」と。⓫乃《すなわ》ち夜《よる》狗《く》と為《な》り、以《もっ》て秦宮《しんきゅう》の蔵中《ぞうちゅう》に入《い》り、献《けん》ぜし所《ところ》の狐白裘《こはくきゅう》を取《と》りて至《いた》り、以《もっ》て幸姫《こうき》に献《けん》ず。⓬幸姫《こうき》

【現代語訳】

❶秦の昭王は(孟嘗君が)賢者であると聞いて、そこで孟嘗君に会うことを要求した。❷孟嘗君が秦の国に入ると、昭王はそこで(孟嘗君を)軟禁して殺そうとした。❸孟嘗君は家来を昭王のお気に入りの女性のもとに行かせ、釈放(の取りなしを)してもらうよう頼ませた。❹お気に入りの女性が言うには、「どうかあなた(がお持ち)の狐白裘を私にください。」と。❺この時、孟嘗君は一枚の狐白裘を持っていた。❻(それは)千金の価値があり、天下に並ぶものがないものであった。❼(しかし)秦に入国した時にこれを昭王に献上して、さらにもう一枚(の狐白裘)はなかった。❽孟嘗君はこのことを思い悩み、広く食客たちに尋ねたが、答えられる者はいなかった。❾その最も下の座に犬のまねをして盗みをはたらくことができる者がいた。❿(その者が)言うには、「私はその狐白裘を手に

語句の解説 1

教160ページ

❶**乃**《すなはチ》 そこで。

❶**求**《もとム》レ**見**《みンコトヲ》 会うことを要求した。

「見」＝会う。会見する。

❷**入**《いルしんニ》レ**秦**　**也**《や》 秦に入ると。

「A 也《(スル)》」＝上の字を提示して強める。

❷**欲**《ほっスころサントこれヲ》レ**殺**レ　**之** 孟嘗君を殺そうとした。

「欲」＝願望を表す。…したい。

❸**抵**《いたリ》 …に行く。「至」と同じ。

❹**願**《ねがハクハえンきみノこはくきうヲ》　**得**二**君 狐白裘**一 あなたの狐白裘を私にください。

「願《ねがハクハ》 A 《(セ)ン》」＝自分の希望を丁寧に言う。どうかAしてください。

教161ページ

❽**莫**《なシよクこたフルモノ》二**能 対**一 答えることができる者はいなかった。

❖莫《シ》〜＝否定を表す。

❖能《ク》〜《(ヌ)》＝可能を表す。

*「対」＝ここでは、「こたフル」と読み、(目上の人の問いに)答えるという意味。

為《ため》に昭王《しょうおう》に言《い》ひ《イ》、昭王孟嘗君《しょうおうもうしょうくん》を釈《ゆる》す。

【大　意】　2　教161ページ6行～162ページ1行

孟嘗君らは逃れて函谷関《かんこくかん》まで来たが、鶏が鳴くまで門が開かない。「鶏鳴」に巧みな者が鳴くと鶏が一斉に鳴き出して門が開き、孟嘗君らは追っ手から逃れることができた。

【書き下し文】

❶孟嘗君《もうしょうくん》出《い》づ《ズ》るを得《え》て即《すなわ》ち馳《は》せ去《さ》り、名姓《めいせい》を変《へん》じて以《もっ》て関《かん》を出《い》でんとす。❷夜半《やはん》に函谷関《かんこくかん》に至《いた》る。❸秦《しん》の昭王後《しょうおうのち》に孟嘗君《もうしょうくん》を出《い》だすを悔《く》いて、之《これ》を求《もと》むるも已《すで》に去《さ》る。❹即《すなわ》ち人《ひと》をして伝《でん》を馳《は》せて之《これ》を逐《お》は《ワ》しむ。❺孟《もう》嘗君関《しょうくんかん》に至《いた》る。❻関《かん》の法《ほう》、鶏《にわとり》鳴《な》きて客《かく》を出《い》だす。❼孟嘗君《もうしょうくん》追《お》ふ《ウ》ものの至《いた》らんことを恐《おそ》る。❽客《かく》の下《しも》の座《ざ》に居《お》る者《もの》に能《よ》く鶏鳴《けいめい》を為《な》す有《あ》り。❾而《しこう》して鶏《にわとり》斉《ひと》しく鳴《な》く。❿遂《つい》に伝《でん》を発《はっ》して出《い》づ《ズ》。⓫出《い》づ《ズ》ること食頃《しょくけい》にして、秦《しん》の追《お》ふ《ウ》もの果《は》たして関《かん》に至《いた》る。⓬已《すで》に孟嘗君《もうしょうくん》の出《い》づ《ズ》るに後《おく》れ、乃《すなわ》ち

入れることができます。」と。⓫そこで夜に犬のまねをし、そうして秦の宮殿の蔵の中に入り、献上した狐白裘を取ってきて、それを昭王のお気に入りの女性に献上した。⓬この女性は（孟嘗君の）ために昭王に取りなし（たので）、昭王は孟嘗君を釈放した。

【現代語訳】

❶孟嘗君は（外に）出ることができるとすぐに馬を走らせて逃げ去り、姓名を変えて函谷関を出ようとした。❷夜中に函谷関に到着した。❸（一方）秦の昭王は後から孟嘗君を釈放したことを悔やみ、彼を捜したが、もう逃げ去っていた。❹（そこで）すぐさま家来に宿場と宿場との連絡用の馬車を走らせて孟嘗君を追わせた。❺（その頃）孟嘗君は函谷関に着いた。❻（しかし）関所の規則では、（明け方に）鶏が鳴いてから旅人を出すことになっていた。❼孟嘗君は追っ手がやってくるのを恐れた。❽食客のうちの下座にいる者に、鶏の鳴きまねのできる者がいた。❾そして（彼が鳴きまねをすると）鶏が一斉に鳴き出した。❿こうして馬車を発して（函谷関を）脱

⓫所《ところノ》レ献《けんゼシ》狐《こ》白裘《はくきう》　献上した狐白裘。

「所」＝動詞の上に付いて名詞化する。つまり、「所レ動詞スル」は、「動詞するもの（こと）」となる。「所ノレ動詞スル A」という形の場合は、「所」はAを指し示すので、「動詞するA」と訳せばよい。

語句の解説 2

❶即《すなはチ》　すぐさま。即座に。

❶馳《はせ》去《さリ》　馬を走らせて逃げる。

「馳」＝車馬を速く走らせる。

❶変《へんジテ》二名姓《めいせいヲ》一　通行手形などに記してある姓名を書き換えたということであろう。

❸＊「已」＝ここでは、「すでニ」と読み、もうその状態になっているという意味を表す。

❹使《しム》二人《ひとヲシテ》馳《はセテ》レ伝《でんヲ》逐《おハ》レ之《これヲ》　使役の構文。人に連絡用の馬車を走らせて孟嘗君を追いかけさせた。

「逐」＝追いかける。

①　「客」とは、どのような人か。

答　旅人。旅行客。

❾而《しかうシテ》　そして。順接の接続詞。文頭や文中にあって、特に強調する場合は訓読する。

還《かえ》る。

出した。⓫脱出からまもなく、秦の追っ手が予想どおりに函谷関に到着した。⓬(しかし)すでに孟嘗君が脱出した後になってしまい、やむなく引き返した。

⓾遂《つひニ》　こうして。「竟・終」とは意味が違うので注意すること。
⓾発《はっシテ》レ伝《でんヲ》　「伝」を通行手形と解する説もある。その場合、通行手形を示して、と訳す。
⓫果《はタシテ》　思ったとおり。副詞。孟嘗君が恐れていたとおり、ということ。

【大　意】　3　教162ページ2～3行

食客の能力をその場に応じて利用する孟嘗君の賢明さに、食客たちは皆心服した。

【書き下し文】

❶始《はじ》め孟嘗君《もうしょうくん》此《こ》の二人《ふたり》を賓客《ひんかく》に列《れっ》するや、賓客尽《ひんかくことごと》く之《これ》を羞《は》づ。❷是《これ》よりの後《のち》、客皆服《かくみなふく》す。(孟嘗君列伝)

【現代語訳】

❶はじめ、孟嘗君がこの二人を賓客と同列にした時、(他の)賓客たちは皆恥だと思った。❷(しかし)このことがあってから後は、客たちは皆(孟嘗君に)心服した。

語句の解説　3

教162ページ

❶此《このノ》二人《ふたり》　「為《ス》二狗盗一者《ヲ》」と「為《ス》二鶏鳴一《ヲ》」者のこと。
❶*「尽」=ここでは、「ことごとク」と読み、例外なくすべて、という意味を表す。
❷*「自」=ここでは、「より」と読み、物事の起点を表す。
❷服《ふくス》　心服する。心から従う。孟嘗君の人を見る目の確かさ、能力を生かす賢明さに心服したということ。

課　題

一　「為《ス》二狗盗一者《ヲ》」(161・2)と「為《ス》二鶏鳴一《ヲ》」(161・10)者は、それぞれどのようにして孟嘗君の危機を救ったか、説明してみよう。

解答例　「為狗盗者」=軟禁された孟嘗君が、釈放のとりなしを昭王のお気に入りの女性に頼んだところ、狐白裘を要求された。そこで、昭王に献上していた狐白裘を「為狗盗者」が盗み出して女性に献上し、その女性のとりなしによって孟嘗君は釈放された。

「為鶏鳴」者=函谷関は鶏が鳴くまで旅行者を通さない規則であったが、「為鶏鳴」者が鶏の鳴きまねをすると鶏が一斉に鳴き出したため門が開かれ、孟嘗君は無事に脱出することができた。

二　賓客たちが、「尽《ク》羞《ヅ》レ之《ヲ》。」(162・2)と、「皆服《ス》。」(162・3)という態度をとったのはなぜか、考えてみよう。

解答例　「尽羞之。」＝「狗盗」「鶏鳴」のようなつまらない特技しかもたない者と、同列に扱われるのが耐え難かったため。

「皆服。」＝つまらないと思っていた、「為狗盗者」と「為鶏鳴」者の二人が孟嘗君の危機を救ったことで、孟嘗君の人を見る目の確かさ、能力を生かす賢明さに感じ入ったため。

語句と表現

一　「有《リ》下能《ク》為《ス》二狗盗一者《ヲ》上。」（161・2）、「有《リ》三能《ク》為《ス》二鶏鳴一《ヲ》。」（161・10）の二つの文をそれぞれ書き下し文に改め、口語訳してみよう。

解答例　「有能為狗盗者。」…書き下し文＝能く狗盗を為す者有り。

口語訳＝犬のまねをして盗みをはたらくことができる者がいた。

「有能為鶏鳴。」…書き下し文＝能く鶏鳴を為す有り。

口語訳＝鶏の鳴きまねができる者がいた。

句法

一　書き下し文に直し、太字に注意して、句形のはたらきを書こう。

1　偏《ク》問《フモ》レ客《ニ》、**莫**《シ》二**能**《ク》対《フルモノ》一。

（　　　　　　　　）（　　　　）

答　1　偏く客に問ふも、能く対ふるもの莫し。／否定・可能

臥《ぐわ》薪《しん》嘗《しやう》胆《たん》

〔十八史略〕

教科書P.164～166

【大　意】　1　教164ページ6～8行

呉王《ごおう》の夫差《ふさ》は、越《えつ》との戦いで死んだ父、闔廬《こうりょ》の仇《かたき》を討つことを志し、朝晩薪の上に寝てその思いを忘れないようにした。

【書き下し文】

❶呉越《ごえつ》を伐《う》ち、闔廬《こうりょ》傷《きず》つきて死《し》す。❷子《こ》の夫差《ふさ》立《た》つ。❸子胥《ししょ》復《ま》た之《これ》に事《つか》ふ《ウ》。❹夫差《ふさ》讎《あだ》を復《ふく》せんと志《こころざ》し、朝《ちょう》夕薪中《せきしんちゅう》に臥《が》し、出入《しゅつにゅう》するに人《ひと》をして呼《よ》ばしめて曰《い》は《ワ》く、「夫差《ふさ》、而越《なんじえつ》人《ひと》の而《なんじ》の父《ちち》を殺《ころ》ししを忘《わす》れたるか。」と。

【現代語訳】

❶呉の国が越の国を攻め、（呉王の）闔廬が（戦いにより）負傷して死んだ。❷（そこで）子の夫差が即位した。❸（闔廬に仕えていた）伍《ご》子胥はもう一度（呉王である）夫差に仕えた。❹夫差は（父の）仇を討つことを志し、朝晩薪の中に寝て、（そこに）出入りするたびに家来に大声で呼ばせて言うには、「夫差よ、おまえは越王がおまえ

語句の解説 1

教164ページ

❸**復**《まタ》　もう一度。ここでは伍子胥が闔廬に続いて子の夫差に仕えたことをいう。

❹**復**《ふくセント》レ**讎**《あだヲ》　仇を討とうと。

「復」＝報復する、の意の動詞。

❹**使**《しメテ》二**人**《ひとヲシテ》**呼**《よバ》一　家来に大声で呼ばせて。

「使」＝使役の助動詞。「～に」の訳に相当する送り仮名は「ヲシテ」となる。

「人」＝ここでは、使役者が呉王であるので、「家来」と訳す。

の父を殺したのを忘れたのか。」と。

❹忘《わすレタル》三越《ゑつ》人《ひと》之《の》殺《ころシシヲ》二而《なんぢノ》父《ちちヲ》一邪《か》　おまえは越王がおまえの父を殺したのを忘れたのか。「越人」＝越の国の人。ここでは越王を指す。「国名＋人」は、「…人《ひと》」と読む。
＊「而」＝ここでは、「なんぢ」と読み、「おまえ」という対称を表す。「汝」に同じ。
❖～　邪《(ナル)》＝疑問を表す。
「邪」＝疑問の終尾詞。「カ・ヤ」と読む。他に「乎・耶・与・哉・夫」などがある。

【大　意】　2　教164ページ9行～165ページ5行

呉王に敗れた越王の句践《こうせん》は、賄賂《わいろ》を使って呉王の許しを得ると、越に戻り、苦い胆をなめて敗北の恥を忘れないようにした。

【書き下し文】

❶周《しゅう》の敬王《けいおう》の二《に》十六年《じゅうろくねん》、夫差《ふさ》越《えつ》を夫椒《ふしょう》に敗《やぶ》る。❷越王句践《えつおうこうせん》、余兵《よへい》を以《ひき》ゐ《イ》て会稽山《かいけいざん》に棲《す》み、臣《しん》と為《な》り、妻妾《つましょう》と為《な》らんことを請《こ》ふ《ウ》。❸子胥《ししょ》言《い》ふ《ウ》、「不可《ふか》なり。」と。❹太宰伯嚭《たいさいはくひ》越《えつ》の賂《まいない》を受《う》け、夫差《ふさ》に説《と》きて越《えつ》を赦《ゆる》さしむ。❺句践国《こうせんくに》に反《かえ》り、胆《きも》を坐臥《ざが》に懸《か》け、即《すなわ》ち胆《きも》を仰《あお》ぎ之《これ》を嘗《な》めて曰《い》は《ワ》く、「女会稽《なんじかいけい》の恥《はじ》を忘《わす》れたるか。」と。❻国政《こくせい》を挙《あ》げて大夫種《たいふしょう》に属《しょく》し、而《しこう》し

【現代語訳】

❶周の敬王の治世の二十六年、夫差は越を夫椒でうち破った。❷越王の句践は、残った兵とともに会稽山に立てこもって、(自分は呉王の)臣下となり、妻は(呉王の)召し使いとなる(ので命は助けてほしいという)ことを願い出た。❸(これを聞いて)子胥は、「(助命は)だめだ。」と言った。❹(しかし)宰相の伯嚭は越から賄賂を受け取り、夫差を説得して越王を赦免させた。❺句践は国に戻ると、(苦い)胆を寝起きする部屋につるして、(部屋に入ると)すぐに胆を見上

語句の解説　2

❶周《しゅう》　殷《いん》に代わって中国を支配した王朝。この当時、諸侯はすでに独立国化していたが、建前としては周の天子を戴《いただ》いていた。

教165ページ

❷＊「以」＝ここでは、「ひきヰテ」と読み、「引き連れる」という意味。「率」に同じ。
❷請《こフ》　願望を表す。…することを願う。
❹赦《ゆるサシム》レ越《ゑつヲ》　越王句践を赦免させた。文脈上での使役のニュアンスを、送り仮名で表している。
❺於　置き字。場所を示す前置詞。
❺即《すなはチ》　すぐに。
❺＊「女」＝ここでは、「なんぢ」と読む。「汝」「而」に同じ。

て范蠡《はんれい》と兵《へい》を治《おさ》め、呉《ご》を謀《はか》るを事《こと》とす。

げ、これを嘗めては、「おまえは会稽で受けた恥を忘れたのか。」と言った。❻(句践は)国政を全て大臣の文種に任せて、(自分は)范蠡と軍隊を訓練し、呉を攻める計画作りに専念した。

【大意】 3 教165ページ6～11行

呉では、子胥が宰相伯嚭の讒言《ざんげん》によって、夫差から自害を命じられた。子胥は呉の滅亡を予言して自害し、夫差はその遺体を辱めて長江に投げ捨てた。

【書き下し文】

❶太宰嚭《たいさいひ》子胥《ししょ》謀《はかりごと》の用《もち》ゐ《イ》られざるを恥《は》ぢ《ジ》て怨望《えんぼう》すと譖《しん》す。❷夫差《ふさ》乃《すなわ》ち子《し》胥《しょ》に属鏤《しょくる》の剣《けん》を賜《たま》ふ《ウ》。❸子胥《ししょ》其《そ》の家人《かじん》に告《つ》げて曰《い》はく《ワ》、「必《かなら》ず吾《わ》が墓《はか》に檟《か》を樹《う》ゑ《エ》よ。❹檟《か》は材《ざい》とすべきなり。❺吾《わ》が目《め》を抉《えぐ》り、東門《とうもん》に懸《か》けよ。❻以《もっ》て越兵《えっぺい》の呉《ご》を滅《ほろ》ぼすを観《み》ん。」と。❼乃《すなわ》ち自剄《じけい》す。❽夫差其《ふさそ》の尸《しかばね》を取《と》り、盛《も》るに鴟夷《しい》を以《もっ》てし、之《これ》を江《こう》に投《とう》ず。❾呉人《ごひと》之《これ》を憐《あわ》れみ、祠《し》を江《こう》上《じょう》に立《た》て、命《なづ》けて胥山《しょざん》と曰《い》ふ《ウ》。

【現代語訳】

❶宰相の伯嚭は、子胥が自分の計略が採用されないことを恥じて(夫差を)うらんでいると中傷した。❷夫差はそこで子胥に属鏤(という名)の剣を下賜し(それで自害するよう命じ)た。❸子胥は家族に告げて言った、「必ず私の墓(のそば)にひさぎの木を植えよ。❹ひさぎの木は(呉王を納める)棺桶の材料とすることができる。❺(そして)私の目を抉り出して、東の門(の上)に懸けよ。❻(それによって私は)越の軍隊が呉を滅ぼすのを見よう。」と。❼そこで自分で自分の首をはねて死んだ。❽夫差はその(子胥の)死体を(埋葬させずに)取り上げ、馬の皮で作った、酒を入れる袋に詰めて、長江に投げ捨てた。

❻挙《あ》ゲテ二 **国政《こくせい》ヲ**一　国政を全て。
「挙」＝全てを合わせる。

❻与《と》二**范蠡《はんれい》**一　范蠡とともに。
「与」＝…と、…とともに、の意を表す前置詞。

❻治《をさ》メレ**兵《へい》ヲ**　軍隊を訓練し。

❻事《こと》トス　専念する。

語句の解説 3

❷乃《すなはチ》　そこで。やっと。はじめて。有能な家臣を失うことへの夫差のためらいの気持ちを表している。

① 「賜二子胥属鏤之剣一」には、どのような意味がこめられているか。

答　子胥に対して、この与えた剣で自ら命を絶て、という意味。

❷賜《たまフ》　身分の上の者が下の者に与えることをいう。下賜。

❹可レ**材《べキざいトス》**　(夫差を納める)棺桶の材料にすることができる。
「可」＝可能・許可を表す。ここは可能。

❺東門《とうもん》　呉の都の東門。越は呉から見て東にあたるので、越が攻めてくるとすれば東からであることによる。

❽盛《も》ルニ 以《もっテシ》二 **鴟夷《しいヲ》**一　(死体を)馬の皮で作った、

⑨呉の人々は子胥を憐れに思い、ほこらを長江のほとりに建てて、名づけて胥山と呼んだ。

【大意】 4 教166ページ1〜4行

富国強兵に二十年の歳月をかけた越に、呉は敗北する。夫差は命乞《いのちご》いをするが、范蠡は聞き入れなかった。夫差は子胥に合わせる顔がないと、顔を隠して死んだ。

【書き下し文】

❶越《えつ》、十年生聚《じゅうねんせいしゅう》し、十年教訓《じゅうねんきょうくん》す。❷周《しゅう》の元王《げんおう》の四年《よねん》、越呉《えつご》を伐《う》つ。❸呉《ご》三《み》たび戦《たたか》ひ《イ》三《み》たび北《に》ぐ。❹夫差《ふさ》姑蘇《こそ》に上《のぼ》り、亦《また》成《たいらぎ》を越《えつ》に請《こ》ふ《ウ》。❺范蠡《はんれい》可かず。❻夫差《ふさ》曰《い》は《ワ》く、「吾《われ》以《もっ》て子胥《ししょ》を見《み》る無《な》し。」と。❼幎冒《べきぼう》を為《つく》りて乃《すなわ》ち死《し》す。

【現代語訳】

❶越は、(初めの)十年で民を増やし物資を豊かにし、(次の)十年で民に軍事訓練を施した。❷周の元王の四年、越は呉を攻撃した。❸呉は戦うたびに敗れ、敗走した。❹夫差は姑蘇台に上り、(かつての句践のように)和解を申し出た。❺(しかし)范蠡は聞き入れなかった。❻(すると)夫差は言った、「私は子胥に合わせる顔がない。」と。❼(そして)死者の顔を覆う布を作り(顔を隠して)死んだのである。

酒を入れる袋に詰める。馬の皮の袋に死体を入れるのは、死者を辱める行為。

「盛」＝入れる。詰める。

「以」＝「以レ目的語＋動詞」(〜ヲ以テ…)、「動詞＋以レ目的語」(…スルニ〜ヲ以テス)、のように、語順で訓読が異なる。

❽**江**《かう》 長江(揚子江)。「河」といえば「黄河」を指す。

❾**祠**《し》 子胥をまつるほこら。恨みをもったまま死んだり、志半ばで死んだりすると、その土地に災いを残すといわれた。

語句の解説 4

教166ページ

❸**三《み》タビ戦《たたか》ヒ三《み》タビ北《に》グ** (何度戦っても)戦うたびに敗れた。

「三」＝回数の多いことを表す。例えば、杜甫《とほ》の「春望」に「烽火《ほうか》三月に連なり」とあるのと同じ。

「北」＝敗れる。敗走する。

❹**亦**《また》 …も。異なる主体が同じ動作を繰り返すことを表す。ここでは、夫差がかつての句践と同じ行動(＝命乞い)をしたこと。

❺**不《ず》レ可《き》カ** 聞き入れなかった。

「可」＝ここでは許可を表す。意味を明確

にするために「きク」と訓じている。

❼＊「為」＝ここでは、「つくル」と読み、ある物を生み出すことを表す。「作」に同じ。

課題

一 登場人物を呉側と越側とに分けて、人間関係を整理してみよう。

解答例 呉側＝闔廬（夫差の父）・夫差（呉王）・伍子胥（闔廬・夫差の二代に仕える）・伯嚭（呉の宰相）

越側＝句践（越王）・（句践の）妻・文種（越の大臣）・范蠡（句践に仕える）

二 「臥薪」と「嘗胆」は、それぞれどのような行為か。また、そのようなことをするのはなぜか、説明してみよう。

解答例 「臥薪」＝堅い薪の中に寝る行為。越に敗れて父の闔廬を失った呉王の夫差が、薪の中に寝て痛みを感じることで、越への復讐の思いを日々新たにするため。

「嘗胆」＝苦い胆を嘗める行為。呉王夫差に敗れた越王句践が、敗北によって受けた屈辱を忘れることなく、来るべき勝利のための備えを怠らないように、寝起きする部屋につるした苦い胆を毎日嘗め、気持ちを途切れさせないようにした。

三 遺言に込められた子胥の心情と、夫差の最後の言葉にこめられた心情について、話し合ってみよう。

考え方 子胥の心情＝ひさぎの木は、主君である夫差の棺桶を作る材料となること、東門は越の方角であることから考えよう。

夫差の最後の言葉＝夫差が子胥の言葉通りに越に負けてしまった。

解答例 子胥の心情＝呉に誠心誠意仕えた自分がいなくなれば、呉はきっと越に敗れ、主君の夫差は死ぬことになるだろう。

夫差の最後の言葉＝子胥の判断が正しかったにも関わらず、その言葉に耳を傾けなかったばかりか死に追いやってしまい、子胥に合わせる顔がない。

語句と表現

一 「北」（166・2）について、文中と同じ意味でこの字を用いている熟語をあげてみよう。

解答例 敗北。四字熟語には、追奔逐北（逃げる賊などを追い、走ること）がある。「負けて逃げる」という意味で用いられている。

句法

一 書き下し文に直し、太字に注意して、句形のはたらきを書こう。

1 **而**忘《レタル》三越人之殺《シシヲ》二而《ノ》父《ヲ》一**邪**。

（　　　　　　　　）（　　　　）

答 1 而越人の而の父を殺ししを忘れたるか。／疑問

学びを広げる　史話の登場人物

教科書P.167

この単元の三つの史話に登場する次の人物の生き方について、話し合ってみよう。

①郭隗　②孟嘗君　③夫差

④子胥（伍員）　⑤句践

考え方　それぞれの人物について、辞書や書籍、インターネットなどを用いてどのような生涯だったかを調べる。自分が印象に残った人物について、どのようなことを考えたかをまとめた上で、話し合うとよい。

解答例　①郭隗…中国、戦国時代の燕《えん》の政治家。昭王《しょうおう》率いる燕は斉《せい》の湣王《びんおう》により滅亡寸前まで追い詰められ、内乱が起こり燕の国政は大きく乱れた。復興するには国を引っ張る賢者が必要だったので、学者である郭隗に相談すると、「まずは私を登用してください。私のような愚人が採用されることを知れば、全国から優れた武人や政治家が集まってくるでしょう。」と進言した。すると、趙《ちょう》から将軍の劇辛《げきしん》、斉から陰陽家の鄒衍《すうえん》、さらに魏《ぎ》から楽毅《がくき》が集まってきて、燕は次第に国力を増していった。これが「まず隗より始めよ」という故事成語の由来となった。

②孟嘗君…中国、戦国時代末期の政治家。姓は田《でん》、名は文《ぶん》。薛《せつ》に封領された父の死後、跡を継ぐ。食客数千人を擁し名をはせる。その賢明なことを聞いた秦《しん》の昭襄王《しょうじょうおう》に宰相として招かれ、暗殺されそうになるが、狗盗《くとう》と鶏鳴を得意とする二人の食客の働きで無事に帰ることができた。これが、「鶏鳴狗盗」という故事成語の由来となった。

③夫差……中国、春秋時代末の呉《ご》の王《おう》。父の闔閭《こうりょ》が越王句践《こうせん》に敗れた跡を継ぐ。復讐《ふくしゅう》を誓い、精兵を率いて越を夫椒《ふしょう》山に破り、父の仇に報いた。しかし、伍子胥《ごししょ》の進言を聞かず、越を滅ぼさなかったため、のちに再び越王句践によって滅ぼされた。この夫差と句践が恥を忍んで復讐を成就させたことが「臥薪嘗胆」という故事成語の由来となった。

④子胥（伍員）…中国、春秋時代末の武人。伍員という名が本名。楚《そ》の平王に父と兄を殺されたため、呉に身を寄せた。呉王の闔閭が父王を殺して即位するのに力を貸して信任を受け、兵法家の孫武《そんぶ》とともに呉の国力の充実につとめ、呉を助ける。そのまま国力をのばした呉は、楚に侵攻、楚の都、郢《えい》を陥落させた。そして子胥は、すでに死んで葬られていた平王の墓をあばき、そのしかばねに鞭《むち》を打ち、父と兄の仇をうった。その後、呉が越を破った際に、呉王夫差に越王句践を殺すよう進言するも聞き入れられず、讒言《ざんげん》に遭い自殺。こちらも「臥薪嘗胆」にまつわる人物。

⑤句践…中国、春秋時代の越の王。父允常《いんじょう》の時代から、隣国の呉とは因縁の関係にあった。父の死後、句践が跡を継ぎ、呉王闔閭を破る。しかし、闔閭の子である夫差に復讐を誓われ、二年後に会稽《かいけい》山にて破れる。この時帰国を許された句践は、名臣の范蠡《はんれい》らに助けられ、臥薪嘗胆して、会稽山の恥を忘れることなく、復興を果たす。そして、ついにその二十年後、呉を討って滅ぼし、さらに中原《ちゅうげん》へと進出し、覇王と呼ばれた。こちらも「臥薪嘗胆」にまつわる人物。

四　漢詩

●「漢詩」について

「漢詩」には、大きく分けて近体詩と古体詩がある。中国の唐の時代（六一八～九〇七）、文学は大いに栄えた。多くの詩人が生まれ、形式面での約束事も完成した。この完成した詩形を「近体詩」といい、それ以外の詩形のものを便宜上「古体詩」と呼ぶ。また、唐代に作られた詩を、特に「唐詩」という。

●近体詩の詩形

近体詩には「絶句」と「律詩」がある。

絶句…四句構成で、一句が五文字のものを五言絶句といい、一句が七文字のものを七言絶句という。

律詩…八句構成で、一句が五文字のものを五言律詩、一句が七文字のものを七言律詩という。

●近体詩の押韻《おういん》

偶数句の句末に押韻する。ただし、七言絶句・七言律詩では、第一句の句末も押韻する。

また、古体詩では換韻（一首の詩の中で、句末に踏む韻を途中で変えること）が見られるが、近体詩では一韻到底（韻を最後まで変えないこと）である。

漢詩の表現には他にも約束事があるが、詳しくは「漢詩の表現」（本書143ページ）で学習する。

四季　春暁

孟《もう》浩《こう》然《ねん》

教科書P.172

●主　題

心地よい眠りからゆっくりと目覚めていく、穏やかな春の朝の様子。

◎五言絶句　韻　暁・鳥・少

【書き下し文】

○春暁《しゅんぎょう》

❶春眠《しゅんみん》暁《あかつき》を覚《おぼ》えず

❷処処《しょしょ》に啼鳥《ていちょう》を聞《き》く

【現代語訳】

○春の明け方

❶春の眠りは心地よくて、夜が明けたのにも気づかなかった。

語句の解説

教172ページ

❶春眠《しゅんみん》　春の夜の心地よい眠り。

① 「不レ覚レ暁」とは、どのようなことか。

答　夜が明けたのに気づかない、ということ。

❸夜来風雨《やらいふうう》の声《こえ》
❹花《はな》落《お》つること知《し》る多少《たしょう》ぞ

（唐詩選）

❷（目覚めると）あちらこちらで鳥のさえずりが聞こえてくる。
❸（そういえば）昨夜は風雨の音が激しかった。
❹（庭に咲く）花はいったいどれほど散ったであろうか。

❷啼鳥《ていちょう》　さえずる鳥。

② 「花落」となったのはなぜか。

答 昨夜の風雨が激しかったから。

四季　春望　杜《と》甫《ほ》

教科書P.173

●**主　題**

荒廃した国や家族との離別を憂え、不遇のなか老いゆくわが身を嘆く心情。

◎五言律詩　韻　深・心・金・簪

【書き下し文】

○春望《しゅんぼう》
❶国破《くにやぶ》れて山河《さんが》在《あ》り
❷城春《しろはる》にして草木《そうもく》深《ふか》し
❸時《とき》に感《かん》じては花《はな》にも涙《なみだ》を濺《そそ》ぎ
❹別《わか》れを恨《うら》んでは鳥《とり》にも心《こころ》を驚《おどろ》かす
❺烽火《ほうか》三月《さんげつ》に連《つら》なり
❻家書《かしょ》万金《ばんきん》に抵《あ》たる
❼白頭《はくとう》掻《か》けば更《さら》に短《みじか》く
❽渾《すべ》て簪《しん》に勝《た》へざらんと欲《ほっ》す

（唐詩三百首）

【現代語訳】

○春の眺め
❶（戦乱のために）国都の長安は破壊されたが、（自然の）山や河は昔の姿のままで残っている。
❷（廃墟《はいきょ》となった）長安には再び春が訪れ、草や木が青々と生い茂っている。
❸時勢を悲しく痛ましく思っては、美しく咲く花を見ても涙を流し、
❹親しい人々との別れを嘆いては、美しく鳴く鳥のさえずりにも心を驚かされる。
❺戦火は何か月も続き、
❻家族からの手紙は万金に値するほど貴重なものとなる。

語句の解説

教173ページ

❶**国《くに》破《やぶ》レテ 山《さん》河《が》在《あ》リ**　律詩では、頷聯《がんれん》（第三・第四句）、頸聯《けいれん》（第五・第六句）は必ず対句とする決まりがあるが、この詩は首聯《しゅれん》（第一・第二句）も対句となっている。

① 「恨レ別」とは、どのような状況か。

答 家族との別れを嘆いている状況。

❻**抵《あ》タル二 万《ばん》金《きん》ニ一**　万金に値する。貴重なものとなる。途中の往来が途絶えたため、めったに家族からの手紙が来ないことをいう。

❼**白頭《はくとう》**　白髪頭。年齢だけでなく、心痛の深さも表した表現。

❼憂いのあまり、白髪頭をかきむしると、髪はいよいよ少なくなり、
❽すっかり冠を髪にとめるためのピンも挿せないほどになろうとしている。

答 **②** 「白頭搔更短」となったのは、なぜか。

戦乱によって国が荒廃し、家族とも離別したことを憂いているから。

❽**欲**《ほっス》レ**不**《ざラント》レ**勝**《た》レ**簪**《へしんニ》 簪を挿せぬほどになろうとしている。
「欲」＝「将《まさ》ニ…(セント)ス」と同じで、今にも…しようとする、の意。
「勝」＝できる。こらえる。

四季

聞《キテ》レ蝉《せみ》ヲ感《かん》ズレ懐《おも》ヒヲ

賈《か》島《たう》

教科書P.174

● **主題**

夏の蟬の声を聞いていたときに、友人に別れを告げられ、悲しみを感じた。

◎七言絶句　韻 枝・時・悲

【書き下し文】

○蟬《せみ》を聞《き》きて懐《おも》ひを感《かん》ず
❶新蟬《しんせん》忽《たちま》ち発《はっ》す最《もっと》も高《たか》きの枝《えだ》
❷覚《おぼ》えず立《た》ちて聞《き》く限《かぎ》り無《な》きの時《とき》
❸正《まさ》に友人《ゆうじん》の来《き》たりて別《わか》れを告《つ》ぐるに遇《あ》ふ
❹一心《いっしん》分《わ》かれて両般《りょうはん》の悲《かな》しみを作《な》す
(賈浪仙長江集《かろうせんちょうこうしゅう》)

【現代語訳】

○蟬の声を聞いて思いを感じる
❶夏の初めの蟬がにわかに一番高いところにある枝に止まって鳴き出す。
❷思わず、時間を忘れて、蟬の声を立ち止まって聴いていた。
❸ちょうどその時、友人が別れを告げに来た。
❹(友人と)一つだった心は分かれてしまい、別々の悲しみを生むことになった。

語句の解説

教174ページ

❷**不**《ず》レ**覚**《おぼエ》 思わず。無意識のうちに。
❸**正**《まさニ》 まさに。ちょうど。その時。
❸**遇**《あフ》 思いがけなく出会う。
❹**一心**《いっしん》 心を一つにする。ここでは、作者と友人の心が通じ合っていたことを指す。
❹**作**《なス》 ある状態や形をつくりあげる。

① 「悲」とは、どのような悲しみか。

答 別れることになった、作者と友人がそれぞれ抱く悲しみ。

四季 八月十五日夜、禁中ニ独リ直《とのゐ》シ、対レシテ月ニ憶《おも》フ二元九一ヲ　白居易《はくきょい》

教科書P.174〜175

● 主題

中秋の名月の夜、宮中の宿直中、一人月を眺めながら、左遷されて二千里のかなた江陵《こうりょう》にいる友を思いやる心情をうたっている。

◎七言律詩　韻 沈・林・心・深・陰

【書き下し文】

○八月十五日夜《はちがつじゅうごにちよる》、禁中《きんちゅう》に独《ひと》り直《とのい》し、月《つき》に対《たい》して元九《げんきゅう》を憶《おもウ》ふ

❶銀台金闕《ぎんだいきんけつ》夕《ゆう》べに沈沈《しんしん》

❷独《ひと》り宿《しゅく》し相思《あいおも》ひて翰林《かんりん》に在《あ》り

❸三五夜中《さんごやちゅう》新月《しんげつ》の色《いろ》

❹二千里外《にせんりがい》故人《こじん》の心《こころ》

❺渚宮《しょきゅう》の東面《とうめん》には煙波《えんぱ》冷《ひ》ややかに

❻浴殿《よくでん》の西頭《せいとう》には鐘漏《しょうろう》深《ふか》し

❼猶《なオ》ほ恐《おそ》る清光《せいこう》同《とも》には見《み》ざらんことを

❽江陵《こうりょう》は卑《ひ》湿《しつ》にして秋陰《しゅういん》足《た》る

（白氏文集《はくしぶんしゅう》）

【現代語訳】

○八月十五日の夜、宮中に一人宿直し、月に向かって、元九のことを思う

❶銀台門や宮中がしんしんと宵闇深まるころ、

❷一人翰林院に宿直しながら、君への思いを募らせる。

❸十五夜の、昇り始めたばかりの月の光(を見ていると)、

❹二千里のかなたにいる友の心が思われる。

❺そちら(＝江陵)の水辺の宮殿の東では、もやのかかった水面が冷たく光っていることだろう。

❻こちらの浴殿の西のあたりからは、時刻を告げる鐘の音が深まった夜に聞こえてくる。

❼それにしても気になるのは、清らかな月の光を君は私とともには見られないのではないかということ。

❽江陵は湿気が多くて秋曇りの日が多いというから。

語句の解説

教175ページ

❶夕《ゆふべ》　夕方だけでなく、夜間も含めていう。

❶沈沈《しんしん》　夜が深深と静かに更けていく状態を表す。

❷相《あひ》　ここでは、動作の対象を示す語である。

❹二千里外《にせんりぐわい》　白居易のいる長安と元九(＝元《げん》稹《じん》)の左遷された江陵との距離。

❹故人《こじん》　古くからの友人。ここでは、元稹。

① 「二千里外故人心」とは、作者のどのような心境を表しているか。

答　遠く離れた場所にいる友人である元稹への深い友情。

❺煙波《えんぱ》　もやのかかった水面。

❻西頭《せいとう》　「頭」は漠然とした空間を示す語。

❼猶《なホ》　それでもなお。

② 「猶恐」とは、何を恐れたのか。

答　私が見ている月の光を、元稹が見られないのではないか、ということ。

❼不《ざランコトヲ》二同《ともニハ》見《み》一　(君は)私とともには見ら

れないということを。

❽卑湿《ひしつ》 土地が低く、じめじめしていること。

四季 江雪

柳《りゅう》宗《そう》元《げん》

教科書P.176

● 主題

左遷された雪に閉ざされた土地で、独り自分なりの生き方を希求する思い。

◎五言絶句 韻 絶・滅・雪

【書き下し文】

○江雪《こうせつ》

❶千山《せんざん》鳥《とり》飛《と》ぶこと絶《た》え

❷万径《ばんけい》人蹤《じんしょう》滅《めつ》す

❸孤《こ》舟《しゅう》蓑《さ》笠《りゅう》の翁《おう》

❹独《ひと》り釣《つ》る寒江《かんこう》の雪《ゆき》

（唐詩三百首）

【現代語訳】

○川一面の雪景色

❶（雪に覆われた）多くの山から鳥の飛ぶ姿は全くなくなり、

❷多くのこみちには（雪が降り積もり）人の足跡が消えてしまった。

❸一艘《そう》の小舟に（乗って）蓑《みの》と笠《かさ》を着けた老人が、

❹独りぽつんと、雪降る寒々とした大河で、釣りをしている。

語句の解説

教176ページ

❶千山《せんざん》鳥《とり》飛《とブコト》絶《たエ》 承句と対句をなしている。「絶」＝なくなって。鳥の姿が見えないのは、山が雪に覆われて餌を探せないため。

❸孤《こ》 一つ。起句の「千」、承句の「万」、結句の「独」とともに、各句の最初の文字が数に関係した語になっている。

❹独《ひとり》釣《つル》寒江《かんかうノ》雪《ゆき》 「独り寒江の雪に釣る」を倒置的な訓読をしている。

1 「独釣寒江雪」とは、どのような情景を表しているか。

答 世俗から離れ、自分なりの生き方を希求していく姿が描かれた情景。

四季 冬夜読ムレ書ヲ

菅《かん》茶《ちゃ》山《ざん》

教科書P.177

● 主題

冬の夜、心静かに読書をすると、万古の心が見えてくる。

◎七言絶句 韻 深・沈・心

語句の解説

教177ページ

【書き下し文】

○冬夜《とうや》書《しょ》を読《よ》む

❶雪《ゆき》は山堂《さんどう》を擁《よう》して樹影深《じゅえいふか》し

❷檐鈴《えんれい》動《うご》かず夜沈沈《よるしんしん》

❸閑《しず》かに乱帙《らんちつ》を収《おさ》めて疑義《ぎぎ》を思《おも》ふ《ウ》

❹一穂《いっすい》の青灯万古《せいとうばんこ》の心《こころ》

（黄葉夕陽村舎詩《こうようせきようそんしゃし》）

【現代語訳】

○冬の夜に読書をする

❶雪は山中の書斎を包み込むように降り積もり、木々の影は深い。

❷軒先につるした風鈴は動かず、夜は静かに更けていく。

❸取り散らかしていた書物を静かに片付け、（書物の）疑問に思っていた部分を考えてみる。

❹一つの青白い灯火の中に、遠い昔の人の心が見えてくる。

❷**夜沈沈**《よるしんしん》　夜が静かに更けていくこと。

① **起句・承句はどのような情景を表しているか。**

答　書斎の周りに雪が降り積もり、軒先の風鈴も動かないほど、静かな様子。

❸**疑義**《ぎぎ》　疑問に思われる事柄。

❹**万古**《ばんこ》　遠い昔。または、遠い昔から現在まで。

課題

一　それぞれの詩を音読し、そこに描かれた心情について説明してみよう。

解答例　「春暁」＝春の眠りの心地よさや、穏やかな朝に身を任せる心情。「春望」＝家族と別れ、不遇の中で老いゆくわが身を嘆く心情。「聞《キテ》レ蟬《ヲ》感《ズ》レ懐《ヒヲ》」＝友人に別れを告げられ、離れていくことを悲しむ心情。「八月十五日夜……」＝遠く離れた場所にいる友人を思う心情。「江雪」＝孤独の中で自分なりの生き方を希求しようという心情。「冬夜読《ム》レ書《ヲ》」＝書物の疑問について考えると、遠い昔の人の心が見えてくるような学問の喜びを感じる心情。

二　それぞれの詩は季節の情景をどのように表現しているか、まとめてみよう。

解答例　「春暁」＝春ののどかな明け方と、花が散るほど激しかった昨夜の風雨とを対比して表現している。「春望」＝自然の変わらない運行によって巡ってくる春の情景を、人の営みの無常さを対比させて表現している。「聞《キテ》レ蟬《ヲ》感《ズ》レ懐《ヒヲ》」＝鳴きだした蟬を時間も忘れて聞いてしまう夏の穏やかな情景を、友人との別れという突然の悲しみと対置させて表現している。「八月十五日夜……」＝静かに更ける夜に独り月を見る秋の情景を、遠く離れた友人への思いを通して表現している。「江雪」＝動物も人もいない雪景色のなかで独り老人が釣りをする冬の寂しい情景を、世俗を離れた理想的な生き方として表現している。「冬夜読《ム》レ書《ヲ》」＝雪が降り積もり、静かな冬の夜の情景を、深く読書にふけるのにふさわしい場面として表現している。

漢文を読むために③

漢詩の表現

教科書P.178～179

●漢詩の詩形――「近体詩」と「古体詩（古詩）」

- 近体詩
  - 絶句（四句構成）
    - 五言絶句（一句が五字のもの）
    - 七言絶句（一句が七字のもの）
  - 律詩（八句構成）
    - 五言律詩（一句が五字のもの）
    - 七言律詩（一句が七字のもの）
- 古体詩
  - 近体詩以外の詩形（句数は不定、偶数句。字数は変更可）
  - 楽府《がふ》（本来楽曲を伴う。句数は不定）

●近体詩――構成・押韻《おういん》・対句

〈絶句〉「起承転結」で構成。絶句には対句の決まりはない。

次に、五言絶句と七言絶句の詩形・押韻・対句を図示しておく。

（▢は押韻を示す。⌐¬は対句にする場合を示す。）

五言絶句

起句
承句
転句
結句

＊例外的に第一句に韻を踏むものがある。
＊対句にする場合は、起句・承句が一般的。

七言絶句

起句
承句
転句
結句

＊例外的に第一句に韻を踏むものがある。
＊対句にする場合は、起句・承句が一般的。

〈律詩〉「首頷頸尾《しゅがんけいび》」で構成。二句で一つのまとまりになる。律詩には頷聯《れん》と頸聯を対句にするという決まりがある。

次に、五言律詩と七言律詩の詩形・押韻・対句を図示しておく。

（▢は押韻を示す。⌐¬は対句を示す。）

五言律詩

首聯
頷聯
頸聯
尾聯

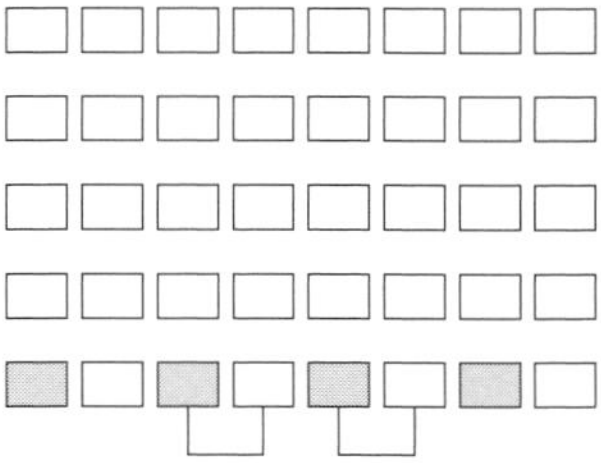

＊他の聯を対句にしてはいけないという決まりはない。よって、首聯・尾聯が対句となっているものもある。

七言律詩

首聯
頷聯
頸聯
尾聯

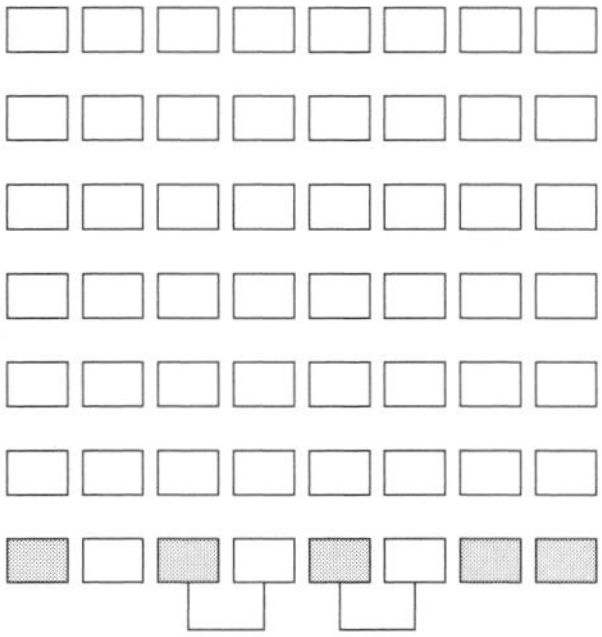

＊例外的に第一句に韻を踏むものがある。
＊他の聯を対句にしてはいけないという決まりはない。よって、首聯・尾聯が対句となっているものや、全聯が対句となっているものもある。

※その他、近体詩には「平仄《ひょうそく》」という発音上のルールもある。

望郷 静夜思 李《り》白《はく》

教科書P.180

● **主題**

月を眺め見て、故郷を懐かしむ心情。望郷の思い。 ◎五言絶句 韻 光・霜・郷

【書き下し文】

○静夜思《せいやし》

❶牀前月光《しょうぜんげっこう》を看《み》る

❷疑《うたが》ふらくは是《こ》れ地上《ちじょう》の霜《しも》かと

❸頭《こうべ》を挙《あ》げて山月《さんげつ》を望《のぞ》み

❹頭《こうべ》を低《た》れて故郷《こきょう》を思《おもウ》ふ

（唐詩選）

【現代語訳】

○静かな夜の思い

❶ベッドのあたりに差し込む月の光をじっと見つめる。

❷（その光は）まるで地上に降りた霜のようだ。

❸頭をあげて山の端にかかる月を見上げ、

❹（そして）うなだれて故郷を懐かしく思い出すのだ。

語句の解説

教180ページ

❶看《みル》㆓月光《げっこうヲ》㆒ 月の光を見つめる。

「看」＝（意識的に）見る。眺める。

① 「地上霜」とは、何をたとえているか。

答 部屋の中に差し込んだ月光の白さ。

❸挙《あゲテ》㆑頭《かうべヲ》望《のぞミ》㆓山月《さんげつヲ》㆒ 結句と対句をなしている。

転句 挙頭 望山月

⇕ ⇕

結句 低頭 思故郷

「山月」＝山の端にかかっている月。

❹低《たレテ》㆑頭《かうべヲ》 故郷への思いが堪えられないほどになったことを表す。

望郷 聞《ク》㆑雁《ヲ》 韋《い》応《おう》物《ぶつ》

教科書P.181

● **主題**

雁の鳴く音を聞きながら、故郷を思う。 ◎五言絶句 韻 哉・来

【書き下し文】 …

【現代語訳】

語句の解説

教181ページ

○雁《かり》を聞《き》く
❶故園《こえん》眇《びょう》として何《いず》れの処《ところ》ぞ
❷帰思《きし》方《まさ》に悠《ゆう》なるかな
❸淮南《わいなん》秋雨《しゅうう》の夜《よる》
❹高斎《こうさい》に雁《かり》の来《き》たるを聞《き》く

（唐詩選）

○雁の声を耳にする
❶故郷ははるかに遠く、どちらの方になるのだろうか。
❷帰りたいと思う気持ちは、ちょうど長らく思い続けていることよ。
❸淮南地方の秋の雨の夜に、
❹楼閣《ろうかく》にある書斎で、雁が飛んでくる声を耳にした。

① **「何処」には、作者のどのような心情がこめられているか。**

答 故郷の場所もわからないほど、遠くに来てしまったことに寂しく思う心情。

❷帰思《きし》 故郷に帰りたいと思う心。

❷方《まさニ》 まさに。ちょうど。

② **「哉」には、作者のどのような心情がこめられているか。**

答 長らく帰りたいと思いつつ、帰ることができないのをつらく思う心情。

5 **ワシガ故郷《こきょう》ハ** 自分の故郷は。ここでは、連体修飾格を表す「が」。

7 **夜《よ》スガラ** 夜の間ずっと。「夜もすがら」とも言う。

課題

一 **それぞれの詩を音読し、そこに描かれた心情について説明してみよう。**

解答例 「静夜思」＝静かな夜、ベッドのあたりに白い月光が差し込み、その月を仰ぎ見る行為に、故郷を懐かしく思う心情が重ね合わせて表現されている。

「聞クレ雁ヲ」＝淮南の秋の雨の夜に、遠く離れた故郷の方面から、雁が飛んでくる声が聞こえてきて、故郷に帰りたいという思いを強く募らせている心情が表現されている。

二 **「望郷」の二作品と井伏鱒二の訳詩とを読み比べ、それぞれの味わいについて話し合ってみよう。**

考え方 訳詩の特徴である、平易な言葉の使用や、七音と五音の組み合わせでリズミカルになっているところに注目しよう。

解答例 「静夜思」＝「イイ月アカリ」などの表現から、漢詩よりも明るく軽妙な印象になっている。

「聞クレ雁ヲ」＝「サビシイアメニ」などの表現から心情がより具体化された印象になっている。

友情

送ル三元《げん》二《じ》ノ使ヒスルヲ二安西ニ一

王《わう》維《ゐ》

教科書P.182

● 主　題

辺境である西域へと旅立つ友への惜別の情。

【書き下し文】

○元二《げんじ》の安西《あんせい》に使《つか》ひ《イ》するを送《おく》る

❶渭城《いじょう》の朝雨《ちょうう》軽塵《けいじん》を浥《うるお》す

❷客舎《かくしゃ》青青《せいせい》柳色《りゅうしょく》新《あら》たなり

❸君《きみ》に勧《すす》む更《さら》に尽《つ》くせ一杯《いっぱい》の酒《さけ》

❹西《にし》のかた陽関《ようかん》を出《い》づ《ズ》れば故人《こじん》無《な》からん

（三体詩）

◉七言絶句　韻　塵・新・人

【現代語訳】

○元二が安西都護府に派遣されるのを見送る

❶渭城の町に降る朝方の雨が、舞い上がる土ぼこりをしっとりと湿らせる。

❷（別れの宴《うたげ》を開いた）旅館の柳は（雨に洗われて）ひときわ鮮やかである。

❸君に勧めよう、さあ飲み干したまえ、もう一杯の酒を。

❹（この地から）西方にある陽関を出たならば、（酒を酌み交わす）友もいないだろうから。

語句の解説

教182ページ

○**使**《つかヒスル》　官命で任地に派遣される。

❶**朝雨**《てうう》　朝方降る雨。唐代の送別は、都から一泊の距離の所で送別の宴を開き、一夜明けてから実際に別れるのが習慣であった。

❶**軽塵**《けいぢん》　黄土特有の、細かく軽い土ぼこり。

① **「客舎青青柳色新」とは、どのような情景を表しているか。**

答　雨にぬれて、旅館の柳の緑がひときわ鮮やかな様子。

② **「勧レ君」には、作者の友人に対するどのような心情がこめられているか。**

答　友と別れることへの惜別の情と、辺境の地に赴く友の無事を祈る気持ち。

❸**更**《さらニ》**尽**《つクセ》**一杯**《いっぱいノ》**酒**《さけ》　「更に一杯の酒を尽くせ」を、倒置的な訓読をしている。

❹**出**《いヅレバ》二**陽関**《やうくわんヲ》一　西域との境界となる関門を出たならば。「出づ」の已然形＋「ば」だが、ここは仮定条件を表す。

❹**故人**《こじん》　昔からの友人。旧友。

友情

桂《けい》林《りん》荘《さう》雑詠示ス㆓諸生ニ㆒

広《ひろ》瀬《せ》淡《たん》窓《さう》

教科書P.183

●主題

仲間がいるのだから、辛苦を口にするのはやめなさい。戸を開けると、雪のように霜が白く降りている。君は川で水を汲《く》み、私は薪を拾おう。共に勉学に励む仲間の大切さ。

◎七言絶句　韻　辛・親・薪

【書き下し文】

○桂《けい》林《りん》荘《そう》雑《ざつ》詠《えい》諸《しょ》生《せい》に示《しめ》す

❶道《い》ふを休《や》めよ他《た》郷《きょう》苦《く》辛《しん》多《おお》しと

❷同《どう》袍《ほう》友《とも》有《あ》り自《おのず》ら相《あい》親《した》しむ

❸柴《さい》扉《ひ》暁《あかつき》に出《い》づれば霜《しも》雪《ゆき》のごとし

❹君《きみ》は川《せん》流《りゅう》を汲《く》め我《われ》は薪《たきぎ》を拾《ひろ》はん

（遠《えん》思《し》楼《ろう》詩《し》鈔《しょう》）

【現代語訳】

○桂林荘雑詠を学生たちに示す

❶言うのはやめなさい、他郷で（勉学をするのは）苦しく辛いことが多いと。

❷ここには一枚の綿入れの着物を共有するほど親しい仲間がおり、おのずと仲良くなるのだから。

❸明け方、粗末な戸から外に出てみると、霜が雪のように（真っ白に）降りている。

❹君は川の水を汲みなさい、私は薪を拾おう。

語句の解説

教183ページ

○**雑詠《ざつえい》**　詩歌や俳句で、特に決められた題によらないで詠むこと。

○**諸生《しょせい》**　多くの学問をする者たち。

❶**他郷《たきょう》多《おおシ》㆓苦辛《くしん》㆒**　故郷でないよその土地で勉学をするのは、苦しく辛いことが多い。

❷**自《おのづから》**　同じ送り仮名に「みずかラ」があるが、その区別は、文脈で判断する。

①「霜如㆑雪」とは、どのような情景を表しているか。

答　雪のように真っ白な霜が一面に降りているという情景。

❹**汲《くメ》㆓川流《せんりゅうヲ》㆒**　川で水を汲んできなさい。

課題

一　それぞれの詩を音読し、そこに描かれた心情について説明してみよう。

解答例　「送ル㆔元二ノ使ヒスルヲ㆓安西ニ㆒」＝辺境へ赴く友への惜別の情、いたわりと無事を願う心情が表現されている。「桂林荘雑詠示ス㆓諸生ニ㆒」＝共に過ごす仲間と生活を営むことの大切さをさとす心情が表現されている。

二　「友情」の二作品を読み比べ、感じたことを話し合ってみよう。

考え方　どちらの作品も、人物（＝友・塾生）に対しての思いを、色彩豊かな自然と対置させて表現している点に注目して話し合う。

学びを広げる　題《ス》㆓自画《ニ》㆒／草枕　夏目漱石

教科書P.186～187

●主　題

自分の画の題名として、旅人と風景の様子を記した。

【書き下し文】

○自画《じが》に題《だい》す

❶碧落孤雲《へきらくこうん》尽《つ》き

❷虚明鳥道《きょめいちょうどう》通《つう》ず

❸遅遅《ちち》たる驢背《ろはい》の客《きゃく》

❹独《ひと》り石門《せきもん》の中《なか》に入《い》る

（漱石詩集）

【現代語訳】

❶青空からちぎれ雲が消え去る。

❷透きとおって明るい大気の中を鳥の通う道が通ずる。

❸ロバの背に乗った旅人がゆっくりと進んで行き、

❹独り自然にできた石の門の中に入っていく。

◎五言絶句　韻　通・中

語句の解説

教186ページ

○題《だいス》㆓自画《じがニ》㆒　自分の描いた画の余白に詩を書きつけること。

❸遅遅《ちちタル》　物事の進行がゆっくりして遅いこと。

❸驢背《ろはい》　ロバの背。

一　詩を読んで、図の内容について気付いたことを話し合ってみよう。

考え方　漢詩の内容と、描かれている図の内容を照らし合わせる。起・承句は、図に描かれている景色のことを説明している。ちぎれ雲が消え、晴れわたった空を鳥が飛んでいく様子を描いている。そして、転・結句で、その山道の麓に、ロバに乗ってやってきた旅人のことを説明している。図の下の方を見ると、漢詩の通り、ロバに乗った人物が描かれている。この旅人の行く先には、自然によってできた石門があり、さらにその奥には、雄大かつ険しい山道が広がっている。このような風景とそこにやってきた旅人の様子について、気付いたことを話し合う。

語句の解説

教187ページ

2　葛湯《くずゆ》　葛粉を水で溶き、砂糖を入れて作った飲み物。

二　次の文章を読んで、「画《え》を描くこと」と「詩を作ること」との関係について考え、話し合ってみよう。

考え方　この文章の前半では、詩を作ることを、葛湯を練ることにたとえている。初めは手ごたえがなくても、表現を練るうちに自然と言葉がでてくるようになるという意味であろう。できた詩には具体的な情景を表現した句が多いことから「みな画になりそうな句ばかり」と考え、「なぜ画よりも詩の方が作りやすかったか」と述べている。画よりも詩の方が作りやすいという考えを、一般的な意見と考えるか、この人物が詩に長じている故の発想と考えるかで、答えは変化するだろう。また、「画にできない情を、次には詠《うた》ってみたい」とあるが、画にできない情とはどのようなものだろうか。また、画でしか表現できないものというのもあるだろうか。以上のような視点で、考えたことを話し合ってみよう。

五　文章

●「雑説」と韓愈《かんゆ》

韓愈の「雑説」には四編あり、教科書に採られているのはその第四編で「馬説」とも呼ばれる。全文が隠喩で書かれたこの文章は、才能ある人物を見抜くことのできる名君・賢臣のいないことを風刺したものである。宋《そう》時代の『文章軌範』（科挙用の参考書で、模範となる文章六十九編を選出したもの）にも、第一編（「龍の説」。聖君を龍に、賢臣を雲にたとえ、賢臣の必要性を説いたもの）とともにセットで採録された名文である。

韓愈は、二十五歳の時進士に合格したが、政治家としては浮沈のある人生を送った。しかし、文章家としては、柳宗元《りゅうそうげん》とともに古文復興を提唱して「韓柳」と併称され、「唐宋八大家」の、そして唐時代の代表詩人「李・杜・韓・白」の一人に数えられている。

雑説

韓《かん》愈《ゆ》

教科書P.190〜191

【大意】　1　教190ページ1行

伯楽（馬のよしあしを見分ける名人）がいて、初めて名馬が現れるのである。

【書き下し文】

❶世《よ》に伯楽《はくらく》有《あ》りて、然《しか》る後《のち》に千里《せんり》の馬《うま》有《あ》り。

【現代語訳】

❶世の中に馬のよしあしをよく見分ける名人がいて、そこで初めて一日に千里もの長い距離を走る名馬が現れるのである。

語句の解説 1

教190ページ

❶**然後《しかルのちニ》**　この語の前の部分が、後の部分の必要条件であることを強調する。

【大意】　2　教190ページ2〜4行

名馬はいつもいるのだが、伯楽がいないために、名馬としてたたえられることなく、普通の馬として死んでゆく。

【書き下し文】

❶千里《せんり》の馬《うま》は常《つね》に有《あ》れども、伯楽《はくらく》は常《つね》には有《あ》らず。❷故《ゆえ》に名馬《めいば》有《あ》りと

【現代語訳】

❶（その）千里の馬はいつ（の世に）もいるけれど、馬のよしあしを見分ける名人はいつ（の世

語句の解説 2

❶**不《ず》二常《つねニハ》有《あラ》一**　いつもいるとは限らない。

❖不二常ニハ〜一（セ）　＝部分否定を表す。

❷**雖《いへどモ》レ有《あリト》二名馬《めいば》一**　名馬はいるのだが。

❖雖二〜一（ス）トモ　＝逆接の確定条件・仮定条件を表す。ここでは、仮定条件。

雖《いえど》も、秖《た》だ奴隷人《どれいじん》の手《て》に辱《はずかし》められ、槽櫪《そうれき》の間《かん》に駢死《へんし》して、千里《せんり》を以《もっ》て称《しょう》せられざるなり。

に）もいるとは限らない。❷そのためにたとえ名馬がいたとしても、（その才能が発見されないために）ただ馬の世話をする使用人によって粗末に扱われ、馬小屋の中で（平凡な馬と）首を並べて死んでしまうだけで、千里を行く名馬として（世間から）褒めたたえられることもないのだ。

【大　意】　3　教190ページ5行～191ページ2行

名馬にはそれ相応の待遇が必要なのに、無能な飼い主に不当に扱われて、千里の才能も発揮することができない。

【書き下し文】

❶馬《うま》の千里《せんり》なる者《もの》は、一食《いっしょく》に或《ある》いは粟一石《ぞくいっこく》を尽《つ》くす。❷馬《うま》を食《やしな》ふ者《ウもの》は、其《そ》の能《のう》の千里《せんり》なるを知《し》りて食《やしな》はざ《ワ》るなり。❸是《こ》の馬《うま》や、千里《せんり》の能《のう》有《あ》りと雖《いえど》も、食《しょく》飽《あ》かざれば、力《ちから》足《た》らず、才《さい》の美《び》、外《そと》に見《あらわ》れず。❹且《か》つ常馬《じょうば》と等《ひと》しからんと欲《ほっ》するも得《う》べからず。❺安《いず》くんぞ其《そ》の能《のう》の千里《せんり》なるを求《もと》めんや。

【現代語訳】

❶一日に千里も走る名馬は、時には一度の餌として、穀物を一石も食べ尽くしてしまうこともある。❷（ところが）馬の飼い主は、その（馬の）能力が（一日に）千里も走るものであることを知って飼っているのではない。❸（だから）この馬は、たとえ千里を駆ける能力をもっているとしても、餌が腹いっぱいでないから、力が存分に発揮できないし、才能のすばらしさも、外に現れない。❹それぱかりか、普通の馬と同じようにしようとしても（それさえも）できない。❺（こんなふうでは）どうしてその馬の能力に一日千里を走るよう求められようか、いや、決して求められはしない。

❷祇《たダ》辱《はづかしメラレ》二 於奴隷人之手《どれいじんのてニ》一、駢死《へんしシテ》 於槽櫪之間《さうれきのかんニ》一　ただ馬の世話をする使用人によって粗末に扱われ、馬小屋の中で首を並べて死んでしまうだけで。

❖祇《ダ》～《（スルノミ）》＝限定を表す。

❖[A]《（セ）ラル》二 於[B]《ニ》一＝受身を表す。

語句の解説 3

❷食《やしなフうまヲもの》レ馬 者　馬の飼い主。ここでは、君主や宰相など為政者のたとえ。

❸是 馬也《このうまや》　この馬は。

「也」＝「や」と訓読し、主格を強調する。

❸雖《いへどモ》レ有《ありト》　ここは、逆接の仮定条件。

① 「才美、不二外見一。」とあるが、何が原因か。

答　十分に餌を食べられず、力を発揮できないこと。

❸＊「見」＝「あらはレ」と読む。「現」と同じ。

教191ページ

❹＊「且」＝「かツ」と読み、「その上。さらに。」という意味。

❺安《いづクンゾ》 求《もとメン》二 其《ノ》 能《のうノ》 千里《せんりナルヲ》一 也《や》　どうしてその馬の能力に千里を走るよう求められようか、いや、決して求められない。

❖安《クンゾ》 ～ 《（セ）ン》也＝反語を表す。

【大意】4 教191ページ3〜5行

無能な飼い主が名馬を前にして「名馬はいない」と言う。

【書き下し文】

❶之《これ》に策《むち》うつに、其《そ》の道《みち》を以《もつ》てせず、之《これ》を食《やしな》ふに、其《そ》の材《さい》を尽《つ》くさしむる能《あた》はず。❷之《これ》に鳴《な》けども、其《そ》の意《い》に通《つう》ずる能《あた》はず。❸策《むち》を執《と》りて之《これ》に臨《のぞ》みて曰《い》はく、「天下《てんか》に馬《うま》無《な》し。」と。

【現代語訳】

❶（それなのに、馬の飼い主は、）その馬に鞭《むち》打って調教するのに、その馬にふさわしい扱い方をせず、養い育てるにも、その才能を余すところなく発揮させる（ように仕向けていく）ことができない。❷（馬が）飼い主に鳴いて（訴えて）も、馬の気持ちを理解することができない。❸（そして飼い主は）鞭を手に取って、千里の馬を前にして言うことには、「この世に（名）馬はいない。」と。

語句の解説 4

❶策《むちウツニ》レ之《これニ》 この馬を鞭で打つのに。

「策」＝鞭で打って調教する。

❶不《ず》レ能《あたハ》レ尽《つクサシムル》二其《そノ》材《さいヲ》一 その才能を余すところなく発揮させることができない。

「尽」＝ありったけを出す。ここでは、馬にそう仕向けるので、使役で訓読している。

② 「之」とは、何を指すか。

答 馬の飼い主。

【大意】5 教191ページ6行

天下に名馬がいないのではなく、名馬を見抜く者がいないのだ。

【書き下し文】

❶鳴呼《ああ》、其《そ》れ真《しん》に馬《うま》無《な》きか、其《そ》れ真《しん》に馬《うま》知《し》らざるか。

（唐宋八大家文読本）

【現代語訳】

❶ああ、ほんとうに名馬が（この世に）いないのか、（それとも、）ほんとうに名馬を知らないのか。

語句の解説 5

❶鳴呼《ああ》、其《そレ》真《しんニ》無《なキ》レ馬《うま》邪《か》 ああ、ほんとうに名馬がいないのか。

❖鳴呼、〜＝詠嘆を表す。

❖〜邪＝疑問を表す。

❶真《しんニ》不《ざル》レ知《しラ》レ馬《うま》也《か》 ほんとうに名馬を知らないのか。

❖〜也＝疑問を表す。

課題

一 段落ごとの要旨を簡潔にまとめてみよう。

解答例 第一段落＝馬のよしあしを見分ける名人（＝伯楽）がいて、初めて名馬が現れるのである。

第二段落＝名馬はいつもいるが、伯楽はいつもいるとは限らないために、名馬として扱われることなく、普通の馬として死んでゆく。

第三段落＝名馬にはそれ相応の待遇が必要なのに、無能な飼い主に不当に扱われて、千里を走る才能も発揮することができない。

第四段落＝無能な飼い主が、名馬を前にして「名馬はいない」と言う。

第五段落＝天下に名馬がいないのではなく、名馬を見抜く者がいないのだ。

二　「伯楽」と「千里《ノ》馬」とはそれぞれ何のたとえとして用いられているか、説明してみよう。

解答例　「伯楽」＝優れた人材を見抜くことのできる為政者。
「千里馬」＝優れた人材、才能ある人物。

三　筆者はこの文章で何を訴えようとしているか、話し合ってみよう。

解答例　優れた人物はいつの世にもいるが、それを見抜く為政者がいないために、優れた人物は世に出ることなく埋もれてしまうことへの嘆きと批判。また、筆者自身を認めてくれる人がいないことへの不満。

語句と表現

一　本文中にある「也」を全て抜き出し、読みと意味・用法を整理してみよう。

解答　190ページ4行……読み＝なり、意味・用法＝断定。

190ページ6行の一つ目……読み＝なり、意味・用法＝断定。

190ページ6行の二つ目……読み＝や、意味・用法＝強調。

191ページ2行……読み＝や、意味・用法＝反語。

191ページ6行……読み＝か、意味・用法＝疑問。

句法

一　書き下し文に直し、太字に注意して、句形のはたらきを書こう。

1　千里《ノ》馬《ハ》常《ニ》有《レドモ》、而伯楽《ハ》**不**二常《ニハ》**有**一《ラ》。（　　）（　　）
2　**雖**レ有《リト》二名馬《モ》一、**秖**《ダ》辱《メラレ》二於奴隷人之手一《ニ》、（　　）（　　）
3　**安**《クンゾ》求《メン》二其《ノ》能《ノ》千里一《ナルヲ》也。（　　）（　　）
4　**嗚呼**、其《レ》真《ニ》無レ《キ》馬**邪**、（　　）（　　）
5　其《レ》真《ニ》不レ《ル》知レ《ラ》馬**也**。（　　）（　　）

答
1　千里の馬は常に有れども、伯楽は常には有らず。／部分否定
2　名馬有りと雖も、秖だ奴隷人の手に辱められ、／仮定・限定
3　安くんぞ其の能の千里なるを求めんや。／反語
4　嗚呼、其れ真に馬無きか、／詠嘆・疑問
5　其れ真に馬知らざるか。／疑問

六　思想

●「諸子百家」と「儒家思想」

中国の春秋・戦国時代（前七七〇～前二二一）は、思想の統制がなく、実に多くの思想家が出現した。この時代にさまざまな考えを展開した彼らを「諸子百家」と呼ぶ。主なものは十家ほどあるが、その中で「仁」「礼」を説いた孔子と、それらを受け継いだ孟子《もうし》・荀子《じゅんし》などの思想を「儒家思想」という。

孔子の教えは、おのれを修め人を治めることを目的にして、「仁」をもって最高のものとする。孔子のいう「仁」とは、ただの美徳の名目ではなく、すべての徳を総合し、融和した至上の原理である。

『論語』は、孔子の死後、孔子の弟子たちによって編纂《へんさん》され、漢代初期に集大成されたもの。孔子と門人たちの言行、問答が中心である。約五百章の短い章が二十編にまとめられており、孔子が学問、政治、社会などについて、どのように考えていたのかがわかる。四書（儒教の四つの経典）の一つ。

学問

〔論語〕　教科書P.194～195

【大　意】　**教194ページ1～3行**

私は十五歳で学問を志し、三十歳で自立し、四十歳で迷いがなくなり、五十歳で天命を知り、六十歳で人の言葉が素直に聞けるようになり、七十歳で道理を踏みはずすことがなくなった。

【書き下し文】

一　❶子《し》曰《い》は《ワ》く、「吾《われ》十《じゅう》有《ゆう》五《ご》にして学《がく》に志《こころざ》す。❷三十《さんじゅう》にして立《た》つ。❸四十《しじゅう》にして惑《まど》は《ワ》ず。❹五十《ごじゅう》にして天命《てんめい》を知《し》る。❺六十《ろくじゅう》にして耳順《みみしたが》ふ《ウ》。❻七十《しちじゅう》にして心《こころ》の欲《ほっ》する所《ところ》に従《したが》ひ《イ》て、矩《のり》を踰《こ》えず。」

【現代語訳】

❶先生が言われた、「私は十五歳で学問を志した。❷（そしてその努力を継続して）三十歳で独り立ちができた。❸四十歳で心に迷いがなくなった。❹五十歳で天から与えられた自分の使命やあり方を悟った。❺六十歳で人の言葉が素直に耳に入るようになった。❻七十歳で自分の

語句の解説

教194ページ

❶**而**　順接・逆接の両方を表す接続詞。ここは順接。なお、順接では上にくる字に「テ・シテ」を、逆接では「モ・ドモ」を送る。

❶**志《こころざス》二 于学《がくニ》一**　学問を志す。学問の道に進む決心をしたのであって、十五歳で学問を始めたのではない。

「于」＝置き字。目的・対象などを表す。

❸**不《ず》レ惑《まどハ》**　これまでの学問修養によって、自信がもてるようになったということ。

と。（為政《いせい》）

心のままにふるまっても、人間としての道を踏みはずすことがなくなった。」と。

【大　意】 教194ページ4〜6行

学習すること、そして同じ道を歩む友と語らうことは楽しい。また、人が自分の真価を認めずとも、不平不満を抱かないのが君子である。

二

【書き下し文】

❶子《し》曰《い》はく《ワ》、「学《まな》びて時《とき》に之《これ》を習《なら》ふ《ウ》、亦《また》説《よろこ》ばしからずや。❷朋《とも》の遠方《えんぽう》より来《き》たる有《あ》り、亦《また》楽《たの》しからずや。❸人《ひと》知《し》らずして慍《うら》みず、亦《また》君子《くんし》ならずや。」と。（学而《がくじ》）

【現代語訳】

❶先生が言われた、「学んで（そのことについて）折にふれて復習して身につける、なんと喜ばしいことではないか。❷（学問をしていると）同じ道を志す友が遠方からやってくる、なんと楽しいことではないか。❸（たとえ）人が（自分の真価を）認めてくれなくても心に不平不満を抱かない、そういう人こそ学徳・人格の備わった人ではないか。」と。

【大　意】 教195ページ1行

学問には、「学ぶこと」と「思索すること」の両方を行うことが不可欠である。

三

【書き下し文】

❶子《し》曰《い》はく《ワ》、「学《まな》びて思《おも》はざ《ワ》れば則《すなわ》ち罔《くら》し。❷思《おも》ひ《イ》て学《まな》ばざれば則《すなわ》ち殆《あや》ふ《ウ》し。」と。

【現代語訳】

❶先生が言われた、「学ぶだけで（そのことについて）思索しなければ、（物事が）ぼんやりしていてよくわからない。❷（またその逆に、）思

❻従《したがヒテ》二心《こころノ》所《ところニ》レ欲《ほっスル》　心のままにふるまっても。

「従心」＝思うままに行動する。

「所欲」＝「欲望」の意。

語句の解説

❶而時《ときニ》習《ならフ》レ之《これヲ》　折にふれて復習する。

「而」＝順接の接続詞。

「習」＝繰り返し復習して身につける。

❶不《ず》二亦説《またよろこバシカラ》一乎《や》　なんと喜ばしいことではないか。

❖不二亦〜一乎《（ナラ）》＝詠嘆を表す。

❷有《あ》下朋《りともノ》自《よ》二遠《りゑん》方《ぼう》一来《きタル》上　「有《あ》レ朋《りともノ》自《よ》二遠方《りゑんぼう》一来《きタル》」と訓読しても同じ。

「朋」＝友人。ともに学問の道を志す友。

① 「人不レ知」とは、どういうことか。

答 人が自分の真価（学徳）を認めてくれないということ。

❸君子《くんし》　学徳や優れた人格の備わった人。

語句の解説

教195ページ

❶学《まなビテ》而不《ざ》レ思《レバおもハ》則《すなはチ》罔《くらシ》　学んでも思索しなければぼんやりしていてよくわからない。

「A《（スレ）バ》則《すなわチ》B《（ナリ）》」＝A（する）ならばB（である）。いわゆる「レバ則」の語法。

（為政）

索するだけで他から学ばなければ、あやふやで確かでない。」と。

【大　意】教195ページ3〜4行

「知る」ということは、知っていることと知らないことをきちんと区別することである。

四【書き下し文】

❶子《し》曰《い》は《ワ》く、「由女《ゆうなんじ》に之《これ》を知《し》るを誨《おし》へ《エ》んか。❷之《これ》を知《し》るを之《これ》を知《し》ると為《な》し、知《し》らざるを知《し》らずと為《な》す。❸是《こ》れ知《し》るなり。」と。（為政）

【現代語訳】

❶先生が言われた、「由よ、おまえに『知る』ということを教え導こうか。❷自分が知っていることを『知っている』とし、知らないことは『知らない』とする。❸これが『知る』ということなのだ。」と。

【大　意】教195ページ5〜7行

魯《ろ》の哀公から学問の好きな弟子は誰かを問われた孔子は、夭逝《ようせい》した顔回《がんかい》の名をあげた。

五【書き下し文】

❶哀公《あいこう》問《と》ふ《ウ》、「弟子《ていし》孰《たれ》か学《がく》を好《この》むと為《な》す。」と。❷孔子《こうし》対《こた》へ《エ》て曰《い》は《ワ》く、「顔回《がんかい》といふ《ウ》者《もの》有《あ》り。❸学《がく》を好《この》む。❹怒《いか》りを遷《うつ》さず、過《あやま》ちを弐《ふたたび》せず。❺不幸短命《ふこうたんめい》にし

【現代語訳】

❶魯の哀公が、「弟子の中で誰が学問を好むのか。」と問われた。❷孔子はお答えして言った、「顔回という者がおりました。❸学問好きでした。❹怒って八つ当たりすることなく、同じ失敗を繰り返しませんでした。❺不幸にして

---

❷ 「思」とは、どういうことか。また、「学」とどう違うか。

答 「思」＝自分の頭で考察すること。「学」＝師や書物などから教えてもらい学ぶこと。

語句の解説

❶**之**《これヲ》　動詞の下に添える用法で、特に意味をもたない。

❶**乎**《か》　ここでは、疑問を表す。

❸**是**《こレ》**知**《しル》**也**《なり》　これが知るということである。「是〜」＝「それが……である。」という意味。「〜也」＝ここでは、断定を表す。

❸ 「知」とは、どういうことか。

答 知っていることと、知らないことを区別すること。

語句の解説

❶**孰**《たれカ》**為**《なス》レ**好**《このムト》レ**学**《がくヲ》　誰が学問を好むのか。

❖孰《たれカ》〜（スルゾ）＝疑問を表す。

❹**不**《ず》レ**遷**《うつサ》レ**怒**《いかリヲ》　自分の怒りを無関係な人に向けない。「八つ当たり」をしないこと。

❹**不**《ず》レ**弐**《ふたたびセ》レ**過**《あやまチヲ》　同じ失敗を繰り返さない。「弐《ス》」＝ここでは、繰り返す、の意の動詞。

❻**今也**《いまや》　今は。

て死《し》せり。❻今《いま》や則《すなわ》ち亡《な》し。❼未《いま》だ学《がく》を好《この》む者《もの》を聞《き》かざるなり。」と。（雍也《ようや》）

短命で死んでしまいました。❻今はこの世におりません。❼（顔回が死んだ後）学問を好む者をまだ耳にしたことはありません。」と。

「也」＝時を表す語に付くと、…の時には、の意を表す。この場合は「や」と読む。

❻則《すなはチ》 「也」と呼応し、「今」を強調する。

❼未《いまダ》ザルレ聞《き》カ二好《この》ムレ学《がく》ヲ者《もの》ヲ一也《なり》 まだ学を好む者を聞いたことはない。

「未《ず》レ[A]ダ（セ）」＝まだ[A]しない。「未」は、事柄が実現していないことを表す再読文字。

人間 〔論語〕

教科書P.196〜197

【大　意】 教196ページ1行

口がうまく、愛想のよい顔つきをした人には、仁の心が少ないものである。

【書き下し文】

六 ❶子曰《しいワ》はく、「巧言令色《こうげんれいしょく》、鮮《すく》なし仁《じん》。」と。（学而）

【現代語訳】

❶先生が言われた、「口先がうまくて、愛想のよい顔つきをする人には、真心や愛情がほとんどない。」と。

語句の解説

教196ページ

❶鮮《すくナシ》矣仁《じん》 本来は「仁鮮《ナシ》矣」というべきところを、倒置法で強調している。

「鮮」＝少ない。「少」と同じ。

「矣」＝断定を表す助字。

「仁」＝真心や真実の愛情、思いやり、の意。儒教における最高の徳。

【大　意】 教196ページ2行

意志が強く、飾り気がない人は、仁者に近い。

【書き下し文】

七 ❶子曰《しいワ》はく、「剛毅木訥《ごうきぼくとつ》は仁《じん》に近《ちか》し。」と。（子路《しろ》）

【現代語訳】

❶先生が言われた、「意志が強く、しっかりしていて、飾り気がなく、口が重い人は、仁者に近い。」と。

語句の解説

❶近《ちかシ》レ仁《じんニ》 「仁者」（＝仁を得た者）そのものではないが、「仁者」に近い、の意。

「近」＝距離や時間的な近さの意の他に、ほとんど、という副詞の意もある。ここでは、どちらでも解釈できる。

【大　意】 教197ページ1行

君子は自分の考えをもった上で人と調和するが、小人にはそれができない。

八 **【書き下し文】**

❶子曰《いワ》はく、「君子《くんし》は和《わ》して同《どう》ぜず。❷小人《しょうじん》は同《どう》じて和《わ》せず。」と。（子路）

【現代語訳】

❶先生が言われた、「学徳・人格の備わった人は、他人と調和をするが、（自分の考えをもち、他人の考えに合わせて安易に）同調はしない。❷徳のないつまらない人は、（自分の考えをもたず、他人の考えに安易に）同調をするが、（うわべだけの付き合いであって、）他人と調和できない。」と。

【大　意】 教197ページ3～5行

子貢が生涯守り行うべき言葉を問うと、先生は「恕《じょ》（思いやり）だなあ。」と言われた。

九 **【書き下し文】**

❶子貢《しこう》問《と》ひ《イ》て曰《いワ》はく、「一言《いちげん》にして以《もっ》て終身之《しゅうしんこれ》を行《おこなウ》ふべき者有《ものあ》るか。」と。❷子曰《しいワ》はく、「其《そ》れ恕《じょ》か。❸己《おのれ》の欲《ほっ》せざる所《ところ》は、人《ひと》に施《ほどこ》すこと勿《な》かれ。」と。（衛霊公《えいれいこう》）

【現代語訳】

❶子貢が尋ねて言った、「一言で生涯にわたってそれを行うべきものがあるでしょうか。」と。❷先生は言われた、「それこそ思いやりだなあ。❸自分のしてほしくないことは、人に対してもしてはいけない。」と。

【大　意】 教197ページ6～7行

語句の解説

教197ページ

❶**君子《くんし》**　学徳・人格の備わった人。

❶**和《わシテ》**　（自分の考えをもった上で）調和すること。

❶**不《ず》レ同《どうぜ》**　（自分の考えをもたずに、他人の考えに）同調することはしない。

❷**小人《せうじん》**　徳のないつまらない人。

語句の解説

❶**有《あル》下一言《いちげんニシテ》　而可《べキ》二以《もっテ》　終身《しゅうしん》行《おこなフ》レ之《これヲ》　者《もの》上乎《か》**　一言で表せる、生涯にわたって実行すべきものがあるか。

❖可二以《シテ》～一(ス)　＝～してもよい（許容）、～することができる（可能）などの意がある。ここでは、可能。

❷**其《そレ》恕《じょ》乎《か》**　それこそ恕だなあ。

「A(ナル)乎」＝疑問を表す。A（なの）か。

❖其レ～乎＝詠嘆を表す。

❸**所《ところ》**　動詞を名詞化する字。

❸**勿《なカレ》レ施《ほどこスコト》二於人《ひとニ》一**　人にしてはいけない。

❖勿《カレ》レ～＝禁止を表す。

語句の解説

私（曾子《そうし》）は毎日、真心を欠いていないか、うそをついていないか、習熟していないことを教えていないか、反省する。

【書き下し文】

十　❶曾子《そうし》曰《い》はく《ワ》、「吾《われ》日《ひ》に吾《わ》が身《み》を三省《さんせい》す。❷人《ひと》の為《ため》に謀《はか》りて忠《ちゅう》ならざるか。❸朋友《ほうゆう》と交《まじ》はり《ワ》て信《しん》ならざるか。❹習《なら》はざる《ワ》を伝《つた》へ《エ》しか。」と。（学而）

【現代語訳】

❶曾子が言った、「私は一日に自分の行為を何度も反省する。❷人のために考えをめぐらして自分の真心を尽くさないことはなかったか。❸友達と交際してうそをつくことはなかったか。❹習熟していないことを人に教えはしなかったか。」と。

❶三《さん》ー省《せいス》　何度も反省する。「三度反省する」「三つのことを反省する」の意ともとれるが、ここでは「何度も。しばしば」の意。
❷謀《はかリテ》　考えて。考えをめぐらして。くわだてる、だます、などの意ではない。
❸与《と》　動作の相手を示す助字。
❹不《ざルヲ》レ習《ならハ》　習熟していないことを。「習」＝習熟する。習得する。学問を身につけることをいう。

政治

〔論語〕

教科書P.198

【大　意】 教198ページ1～2行

人の上に立つ者が正しい行動をすれば、人民は従い、世の中は治まる。

【書き下し文】

十一　❶子曰《い》はく《ワ》、「其《そ》の身《み》正《ただ》しければ、令《れい》せずして行《おこな》はる《ワ》。❷其《そ》の身《み》正《ただ》しからざれば、令《れい》すと雖《いえど》も従《したが》はず《ワ》。」と。（子路）

【現代語訳】

❶先生が言われた、「（人の上に立つ者の）身が正しければ、命令しなくても（意図したことが）行われる。❷（人の上に立つ者の）身が正しくなければ、たとえ命令をしたとしても（人民は）従わないだろう。」と。

語句の解説

教198ページ
❶其《そノ》身《み》　政治の話題なので、ここでは、人の上に立つ者（為政者）という意味。
❶行《おこなハル》　ここでは、政治上必要なことが遂行されるという意味。
❷雖《いへどモ》レ令《れいスト》　たとえ命令をしたとしても。
❖雖《モ》ニ～《（ス）ト》一　＝仮定を表す。
❷不《ず》レ従《したがハ》　ここでは、（人民が）従わない、という意味。

【大　意】 教198ページ3～4行

「政」の意味は「正しい」ということで、その精神が人々を正して善に導くのである。

語句の解説

❶政《まつりごと》　ここでは、政治の意義。

【書き下し文】

十二　❶季康子《きこうし》政《まつりごと》を孔子《こうし》に問《と》ふ《ウ》。❷孔子《こうし》対《こた》へ《エ》て曰《い》はく《ワ》、「政《せい》は正《せい》なり。❸子《し》帥《ひき》ゐる《イ》に正《せい》を以《もっ》て せば、孰《たれ》か敢《あ》へ《エ》て正《ただ》しからざらん。」と。（顔淵）

【現代語訳】

❶季康子が、政治とは何かを先生に尋ねた。❷先生が答えて言われた、「『政』は『正』だ。❸（上に立つ）あなたが人を導くのに正しいことを行ったら、（世の中の）誰が不正を行おうとするか、いや、誰も行わない。」と。

❷政者正也《せいはせいなり》　ここでは、政治は、正しいことを行うことであるという意味。

＊「者」＝助詞「は」。

❸孰《たれカ》敢《あヘテ》不《ざ》レ正《ランただシカラ》　誰が不正を行おうとするか、いや、誰も行わない。

❖孰《カ》〜（セ）ン（ヤ）＝反語を表す。

❖敢《ヘテ》不《ラン》レ〜（セ）＝反語を表す。

【大　意】　教198ページ5〜6行

道徳をもって政治を行えばうまくいくだろう。

【書き下し文】

十三　❶子《し》曰《い》はく《ワ》、「政《まつりごと》を為《な》すに徳《とく》を以《もっ》てせば譬《たと》へ《エ》ば北辰《ほくしん》の其《そ》の所《ところ》に居《い》て、衆星之《しゅうせいこれ》を共《きょう》するがごとし。」と。（為政）

【現代語訳】

❶先生が言われた、「政治を行うのに道徳をもとにすれば、たとえば北極星が天の頂点にあって、多くの星々がこれをとりまいて動くように（万事うまく）いくだろう。」と。

語句の解説

❶徳《とく》　道徳。

❶譬《たとヘバ》如《ごとシ》〜　たとえば〜のようだ。

① 「北辰」と「衆星」は、何をたとえているか。

答 「北辰」＝為政者。「衆星」＝人民。

❶衆星《しゅうせい》　多くの星。

課題

一　繰り返し音読しよう。

考え方　返り点や送り仮名に注意して、繰り返し音読しよう。

二　孔子は「学問」に向かう姿勢としてどのようなことを重視しているか、まとめてみよう。

解答例　一…人は生涯学び続けるべきであり、学ぶことによって自分が段階的に成長・深化すること。二…学問と朋友との交際を楽しみ、そして人の評価にとらわれず、自分を成長させるために学問すること。三…学ぶことと思索することを並行させること。四…知っていることと知らないことを区別すること。五…八つ当たりせず、過ちを繰り返さないように学ぶこと。

三　孔子は「人間」のあるべき姿についてどのように考えているか、まとめてみよう。

解答例　外面的なことより、誠実さ、意志の強さといった内面的なことを充実させること、自分の考えをしっかりもちつつ、他人と調和すること、相手の立場に立ち、相手を思いやること、真心を尽くすこと、誠実であることが人間のあるべき姿だと考えている。

四 **孔子は「政治」を執り行う者の姿勢としてどのようなことが大切だと述べているか、まとめてみよう。**

解答例 為政者自身が正しい行いをすることや、正しい心で人民を正しく率いることや、道徳や礼儀を用いて人民を治めることが大切だと述べている。

五 **印象に残る『論語』の言葉を、その理由とともに発表してみよう。**

考え方 孔子の考え方を理解して、自らの経験などと結びつけながら、どのように日常生活で生かすことができるか、などと考え、発表するとよい。

語句と表現

一 **一章(194・1)について、この章をもとにした年齢を表す漢語にはどのようなものがあるか、整理してみよう。**

解答例 志学《しがく》(十五歳)・而立《じりつ》(三十歳)・不惑《ふわく》(四十歳)・知命《ちめい》／知天命《めい》(五十歳)・耳順《じじゅん》(六十歳)・従心《じゅうしん》(七十歳)

二 **『論語』から生まれた成句について調べてみよう。**

解答例 「一を聞いて十を知る」(物事の一端を聞いて、その全体を理解すること)「過ぎたるは猶《なお》及ばざるがごとし」(何事もやりすぎることは、やり足りないことと同じようによくないこと)などがある。

学びを広げる 現代に生きる『論語』

教科書P.200

語句の解説

教200ページ

3 **義《ぎ》** 儒教における五常(仁・義・礼・智・信)の一つ。他人に対して守るべき正しい道。

3 **喩《さと》り** ここでは、判断の基準にすること。

5 **驕《おご》らず** 地位や権力などを誇る思い上がった振る舞いをしない。

9 **固《もと》より** 言うまでもなく。

9 **濫《みだ》る** 物事が度をすぎて道にはずれる。

11 **偃《ふ》す** ひれ伏す。

『論語』の中には、次の①〜⑥のような、君子と小人を対比した記述が多くある。これらを参考にして、孔子が理想とした「君子」のあり方を考え、話し合ってみよう。

考え方 ①〜⑥のそれぞれの記述から考えられる「君子」のあり方をまとめる。①…正義を深く知ろうとする。②…ゆったりとしていばったりしない。③…何事も自己のうちに追求する。④…行き詰まっても平然としている。⑤…風のように人々をなびかせ、教化する。⑥…他人の良い点を助けて成し遂げさせ、他人の悪い点を正して成し遂げさせぬようにする。これらの内容から、「君子」とは、学識、人格ともに優れた人物だということが言える。このまとめに限らず、それぞれ考えた君子像を話し合おう。

一　小説一

羅《ら》生《しょう》門《もん》

芥川龍之介《あくたがわりゅうのすけ》

教科書P.204～219

教材のねらい

・物語の背景となる時代状況・社会状況をふまえて、下人の心理の推移を理解する。
・描写方法や表現効果について、考えを深める。

主　題

飢え死にするかもしれないという極限状況におかれた下人の、善と悪との間を揺れ動く心理描写をとおして、生きるために人間がもたざるを得ないエゴイズムの問題を描く。

段　落

下人の心理の変化から四つの段落に分ける。

一　教 p.204・1～p.209・3　「悪」の道に入る勇気のない下人
二　教 p.209・4～p.211・16　「悪」を憎む下人
三　教 p.212・1～p.214・12　「悪」を懲らしめる下人
四　教 p.214・13～p.216・4　「悪」の道に踏み出した下人

段落ごとの大意と語句の解説

第一段落　教204ページ1行～209ページ3行

ある日の暮れ方、荒廃した羅生門の下で、一人の下人が雨《あま》やみを待っていた。主人から暇を出され、途方に暮れていた下人は、明日からの暮らしをどうにかするためには盗人になる外《ほか》にないが、それを積極的に肯定する勇気が出ずにいた。ともかく寝られる所で一夜を明かそうと、楼へ上るはしごに足をかけた。

教204ページ

1 **ある日《ひ》の暮《く》れ方《がた》の……雨《あま》やみを待《ま》っていた**　冒頭において、この小説の基本的な情報（いつ＝ある日の暮れ方、誰が＝下人が、どこで＝羅生門の下で、何を＝雨やみを、どうした＝待っていた）を提示している。

1 **下人《げにん》**　ここでは、身分の低い下働きの男、の意。

1 **雨《あま》やみ**　ここでは、雨がやむこと、の意。4行目の「雨やみ」は、雨がやむのを待つこと、の意である。

2 **丹塗《にぬ》りの剝《は》げた**　羅生門の荒廃、ひいては京都の荒廃ぶりを示す。

6 **飢饉《ききん》**　農作物が実らず、食物が欠乏して飢え苦しむこと。

7 **洛中《らくちゅう》** 京都の町の中。京都を中国の「洛陽」に模した言い方。
7 **ひとどおりではない** 普通ではない。並ではない。
8 **箔《はく》** 金・銀・錫《すず》・真鍮《しんちゅう》などの金属をたたいて、紙のように薄く延ばしたもの。
9 **薪《たきぎ》の料《しろ》に** 薪の代用に。薪の代わりとして。
「料」＝ここでは、代わりとするもの、代用、の意。普通は、「代」と書く。
9 **その始末《しまつ》** 本来は信仰のために使われる仏像や仏具を、薪として売るというような、生きるためにはなりふり構わない状態。
10 **もとより** 言うまでもなく。もちろん。
10 **誰《だれ》も捨《す》てて顧《かえり》みる者《もの》がなかった** 羅生門は平安京の正門であり、その権威の象徴でもあるのだが、たび重なる天災に権威も失墜、人心も荒廃している今、羅生門を気にかける者など全くいなかったということ。
「顧みる」＝ここでは、気にかける、心配する、の意。

教205ページ

1 **狐狸《こり》** きつねとたぬき。ここでは、人をだます化け物という意で用いられている。
2 **日《ひ》の目《め》が見《み》えなくなる** 日が暮れる。日が沈んでしまう。
「日の目」＝日の光。
3 **足踏《あしぶ》みをしない** 足を踏み入れない。訪れることがない。
「足踏み」＝ここでは、足を踏み入れること、の意。
7 **門《もん》の上《うえ》の空《そら》が、……はっきり見《み》えた** 夕焼けの赤い空を背景に黒く浮かび上がる羅生門。その上を飛び回るからすの群れが黒ごまのように小さくもはっきりと見えたのである。羅生門の威容と不気味さが感じられる表現。
10 **刻限《こくげん》** ここでは、時刻、の意。

教206ページ

1 **大《おお》きなにきびを気《き》にしながら** 取り立ててすべきことが見つからない下人の、手持ち無沙汰な様子を表す。
4 **＊あて** 見当。見込み。
5 **暇《ひま》を出《だ》された** 解雇された。
＊「暇を出す」＝ここでは、使用人をやめさせる、解雇する、の意。
6 **衰微《すいび》** 衰え弱ること。
対 繁栄
7 **この衰微《すいび》の小《ちい》さな余波《よは》** 京都の町全体が非常に衰え弱っていたことにより、下人(主人に隷属している社会的弱者)のような者までも、「暇を出され」るという影響を受けてしまったということ。
「余波」＝物事が、周囲または後世に及ぼす影響。
9 **途方《とほう》に暮《く》れていた** どうしてよいかわからなくて、困り果てていた。
＊「途方に暮れる」＝どうしたらよいのかわからなくて困る。
9 **その上《うえ》、今日《きょう》の空模様《そらもよう》も……影響《えいきょう》した** 解雇されて困り果てている上に、追い討ちをかけるように雨が降っていることが、下人の気持ちをますます滅入《めい》らせた、ということ。
「平安朝」＝ここでは、平安時代、の意。
11 **上《あ》がる気色《けしき》がない** (雨が)やみそうにない。
＊「気色」＝気配。兆し。

12いわばどうにもならないことを、どうにかしようとして　208ページ2行にも同様の言葉が繰り返されており、下人の「明日の暮らし」(206ページ11行)がいよいよ切羽詰まったものになっていることがうかがえる。

12とりとめもない　一貫性がなく、要領を得ない。まとまりがない。

16甍《いらか》　瓦ぶきの屋根。

教208ページ

2手段《しゅだん》を選《えら》んでいるいとまはない　切羽詰まった下人に選べる道は多くなく、また、迷っている余裕もないということ。

＊「いとま」＝何かをするのに必要な時間的余裕。ひま。「暇」と書く。

5この局所《きょくしょ》　「選ばないとすれば」(208ページ4～5行)という仮定に立って、行き着いた、「盗人になるより外にしかたがない。」(208ページ8行)という結論。

「局所」＝全体の中の、ある限られた部分。ここでは、思案の行き着いた結論、という意で用いられている。

5逢着《ほうちゃく》　出会うこと。行き着くこと。

❶　**「この『すれば』は、いつまでたっても、結局『すれば』であった」とはどういうことか。**

答　手段を選ばないと「すれば」盗人になるより外はないと決意したものの、盗人として行動を起こす勇気が出ないでいたということ。

7肯定《こうてい》　そのとおりだと認めること。同意すること。

対　否定

7＊かたをつける　決まりをつける。ここでは、結論を出す、という意で用いられている。

10くさめ　くしゃみ。晩秋の空気の冷たさを表現したもの。

10大儀《たいぎ》そうに　面倒くさそうに。おっくうそうに。

＊「大儀」＝ここでは、面倒なこと、おっくうなこと、の意。

12丹塗《にぬ》りの柱《はしら》に……もうどこかへ行《い》ってしまった　204ページ2～3行で描かれた「きりぎりす」がいなくなっていることで、時間の経過を表している。

15＊憂《うれ》え　ここでは、心配、不安、の意。「憂い」ともいう。

15人目《ひとめ》にかかるおそれのない　人の目につく心配のない。

「人目にかかる」＝人の目につく。人に見とがめられる。

教209ページ

1楼《ろう》　二階建て以上の高い建物。ここでは、羅生門の二階のこと。

1目《め》についた　目に留まった。

1上《うえ》なら、人《ひと》がいたにしても、どうせ死人《しにん》ばかりである　雨の降りしきる夕闇の中、死体の捨て場所になっている羅生門に近寄る人などいるはずがないと判断したのである。また、そうした場所を寝場所に選んだのは、下人にとって、死人よりも生きて害を及ぼす人間のほうが、恐ろしい存在であったからである。それは、2行前に「人目にかかるおそれのない」とあることからもわかる。

第二段落　教209ページ4行～211ページ16行

一夜の寝場所を求めて羅生門の楼の上に出るはしごを上ると、楼上の死骸の中でうずくまっている猿のような老婆を見つけ、六分の恐怖と四分の好奇心を抱く。やがて、老婆が死人の髪の毛を抜き取るのを見た下人の心から、恐怖が少しずつ消え、悪を憎む心が燃え上がる。

4 **一人《ひとり》の男《おとこ》**　下人のこと。下人をこう表現することで、不測の事態により下人の心情が緊張した状態へと変化したことと、物語が新しい展開を見せたことを印象づけている。

5 **息《いき》を殺《ころ》しながら**　息を抑え、じっと音をたてないようにしながら。

6 **赤《あか》くうみを持《も》ったにきびのある頬《ほお》である**　この描写で、「一人の男」が下人であることがわかる。また、にきびが「赤くうみを持っ」ていることから、下人が手持ち無沙汰で始終にきびを触っていたこともわかる。

8 **たかをくくっていた**　見くびっていた。下人は、楼の上に人がいても、それは死人であろうと思っていたということ。

＊「たかをくくる」＝見くびる。あなどる。

10 **すぐにそれと知《し》れた**　すぐにそういう状況だと判断した。

❷ 「それ」とは、どういうことか。

答 羅生門の楼の上で誰かが火をともして、その火を動かしているらしいということ。（209ページ8～9行）

11 **この雨《あめ》の夜《よる》に、この羅生門《らしょうもん》の上《うえ》で**　「この」を繰り返すことで、「雨の夜」という悪天候と人の外出しない時間、そして「羅生門」という死体の捨て場所が、「ただの者」とは無縁の世界であることを強調している。

12 **ただの者《もの》ではない**　普通の人ではない。ここでは、悪い者に決まっている、という意。

13 **やもりのように足音《あしおと》を盗《ぬす》んで**　はしごにへばりつくように姿勢を低くし、足音をたてないように慎重に。「ただの者ではない」者を警戒し、察知されないようにしている様子。

16 **無造作《むぞうさ》**　大事に扱わず、簡単・手軽にすること。

教210ページ

8 **臭気《しゅうき》**　臭いにおい。悪臭。

8 **次《つぎ》の瞬間《しゅんかん》**　死骸の中にうずくまり、死骸の顔をのぞきこむように眺めている老婆を目撃した瞬間。

❸ 「ある強い感情」とはどのような感情か。

答 「六分の恐怖と四分の好奇心」が混じり合った感情。

10 **嗅覚《きゅうかく》**　においをかぎ取る感覚。

15 **六分《ろくぶ》の恐怖《きょうふ》と四分《しぶ》の好奇心《こうきしん》**　下人の「恐怖」は、死体ばかりと思っていた羅生門の楼に、下人の恐れている生きた人間がおり、それが「猿のような老婆」で、死骸の顔をのぞきこむように眺めていることから生じている。それと同時に、老婆が何をしようとしているのか知りたいという「好奇心」も生まれている。

15 **暫時《ざんじ》**　しばらく。

16 **旧《きゅう》記《き》の記者《きしゃ》の語《ご》を借《か》りれば**　「旧記」とは、脚注19にあるように『今昔物語集』のこと。「記者」とあるが、はっきりした作者は不明。古い物語の表現を借りると、の意。

教211ページ

3 **髪《かみ》は手《て》に従《したが》って抜《ぬ》けるらしい**　髪が容易に抜けることをいう。下人にとっては、それも不気味に感じられたであろう。

5 **それ**　下人の心から、恐怖が少しずつ消えていくこと。

5 **憎悪《ぞうお》**　激しく憎み嫌うこと。

6 ＊**語弊《ごへい》**　言葉の使い方が適切でないために生じる弊害。

6 **あらゆる悪《あく》に対《たい》する反感《はんかん》**　目の前にいる老婆だけでなく、世の中の醜悪なもの、疑わしいものに対する拒否の感情。

7 **一分《いっぷん》ごとに**　「一本ずつ抜けるのに従って」（211ページ4行）と同様、短時間で下人の心理が変化していくことを示す。

9 **なんの未練《みれん》もなく**　門の下にいた時の、飢え死にするか盗人になるか決断できずにいた下人の心理から、がらりと変わったことを強調している。

＊「未練」＝思い切れないこと。心残り。

10 **悪《あく》を憎《にく》む心《こころ》**　正義感。前出の「憎悪」と表記は似ているが、意味が異なる。

13 **合理的《ごうりてき》には……知《し》らなかった**　老婆が死人の髪の毛を抜く理由や目的がわからないのであるから、理屈の上ではそれが善悪のどちらであるか決定することができない、ということ。

＊「合理的」＝道理にかなっている様子。

14 **それだけですでに**　「それ」とは直前の「この雨の夜に、この羅生門の上で、死人の髪の毛を抜くということ」を指し、この老婆の行為を「許すべからざる悪」と判断したことが直感的であったことが強調されている。

15 **許《ゆる》すべからざる悪《あく》**　許してはならない悪。

第三段落　教212ページ1行～214ページ12行

悪を憎む心に駆られて楼上に飛び上がった下人は、逃げようとする老婆を捕らえ、何をしていたか詰問する。老婆の生死が自分の意志に支配されていることを意識すると、憎悪の心は冷め、下人は安らかな得意と満足を感じる。老婆は悪いことをした者に悪いことをしても大目に見てくれるだろうし、しかたがなくする悪は許されると話す。

教212ページ

2 **聖柄《ひじりづか》の太刀《たち》に手《て》をかけながら**　不気味な存在である老婆に対して、警戒心を解かずにいることがわかる。

2 **大股《おおまた》に老婆《ろうば》の前《まえ》へ歩《あゆ》み寄《よ》った**　「やもりのように足音を盗んで、……楼の内をのぞいてみた。」（209ページ13～15行）と対照的な下人の態度。悪に対する憎悪の感情が激しく燃え上がり、正義感に駆られている下人の心理がその動作に表れている。

4 **弩《いしゆみ》にでもはじかれたように**　不意を突かれて、慌てふためいている様子の比喩。

5 **おのれ**　ここでは、きさま、こいつ、の意で、相手を見下して罵るときに使う二人称代名詞。

11 **これだぞよ**　「これ」は、抜き身の刀を指す。死人の髪の毛を抜くという「許すべからざる悪」を働いた理由を、何が何でも聞き出そうとする、弱者に対する強者の威圧が感じられる。

12 **白《しろ》い鋼《はがね》の色《いろ》**　抜き身の刃の色で、刀そのものを表した比喩。

13 **肩《かた》で息《いき》を切《き》りながら**　両肩を大きく上げ下げして、はあはあと息をつきながら。下人が突然現れたことに動転し、逃げようとして下人とつかみ合った直後の、老婆の息を荒くしている様子。

14**目《め》を、眼球《がんきゅう》がまぶたの外《そと》へ出《で》そうになるほど、見開《みひら》いて**　ねじ倒され、太刀を突きつけられた老婆の、驚きと恐怖でぎょっとしている様子。

14**執拗《しゅうね》く**　執念深く。しぶとく。

15**全然《ぜんぜん》、自分《じぶん》の意志《いし》に支配《しはい》されている**　全く自分の意志一つでどうにでもなる。

「全然」＝ここでは、全く、完全に、の意。現在では、あとに打ち消しや否定的表現を伴う副詞だが、この作品が書かれた当時では肯定表現で受けることも一般的に行われた。

16**この意識《いしき》**　老婆の生死を、自分の意志が支配しているという意識。

教213ページ

1**憎悪《ぞうお》の心《こころ》を、いつの間《ま》にか冷《さ》ましてしまった**　悪そのものと見なしていた老婆を力によって完全に支配下に置いたことで、下人の心に優越感が生じ、憎悪の心が消えていったのである。

2**円満《えんまん》**　ここでは、物事に欠点や不足のないこと、の意。

2**＊成就《じょうじゅ》**　成し遂げること。

3**少《すこ》し声《こえ》を和《やわ》らげて**　安らかな得意と満足から、精神的な余裕ができたことを示す。また、声を和らげることで、老婆の口を開かせようという意図もある。

4**今《いま》しがたこの門《もん》の下《した》を通《とお》りかかった旅《たび》の者《もの》だ**　実際には、四、五日前に暇を出された京の者だが、京の普通の人間ならば、この時刻に羅生門に近づくはずはない。そこでその言い訳に「旅の者」とうそをつき、老婆を安心させようとしたと考えられる。

7**老婆《ろうば》は、見開《みひら》いていた目《め》を、……顔《かお》を見守《みまも》った**　老婆は、突然現れて自分をねじ倒し、何をしていたか言えと脅した男が、今度は声を和らげて「旅の者」と称し、同じ問いを重ねてきたことに警戒心を抱き、男の表情から真意を探ろうとしているのである。

8**肉食鳥《にくしょくちょう》のような、鋭《するど》い目《め》**　冷酷で、油断のならない目。老婆が単なる弱者ではなく、生への貪欲な執着をもつ、冷酷な人間であることを表す表現。

「肉食鳥」＝鷹《たか》や鷲《わし》など、鳥獣の肉を食用とする猛禽類《もうきんるい》。

10**からすの鳴《な》くような声《こえ》**　しゃがれ声をたとえた表現。

13**老婆《ろうば》の答《こた》えが存外《ぞんがい》、平凡《へいぼん》なのに失望《しつぼう》した**　下人は、異様な時刻と異様な場所、異様な老婆の行為から、もっと異常な答えを期待していたのだが、それが案外つまらない、日常的で平凡な答えであったため、失望したのである。

「存外」＝思いの外。案外。

14**侮蔑《ぶべつ》**　侮り蔑むこと。侮りないがしろにすること。

14**その気色《けしき》**　下人が老婆に対して、侮蔑とともに再び憎悪を抱いた様子。

「気色」＝ここでは、おもてに表れた心の動き。顔つきや態度など。

教214ページ

1**なんぼう**　どれほど。どんなにか。

4**往《い》んだ**　行った。

10**大目《おおめ》に見《み》てくれるであろ**　厳しくとがめずに、寛大に扱ってくれるだろう。

「大目に見る」＝誤りや欠点を厳しくとがめず、寛大に扱う。

12**だいたいこんな意味《いみ》**　老婆の論理を整理すると、〝相手が悪であれば、それに対して悪を働いても許される〃〃生きるためにしかたがなくする悪は許される〃の二点にまとめられる。

第四段落　教214ページ13行〜216ページ4行

老婆の話を聞いているうちに、ある勇気が生まれた下人は、老婆から着物を剝ぎ取り、老婆を蹴倒してはしごを駆け下りた。下人が去ったあと、老婆ははしごの口から外をのぞきこむが、そこには黒洞々《こくとうとう》たる夜があるばかりである。下人の行方は、誰も知らない。

13 **冷然《れいぜん》**　冷ややかな様子。

4 **「ある勇気」とはどのような勇気か。**

答　盗人になる勇気、生きるために悪を行うことを積極的に肯定する勇気。

16 **さっき門《もん》の下《した》で、この男《おとこ》には欠《か》けていた勇気《ゆうき》**　「『盗人になるより外にしかたがない。』ということを、積極的に肯定するだけの、勇気」(208ページ8〜9行)。直前の「ある勇気」を言い換えたもの。

教215ページ

1 **この老婆《ろうば》を捕《と》らえた時《とき》の勇気《ゆうき》**　あらゆる悪を憎み、悪を犯すぐらいなら飢え死にしたほうがよいと考えた、正義感に基づく勇気。

4 **意識《いしき》の外《そと》に追《お》い出《だ》されていた**　悪に染まらず飢え死にしようなどという考えが、下人の中から全く消えてしまったということ。

6 **嘲《あざけ》るような**　ばかにして笑うような。

「嘲る」＝ばかにして笑う。見下した態度をとる。

6 **念《ねん》を押《お》した**　間違いのないように、もう一度確かめた。

＊「念を押す」＝間違いや手落ちがないようにもう一度確かめる。

5 **「嘲るような声」で念を押したのはなぜか。**

答　下人は、老婆の自分を正当化する論理を逆手にとって、自分の行動を正当化しようとしているから。

考え方　老婆自身の論理によって、「引剝《ひはぎ》」がわが身に降りかかるのを老婆が知らずにいることを、蔑んで言っているのである。

7 **襟髪《えりがみ》**　首の後ろの髪。

12 **はしごの口《くち》までは、わずかに五歩《ごほ》を数《かぞ》えるばかり**　「はしごの口」は、下人が悪を行うことを逡巡《しゅんじゅん》していた時に、楼の中をのぞいていた場所である。それが今は、下人が生きていこうとする悪の世界の入り口になっている。「わずかに五歩を数えるばかり」という表現で、その世界に入ることのたやすさを表している。

13 **夜《よる》の底《そこ》**　階下の真っ暗な闇。下人が生きていこうとする世界の、絶望的な暗さを暗示している。

教216ページ

2 **黒洞々《こくとうとう》たる夜《よる》**　真っ暗な洞窟の中にいるような、暗黒の夜。

4 **下人《げにん》の行方《ゆくえ》は、誰《だれ》も知《し》らない**　生きるために悪を行った下人の行方を曖昧にすることで、作品に余韻をもたせ、下人のその後を想像させる表現である。

課題

課題

一　この作品の背景となっている京都の町や羅生門の描写に注目し、そこに描かれている当時の社会状況についてまとめてみよう。

解答例　京都ではこの二、三年、地震・辻風《つじかぜ》・火事・飢饉などの災いが続いて起こり、洛中のさびれ方はひととおりではなかった。仏像や仏具が打ち砕かれ、薪の代わりに売られるといった始末であるから、羅生門の修理など誰も顧みず、羅生門は荒れ果て、狐狸や盗人が棲《す》むようになり、とうとう引き取り手のない死人を捨てる場所になっていた、というような荒廃した社会状況である。

二　下人が羅生門の下に至るまでの経緯をふまえ、門の下での下人の心情についてまとめてみよう。

解答例　永年使われていた主人から四、五日前に暇を出された下人は、行き所がなくなり途方に暮れていたが、生きるためには手段を選ばないということを肯定しながらも、盗人になることを積極的に肯定するだけの勇気をもてないでいた。

三　楼に上って以降の下人の心理の推移を、箇条書きにして整理してみよう。

解答例　下人の心理を、第二段落〈楼の上に出るはしごの上で〉、第三段落〈楼の内で老婆を捕らえて〉、第四段落〈老婆の話を聞いて〉の三つに分けて整理した。

第二段落〈楼の上に出るはしごの上で〉

- 楼の上に誰かがいるのに気づいた下人は緊張するが、雨の夜に羅生門の上で火をともしているのだから、どうせただの者ではないと考える。
- 恐る恐る楼の内をのぞいた下人は、そこに死骸の顔を眺めている老婆を見て、六分の恐怖と四分の好奇心を抱く。
- 老婆が死体の髪の毛を抜くのを見ているうちに、下人の心から恐怖が少しずつ消え、同時に老婆に対する激しい憎悪、あらゆる悪に対する反感が強さを増してきた。
- 下人は、羅生門の上で死人の髪の毛を抜くということが、それだけで許すべからざる悪であると考えた。

第三段落〈楼の内で老婆を捕らえて〉

- 老婆をねじ倒し、太刀を突きつけた下人は、老婆の生死が自分の意志に支配されていることを意識し、悪に対する憎悪が冷め、安らかな得意と満足を覚える。
- 下人は老婆に何をしていたかと問うが、その答えが平凡なのに失望し、同時に前に抱いた老婆に対する憎悪が、冷ややかな侮蔑と一緒に、心の中に入ってきた。

第四段落〈老婆の話を聞いて〉

- 下人は、老婆の話を冷然として聞いているうちに、心に盗人になる勇気が生まれる。
- 下人は、飢え死にするか盗人になるかに迷わなかったばかりでなく、もはや飢え死になどということは、意識の外に追い出されていた。

四 老婆は自分の行いについてどのように語っているか、また、下人はそれをどのように受け止めているか、整理してみよう。

解答例

●老婆が自分の行いについて語ったこと＝羅生門にいる死人たちは生前悪いことをしてきた人間ばかりであるから、髪の毛を抜くくらいのことをされても当然である。また、蛇を干し魚と偽って売っていた女は、そうしなければ飢え死にするのでしかたなくしたのであって悪いことではない。自分が死体の髪の毛を抜くのも、そうしなければ飢え死にするのでしかたなくすることで、悪いことではない。

●下人の受け止め方＝生きるためにする悪は許されるという老婆の論理を、今の自分の状況にもあてはまるものとして、そのまま自分の論理として受け止め、実行に移している。

五 「下人と老婆」のその後の物語は、どのようなものになると思うか。話し合ってみよう。

考え方

老婆の論理によって悪を行うことを積極的に肯定した下人は、「引剝」(215ページ9行)をすることによってその一歩を刻み、「またたく間」(215ページ13行)に「夜の底」(215ページ13行)へ駆け下りた。下人によって着物を奪われた老婆は「死んだように倒れていた」(215ページ15行)が、まだ生きており、はって移動し、門の下の「黒洞々たる夜」(216ページ2〜3行)をのぞきこんだ。「夜の底」が、盗人となった下人が生きていく世界を、「黒洞々たる夜」が、下人の未来の救いのなさを暗示していることや、物語の舞台の状況(災害などでさびれた京都、「火桶が欲しいほどの寒さ」(208ページ11行)の夜、「裸の死骸と、着物を着た死骸」(210ページ2行)が捨てられた羅生門……)などに注目して話し合ってみよう。

語句と表現

一 本文中から動物を使った比喩を抜き出し、どのような効果があるか、考えてみよう。

考え方

動物を使った比喩は、主に老婆の登場する場面以降に使われ、その多くは、不気味で、不快な印象を与えるものとなっている。荒廃した羅生門の上で死人の髪の毛を抜くという人間らしさを失った老婆のイメージと下人の様子を、的確に読み取る。

解答例

動物を使った比喩と、その表現効果を箇条書きで記した。

●「猫のように身を縮めて」(209ページ5行)＝下人が見つからないように、背を丸めている様子。

●「やもりのように足音を盗んで」(209ページ13行)＝下人が足音を立てないように、姿勢を低くして、そっと移動している様子。

●「猿のような老婆」(210ページ12行)＝しわくちゃで、貧相で小さな姿。人間の中にある愚かさや、醜い動物性を強調する。

●「猿の親が猿の子のしらみを取るように」(211ページ2行)＝老婆が、死体から髪の毛を抜くという異常性を自覚することなく、一本一本つまむように丁寧に髪の毛を抜き取る様子。人間性の喪失を感じさせる。

●「鶏《とり》の脚のような」(212ページ10行)＝老婆の腕が、やせて骨ばっている様子。老婆も貧困者だとわかる。

●「肉食鳥のような」(213ページ8行)＝死肉をあさるハゲタカのよ

うな、猛々《たけだけ》しく鋭い目つき。老婆の貪欲さ、敵愾心《てきがいしん》を表す。

●「からすの鳴くような」（213ページ10～11行）＝老婆のしゃがれ声の不気味さと異様な様子。「死人の肉を、ついばみに来る」（205ページ9行）からすの不気味なイメージを想起させる。

●「蟇《ひき》のつぶやくような」（213ページ16行）＝声が低く濁って、老婆の不気味で醜悪な様子を強調する。

二 次の語を使って短文を作ってみよう。

・途方に暮れる

・たかをくくる

解答例

・財布をなくして途方に暮れる。

・相手は初心者だとたかをくくっていたら、試合に負けてしまった。

▼漢字を書いて確認しよう 重要漢字

①壁のペンキがハげる。（　）

②ダレかの落とした財布を拾った。（　）

③家庭をカエリみることなく働く。（　）

④トラックが揺れて積荷がクズれる。（　）

⑤頭隠してシリ隠さず。（　）

⑥公園のベンチに腰をスえる。（　）

⑦ホオを赤く染める。（　）

⑧窓の外の景色をナガめる。（　）

⑨炭鉱の閉鎖でスイビした町。（　）

⑩株価暴落のヨハを受ける。（　）

⑪買い物を頼まれ、タイギそうに出かけて行った。（　）

⑫満ち足りた、ウレえのない日々を過ごす。（　）

⑬ロウ門からの絶景を楽しむ。（　）

⑭髪をムゾウサに束ねる。（　）

⑮この温泉はフランした卵のような臭いだ。（　）

⑯犬はキュウカクが鋭い。（　）

⑰闘病生活で体がヤせる。（　）

⑱ザンジお待ちください。（　）

⑲花瓶に花をサす。（　）

⑳ゾウオに満ちたまなざし。（　）

㉑こう言うとゴヘイがあるかもしれない。（　）

㉒オオマタで道を横断する。（　）

㉓大型トラックが道をフサぐ。（　）

㉔大勢の前で口汚くノノシる。（　）

㉕長年の研究がジョウジュする。（　）

㉖クチビルを保湿する。（　）

㉗暑くてノドが渇く。（　）

㉘目にブベツの色を浮かべる。（　）

㉙人の失敗をアザケる。（　）

㉚小石をケる。（　）

㉛ワキをしめて直立する。（　）

答

①剝 ②誰 ③顧 ④崩 ⑤尻 ⑥据 ⑦頰 ⑧眺 ⑨衰微 ⑩余波 ⑪大儀 ⑫憂 ⑬楼 ⑭無造作 ⑮腐乱 ⑯嗅覚 ⑰痩 ⑱暫時 ⑲挿 ⑳憎悪 ㉑語弊 ㉒大股 ㉓塞 ㉔罵 ㉕成就 ㉖唇 ㉗喉 ㉘侮蔑 ㉙嘲 ㉚蹴 ㉛脇

学びを広げる　古典作品の典拠利用『今昔物語集』

教科書P.218〜219

「羅生門」という作品は、次の『今昔物語集』の「羅城門登上層見死人盗人語《らせいもんのうはこしにのぼりてしにんをみるぬすびとのこと》　第十八《だいじふはち》」という説話を主な素材としている。

一　「羅生門」と説話とを読み比べ、書きぶりや展開などについて、共通点や相違点を発表し、話し合ってみよう。

考え方　〝男が門の上で死体の髪を抜く老婆に出会い、その着物を奪って逃げる〟という大まかな展開は両方の作品に共通しているが、細部の状況などは異なっている部分もある。心理や状況の描かれ方、舞台や登場人物、話の結末などのポイントを整理して話し合ってみよう。

整理例

作品名	「羅生門」	「羅城門登上層見死人盗人語第十八」
書きぶり	人物の心理や場面の状況が詳細に描かれる。	出来事が端的に描かれる。
舞台	人気のない「羅生門」。雨が降っている寒い季節の夕方〜夜。	大勢の人が往来する朱雀《すざく》大路にある「羅城門」。日中。
登場人物	●主人公 主人から暇を出され、行くあてのない下人。冒頭では、盗みを行うことへの葛藤を抱いている。 ●老婆 下人に必死で抵抗し、生き延びるための悪事はしかたないと話す。 ●女（死体） 蛇を魚だと言って売っていた女。	●主人公 盗みをするために京都へやってきた男。老婆を鬼や死者の霊ではないかと疑って襲った。 ●老婆 襲われるとすぐに命乞いをした。 ●女（死体） 老婆の主人だった女。
結末	下人は老婆の着物を剝ぎ取って逃げた。「下人の行方は、誰も知らない。」（216ページ4行）	男は老婆の着物に加え、抜かれた髪の毛や死人の着ていた着物も奪って逃げた。盗人の男自身の語ったことが語り継がれているという後日譚で終わる。

レッスン

角田光代《かくたみつよ》

教科書P.220〜224

●教材のねらい

・「あたし」の、「先生」に対する心情の変化を読み取る。
・「あたし」の視点で語られるできごとや言動をとらえ、視点をかえて物語を再構成する。

●主　題

小学五年生の「あたし」の視点で、ピアノの先生への印象が語られる。選択権のない子どもとしての日常の中で「へん」と感じていた先生の印象は、先生から発せられた言葉によって好ましいものへと変化する。「あたし」の視界の広がり、世界の見え方の変化が、先生という人物を通して印象的に描かれる。

●段　落

場面の推移から、三つの段落に分ける。

一　教 p.220・1〜p.221・3　ピアノの先生になじめない「あたし」
二　教 p.221・4〜p.221・11　周囲から浮いているピアノの先生
三　教 p.221・12〜p.222・10　「その日」のできごと

段落ごとの大意と語句の解説

第一段落　教220ページ1行〜221ページ3行

「あたし」は、上達しないピアノのレッスンの日数が増えるので、夏やすみがきらいだった。ピアノの先生は「へん」で、なじむことができない。「あたし」は「子どもに選択権なんかない」と思いながら、家から四十分かかる先生の家まで、電車に乗って通っていた。

教220ページ

6 **母親《ははおや》より若《わか》い女《おんな》の人《ひと》で……だらしない服《ふく》を着《き》て**　「あたし」が「へんだ」と感じたピアノの先生の、年齢や髪形や服装といった外的な描写である。

7 **感情過多《かんじょうかた》**　感情を表に出しすぎる様子。「練習していないとしんじられないほど怒ったし、ときには泣いてさわいで、うまく弾けたときはあたしたち生徒を抱き締めてよろこんだ」(220ページ7〜9行)のように描かれる、「あたし」から見た先生の性格が表れた部分である。

教221ページ

3 **子《こ》どもに選択権《せんたくけん》なんかない**　いやいやピアノのレッスンに通っている「あたし」の思いである。大人によって決められたように行動しなくてはならない子どもの立場からの「あたし」の意識が表現されているといえる。

第二段落　教221ページ4行～221ページ11行

「あたし」は、先生が周囲から浮いていることに気づいている。レッスンを受ける生徒はどんどん減っており、発表会の規模も小さくなっている。しかし、「あたし」の母はそれに気づかず、「あたし」をレッスンに通わせている。

4 **うすうす**　事情などを、ぼんやりとだが感じ取っている様子。ここでは、「生徒の母親たちは先生をあんまり好ましく思っていない」ことにぼんやり気づいているということ。

9 **水《みず》のなかに落《お》とした油《あぶら》みたいな人《ひと》**　「あたし」が感じ取っている先生の人物像。先生は「エキセントリックすぎ」、感情過多で、「とんちんかんに正義感が強くて」、周囲から「浮いている」のである。

10 **鈍《にぶ》ちん**　鈍感。口語的な表現である。ここでは、「あたし」の母が、周囲から浮いている先生の様子に気づかないということを指している。

第三段落　教221ページ12行～222ページ10行

「その日」、「あたし」が先生の家に行くと、ほかの生徒がだれもいなかった。先生に散歩に誘われ、二人で町を歩く。急坂をのぼりきって視界が開けたとき、先生は「あたし」に「いくらがんばったってだめなものはだめなのよ、わかる？」と突然言う。「あたし」ははじめて先生をすきだと思う。

12 **だれかしら**　誰かがきっと。ここでは、いつもなら他の生徒がいるはずなのに、という意味。

14 **いれておいて……無愛想《ぶあいそう》につぶやいた**　先生の、自分の感情に従って行動する様子がわかる。紅茶をいれてくれたと思ったら、散歩に行くことを思いついたので、「あたし」に特別配慮することもなくその思いつきを口に出したのである。

16 **ぞっとしない**　よいと思わない。「あたし」は先生になじめないものを感じていたので、二人で散歩に行くことを積極的に喜んではいない。うまくいかないピアノの練習をするよりはいいと思って同意したのである。

教222ページ

2 **先生《せんせい》の住《す》む町《まち》には……眠《ねむ》るみたいに**　商店などのない住宅街の様子。眠っているかのような静けさには、生活感のなさや、先生に感じている違和感などが投影されているといえる。

5 **先生《せんせい》は汗《あせ》をかかない**　汗まみれになる「あたし」と対照的に、先生は汗をかかないのである。直後にあるように、「あたし」は先生のそういうところを「へん」だと感じている。

7 **視界《しかい》がぐんと広《ひろ》がった……川《かわ》が流《なが》れていた**　急坂をのぼりきったから視界が開けたのだが、ここに「あたし」自身の視界の広がりも感じ取ることができる。大人に強要されてレッスンに通う、選択権のない子どもであった「あたし」の心情の変化が読み取れる。

8 **いくらがんばったって……わかる？**　先生が突然「あたし」に投げかけた問いである。「あたし」は、自分のピアノが上達しないことを言ったのだと受け止めている。ピアノ教室の生徒が減っていくことについて言っているとも考えられる。

10 **あたしはこのとき……すきだと思《おも》った**　これまでは、なじめない、「へん」だと思っていた先生の印象が、「すき」へと変化したのである。先生に「いくらがんばったって……わかる？」（222ページ

8行）と言われ、「あたし」は、はじめて先生を自由で好ましい存在として見たのだといえる。

課題

課題

一　**「その日」（221・13）まで、「あたし」は先生に対してどのような印象をもっていたか、小説の言葉を抜き出してみよう。**

考え方　語り手は「あたし」なので、描かれていることは基本的に「あたし」の視点からの印象である。221ページ11行以前の範囲から、先生についての描写を探す。

解答例　●「ピアノの先生になじめなかった」（220ページ5行）

●ピアノの先生はへんだった。……感情過多だった」（220ページ6〜7行）

●「先生はエキセントリックすぎる……水のなかに落とした油みたいな人」（221ページ7〜9行）

二　**「その日」の「先生」の言動を整理してみよう。**

考え方　221ページ12行以降から、「先生」が主語になっている部分を探し、場所や時間に沿って整理する。

解答例

●先生の家の居間…「先生はピアノ室にいかず、あたしに紅茶をいれてくれた。いれておいて、あたしがそれに口をつける前に、散歩いかない、と無愛想につぶやいた」（221ページ13〜15行）

●散歩に出たとき…「先生は何も言わず、日傘をくるくるまわしてあたしの先を歩く」（222ページ2行）

●急激な坂をのぼりきったとき…「先生は、いくらがんばったってだめなものはだめなのよ、わかる？　と言った」（222ページ8行）

三　**「あたしはこのときはじめて、先生を、すきだと思った。」（222・10）とあるが、この時、「あたし」の中にどのような変化が起こったのだろうか、話し合ってみよう。**

考え方　「あたし」は、子どもには選択権などないとあきらめ、ピアノのレッスンにいやいや通い続けていた。先生に対しても、なじめないと感じていた。しかし、坂をのぼりきって視界が開けた時に先生にかけられた身もふたもない言葉が、「あたし」の心情やものの見かたの変化のきっかけとなる。「あたし」の目には、自分の感情をすぐに周りにぶつけ、世の中で浮いているように見える先生が、この時はじめて、素直に心情を伝えられる自由で好ましい存在として映ったのだと考えられる。

語句と表現

本文中に使われている擬音語や擬態語を抜き出してみよう。

解答例　・だらんと（220ページ7行）

・くるくる（222ページ2行）

・ずらり（222ページ3行）　など

▼漢字を書いて確認しよう 重要漢字

① 情報カタな生活を見直す。（　）
② 泣きじゃくる妹を抱きシめる。（　）
③ 黒い雲が空をオオう。（　）
④ 本を読んでタイクツを紛らわす。（　）
⑤ ピアノのケンバンに指を置く。（　）

答 ①過多 ②締 ③覆 ④退屈 ⑤鍵盤

学びを広げる　小説の書き換え

教科書P.224

一　小説「レッスン」は「あたし」を語り手とする物語である。この物語を「先生」を語り手とする八〇〇字程度の物語に書き換えてみよう。

考え方　《進め方》にあるように、「あたし」の視点で語られる小説「レッスン」の内容を整理したうえで、視点をかえて一つ一つの場面を検討してみよう。

・表にまとめた例　語り手…「あたし」

場面1 ピアノの先生になじめない「あたし」	・小学五年生の夏やすみ。苦手なピアノのレッスンが週に二回に増える。 ・外見がだらしなく、感情過多なピアノの先生を「へん」と感じ、なじめない。 ・先生の家までの道のりも退屈ですきではない。 ・子どもに選択権はないのでいかなくてはならない。
場面2 周囲から浮いているピアノの先生	・生徒の母親たちは先生を好ましく思っておらず、生徒がどんどん減っている。 ・先生は「水のなかに落とした油みたいな人」で、周囲から浮いている。
場面3 「その日」のできごと	・ピアノのレッスンに行くと、ほかにだれもいない。先生は紅茶をいれ、「あたし」を散歩に誘う。 ・何も言わず、日傘をまわして先を歩く先生。 ・急激な坂をあがる。汗をかかない先生。 ・坂をのぼりきると視界が広がる。 ・先生がふりかえり、「いくらがんばったってだめなものはだめなのよ、わかる？」と言う。 ・「あたし」ははじめて、先生をすきだと思う。

二　詩

小諸《こもろ》なる古城のほとり

島崎藤村《しまざきとうそん》

教科書P.226〜227・238

●教材のねらい

・繰り返し音読して、五七調のリズムが生み出す情感を理解する。
・繰り返される否定表現や音の響きの効果を考える。
・描かれている情景を捉え、詩の主題を理解する。

●主　題

長野県小諸市の小諸城址《じょうし》における、早春の自然の景物のわびしさと旅愁とが、遠近法や時間の経過などによって抒情《じょじょう》的に描かれている。

●詩の形式・構成

三連からなる文語定型詩。時間の経過に沿って次のように構成されている。


第一連＝小諸城址に至った旅人の悲しみと、早春のまだ緑の見えない中での雪解けの景色。

第二連＝昼の光が差すも、野に満ちる香りはまだない早春、畠の中を急ぐ旅人の群れが見える。

第三連＝日が暮れ行き、浅間山も見えない。宿で酒を飲み、旅愁を慰める。

●表現技法

五七調のリズム、各連で繰り返される否定表現、自然景と旅情の対比、遠近法といった技法によって、旅の哀愁を表現している。

語句の解説

教226ページ

1 **小諸《こもろ》なる古城《こじやう》のほとり**　長野県にある小諸城址の場面である。

2 **雲白《くもしろ》く遊子《いうし》悲《かな》しむ**　旅人である作者は、移動していく雲ととどまっている自分とを対比して悲しんでいる。

3 **緑《みどり》なす蘩蔞《はこべ》は萌《も》えず**　否定表現によって、緑の蘩蔞が萌えていてほしかったのだという作者の願望が強調されている。

4 **若草《わかくさ》も籍《し》くによしなし**　若草もまた、腰を下ろすのには足りない。前行と同様否定の形で、願望が強調されている。

「籍く」＝敷く。
「よしなし」＝都合がよくない。

5 **しろがねの衾《ふすま》の岡辺《をかべ》** 白くかがやく岡の様子をこのように表現している。足元の繁蔞や若草から、視線が遠くへと移動している。
「衾」＝夜具。

6 **日に溶《と》けて淡雪流《あはゆきなが》る** 日の光に溶けて淡雪が流れる。早春の景色である。

8 **野《の》に満《み》つる香《かをり》も知《し》らず** ここでも否定表現が用いられている。

教227ページ

1 **浅《あさ》くのみ春《はる》は霞《かす》みて** 浅く春の霞がかかっているだけで。空気にもやがかかったようになる自然現象について、平安時代以降、春は霞、秋は霧と表現されてきた。

3 **旅人《たびびと》の群《むれ》はいくつか／畠中《はたなか》の道《みち》を急《いそ》ぎぬ** 次の宿へ急ぐ行商人などの旅人の姿である。夕暮れ前の昼間の情景であるとわかる。

5 **暮《く》れ行《ゆ》けば浅間《あさま》も見《み》えず** 日が暮れてゆき、浅間山も見えず。時間の経過がわかる。ここでも否定表現が用いられている。

6 **歌哀《うたかな》し佐久《さく》の草笛《くさぶえ》** 歌や佐久の草笛の音が哀しくきこえる。

7 **千曲川《ちくまがわ》いざよふ波《なみ》の** 千曲川に漂う波の。旅にさすらう作者自身も重ねられているといえよう。
「いざよふ」＝漂う。

8 **岸近《きしちか》き宿《やど》にのぼりつ** 千曲川の近くの宿にあがって。

9 **濁《にご》り酒濁《ざけにご》れる飲《の》みて／草枕《くさまくら》しばし慰《なぐさ》む** 濁った酒を飲んで、旅愁をしばし慰める。
「草枕」＝草を編んで旅寝の枕にすることから、旅寝のことをいう。和歌においては、「旅」にかかる枕詞である。

課題

一 否定の表現を全て指摘し、詩全体の中でどのような効果をもたらしているか、説明してみよう。

考え方 「〜ず」「〜なし」などの否定表現を探して考えてみよう。

解答例 ●「緑なす繁蔞は萌えず／若草も籍くによしなし」（226ページ3〜4行）＝春への期待が裏切られた失望と、その裏にある春への思いが強調されている。

●「野に満つる香も知らず」（226ページ8行）＝前行の「あたたかき光」によって期待された春の香りを感じ取ることができなかった失望と、春への思いがここでも強調されている。また、第一連で描かれていた目に見える事物から、温度や嗅覚といった目に見えないものへと、意識が移っている。

●「暮れ行けば浅間も見えず」（227ページ5行）＝浅間山が見えないことによる失望を示し、時間の経過と作者の悲しみの深まりを感じさせる効果がある。

二 「濁り酒濁れる飲みて／草枕しばし慰む」にはどのような思いがこめられているか、話し合ってみよう。

考え方 何を「慰む」のかを考えてみよう。「遊子悲しむ」「旅人の群」「草枕」といった表現から、強い旅愁を感じ取ることができる。

時　計

萩原《はぎわら》朔《さく》太《た》郎《ろう》

教科書P.228～229・238

教材のねらい

・繰り返し音読して、口語の響きや独特な擬音語の効果を感じる。
・擬人法や直喩などの比喩の効果を捉える。
・描かれている情景を捉え、詩の主題を考える。

主　題

古い空家にいて、かつてそこにいたはずの人の不在を強く意識している「私」。過去の時間やできごとや失われた記憶の象徴として鳴り響く時計の音によって、喪失感、虚無感、孤独感が描き出されている。

詩の形式・構成

二連からなる口語自由詩。二つの連は、一行目と最終行が共通している。また、第一連の6行目には「白」、第二連の4行目には「黄色」という色彩の表現があり、第一連の7行目と第二連の6行目に「私は……ながら」という表現が用いられているという対応もみられる。

第一連＝現在の空家の中で椅子を見、柱時計の音を聴く。
第二連＝過去の記憶をつかみ取ろうとするが虚しく、柱時計の音を聴く。

表現技法

「椅子が茫然《ぼうぜん》として居る」といった擬人法、「幽霊のやうに」といった直喩などの比喩、「じぼ・あん・じやん！」という作者独自の擬音語などが用いられている。「なく」「ない」といった不在を表す表現の繰り返し、「さびしい」「物悲しい」「かなしい」などの語によって、虚無感や孤独感が表現されている。

語句の解説

教228ページ

2 **椅子《いす》が茫然《ぼうぜん》として居《い》るではないか。**　擬人法が用いられている。

3 **その上《うえ》に腰《こし》をかけて……姿《すがた》も見《み》えない**　かつてそこにいたものの不在を強調している。

6 **白《しろ》いがらんどうの家《いえ》の中《なか》で**　白という色彩は空白のイメージにつながる。

「がらんどう」＝広い部屋などの空間に、物が何もないこと。

7 **私《わたし》は物悲《ものがな》しい夢《ゆめ》を見《み》ながら**　空家に存在しているのは「私」一人であり、そこで見る夢は物悲しいものなのである。

8 **古風《こふう》な柱時計《はしらどけい》の……響《ひび》を聴《き》いた。**　時が止まったような空家の中で、柱時計のぜんまいがぎくしゃくとほどけてゆき、音を鳴らすのである。「私」の見る夢と現在との境は曖昧である。

10 **じぼ・あん・じやん！**　二度繰り返される擬音語は、柱時計の音である。濁音と鋭さを欠いた「あん」という音に、錆《さ》びついたぜんまいの響きと、詩全体を覆う不穏さ、虚しさが表されている。

教229ページ

2 **昔《むかし》の恋人《こいびと》の……記憶《きおく》がなく**　写真を見て記憶を探るも、恋人との思い出はないのである。

4 **洋燈《らんぷ》の黄色《きいろ》い……漂《ただよ》つてゐた。**　もはや存在しない記憶は、「かなしい情熱」として漂うだけなのである。洋燈の黄色い光は、影を生み出す装置となっている。

8 **幽霊《ゆうれい》のやうに……響《ひびき》を聴《き》いた。**　ほぐれて鳴りだす柱時計の音を幽霊にたとえて表現している。

「ほごれる」＝ほぐれる。

課　題

一　次の詩句は、どのような様子を表現しているか、説明してみよう。

①古いさびしい空家の中で／椅子が茫然として居るではないか。

考え方　「椅子が茫然として居る」という擬人法が用いられていることに注意して考える。

解答例　空家の中にいる「私」の前に、腰かける人のいない椅子がただ置かれている、人気がなくさびしい様子が描かれている。椅子は「私」の喪失感を投影するものといえる。

②幽霊のやうにほごれてくる／柱時計の錆びついた響を聴いた。

考え方　何をどのようにたとえているのかに注意して考える。

解答例　死んだ人がこの世に現れたものである「幽霊」を比喩として用い、過去の失われた時間を象徴する柱時計が少しずつほぐれて鳴り出す様子を表現している。

二　「じぼ・あん・じやん！　じぼ・あん・じやん！」という表現は、この詩の世界にどのような効果をもたらしているか、話し合ってみよう。

考え方　繰り返される擬音語は、錆びついた古い柱時計の音である。「じぼ」「じやん」という濁音と、鋭さを欠いた「あん」という音によって、錆びついたぜんまいの響きを描き、詩全体に、不穏さや虚しさの印象をもたらしている。

文学の扉　近代詩と翻訳詩

教科書P.230〜231

「落葉《らくえふ》」　「鐘のおとに」以外の行は全て五音となっている。第一連ではヴィオロン（バイオリン）の音色を「ためいき」と表現し、第二連では「鐘のおと」を聴き思い出に涙し、第三連ではわが身を「落葉《おちば》」にたとえている。落葉に託してもの悲しい思いを描いている。

「シャボン玉」　三行の短い詩である。庭がシャボン玉の中に入ることはできない。シャボン玉の表面には周りの物が映るが、シャボン玉自体がくるくる廻《まわ》っているのではなく、庭が廻っているという転換がある。

サーカス

中《なか》原《はら》中《ちゅう》也《や》

教科書P.232～233・238

教材のねらい

・繰り返し音読して、七五調のリズムが生み出す情感を理解する。
・比喩表現やオノマトペの意味を捉え、その表現効果を考える。
・描かれている情景を捉え、詩の主題を考える。

主　題

戦争や苦難の時代を経て、今夜催されるサーカス。空中ブランコが揺れ、魅せられたように人々の体も揺れるが、その華やぎもサーカスが終われば、人々は再び闇の中に戻っていくしかない。倦怠《けんたい》と憂愁の中で、郷愁の思いを歌う。

詩の形式・構成

八連からなる口語自由詩。三つのまとまりで構成されている。

語句の解説

教232ページ

1 **幾時代《いくじだい》かがありまして**　この詩句が三回繰り返されて、詩の描く世界への導入の役割をしていると考えられる。

2 **茶色《ちゃいろ》い戦争《せんそう》**　日清・日露戦争を指すと考えられる。「茶色い」は、セピア色の古い写真、あるいは戦場や軍服の色のイメージを表したものか。戦争の暗さが心象として残る言葉である。

第一連～第三連
苦難の時代を経て、今夜サーカスが催されるという場面の説明。

第四連～第七連
空中ブランコの曲芸と、それを見つめる観客の様子の描写。

第八連
屋外の様子と、「郷愁」を誘うサーカス小屋の描写。

表現技法

七五調の繰り返しがリズムを生み出すとともに、哀感を感じさせ、童謡調の言い回しが昔語りのような懐かしい雰囲気を醸し出している。また、特徴的な比喩表現によってイメージが広がり、三度繰り返される「ゆあーん　ゆよーん　ゆやゆよん」という擬態(音)語が、倦怠感と「ノスタルヂア」(郷愁)をもたらしている。

4 **冬《ふゆ》は疾風《しっぷう》吹《ふ》きました**　「幾時代か」の間には、厳しい冬の時代もあり、激しい風が吹いたという意。

6 **一《ひ》と殷盛《さか》り**　一つの盛り上がり。ここでは、大勢の人がサーカス小屋にやってきて盛り上がることをいう。

9 **そこに一《ひと》つのブランコだ**　高い梁《はり》にブランコが一つぶら下げてある。当時、空中ブランコの曲芸は、サーカスの花形であった。

10 **見《み》えるともない**　見えるのか見えないのかはっきりしない。ブランコが非常に高い位置にあることを強調している。

教233ページ

2 **汚《よご》れ木綿《もめん》の屋蓋《やね》**　サーカス小屋が、汚れた木綿生地のテントでできていることを表す。わびしげな印象を与える表現。

3 **ゆあーん　ゆよーん　ゆやゆよん**　ブランコの大きく揺れる様子を、感覚的に表したもの。

5 **安値《やす》いリボンと息《いき》を吐《は》き**　ブランコの近くにある電灯の、白い光線の様子の比喩表現。リボンのような弱々しい光の情景を表したもの。

6 **観客様《かんきゃくさま》はみな鰯《いわし》**　空中ブランコの動きに合わせて顔の向きを変える観客の様子を、鰯の群れにたとえた比喩表現。

7 **咽喉《のんど》が鳴《な》ります牡蠣殻《かきがら》と**　固唾《かたず》を飲んで見入る観客がたまにあげる驚きの歓声を、牡蠣殻をこすり合わせた音にたとえた比喩表現。

9 **闇《くら》の闇《くら》**　全くの暗闇であることを、リズムを整えて表したもの。

10 **劫々《こふこふ》と更《ふ》けまする**　サーカスが行われているテントの外は「真ッ闇《くら》」な世界であり、その闇はますます深くなっていく。

11 **落下傘奴《らくかがさめ》のノスタルヂアと**　落下傘の開いた形をしたそのサーカス小屋が、暗闇のなか郷愁を誘っている様子を表している。

課題

一　次の詩句は、どのような様子を表現しているか、説明してみよう。

①**安値いリボンと息を吐き**

解答例　ブランコの近くにある電灯が、安っぽいリボンのような光を放っている様子。

②**観客様はみな鰯**

解答例　空中ブランコの動きに合わせて顔の向きを変える観客の様子。

③**咽喉が鳴ります牡蠣殻と**

解答例　固唾を飲んで見入る観客がたまに驚きの歓声をあげる様子。

二　「ゆあーん　ゆよーん　ゆやゆよん」は何を表現しているか、話し合ってみよう。

考え方　詩の中で特に取り上げられているサーカスの演目が「ブランコ」であること、「ゆあーん　ゆよーん　ゆやゆよん」という表現が繰り返されていること、ひらがな表記であることや長音の効果などに注目して、話し合ってみよう。

解答例　ブランコの揺れる様子(音)を感覚的に表現している。

シジミ

石垣《いしがき》りん

教科書P. 234・238

●教材のねらい

・「シジミ」「鬼ババ」「私」と表現されているものたちの関係を捉える。
・片仮名表記の生む効果を捉える。
・描かれている情景を捉え、詩の主題を理解する。

●主　題

翌日の食事にと買ってきたシジミが、夜の間に口をあけて生きているのを見た「私」は、生きているものを食らう存在としての自分を自覚する。そして、眠る「私」自身もまた、口をあけて眠る。生きものを食べると同時に、別の存在によって食われる命である自分自身、加害者であり被害者でもある自分自身を見出すのである。

●詩の形式・構成

三連からなる口語自由詩。
第一連＝夜中に、口をあけて生きているシジミを見る「私」。
第二連＝生きものを殺して食らう「鬼ババ」の言葉。
第三連＝「鬼ババ」として笑ったあと眠る「私」も口をあけている。

●表現技法

「」でくくられた部分の片仮名表記によって、命あるものを殺して食べる存在の恐ろしさを表現しているといえる。

語句の解説

教234ページ

1 **夜中《よなか》に目《め》をさました。**　この詩で描かれている時間が示されている。

2 **ゆうべ買《か》つた……生《い》きていた。**　食べるために買ってきたシジミを台所に置き、砂抜きをしているところであろう。
「シジミ」＝河口などの砂の中に住む、アサリより小さい二枚貝。調理の前には水につけて砂抜きをするが、そのときうっすらと口をあけて呼吸をし砂を吐く。

5 **「夜《よ》が明《あ》けたら……ミンナクッテヤル」**　夜が明けたら、今口をあけて生きているシジミを全部食べてやるということ。台所で口をあけて生きているシジミを翌朝食べるのは、それを買ってきた「私」である。片仮名表記によって、第三連の「鬼ババ」のイメージにつながる恐ろしさを表現しているといえる。

8 **鬼《おに》ババの笑《わら》いを／私《わたし》は笑《わら》つた。**　命のあるシジミを食らう「私」は、シジミにしてみれば「鬼ババ」であることに気づき、生きものの命を奪って生きていることの罪深さに思い至るのである。

「鬼ババ」＝老婆の姿をした鬼のこと。昔話などでは人を食べる恐ろしい存在として登場することが多い。

10それから先《さき》は　夜中に起きて台所のシジミを見、また寝床に戻った後のことである。

11うつすら口《くち》を……なかつた。　「私」もシジミ同様、口をうっすらあけて夜を過ごすのである。口をあけて生きていたシジミを食らう「私」はシジミにとっての「鬼ババ」であったが、うっすら口をあけて寝る「私」もまた何かによっておびやかされる存在であるのだという思いが表れている。

課題

一　第二連の片仮名表記はどのような印象を生み出しているか、説明してみよう。

考え方　片仮名が用いられているのは、「鬼ババ」としての「私」の言葉の部分であることに注意して考える。

解答例　まるで人情のない「鬼ババ」のように、命ある生きものであるシジミを容赦なく食う恐ろしい印象。

二　次の詩句から読み取れる「私」の思いについて、話し合ってみよう。

①鬼ババの笑いを／私は笑つた

考え方　「私」は、まだ生きているシジミを見、その命を食べて生きている自分という存在の罪深さ、恐ろしさを感じて、命を奪う者の笑いを「鬼ババの笑い」と表現しているといえる。このようなことをもとに、考えをまとめて話し合ってみよう。

②それから先は／うつすら口をあけて／寝るよりほかに私の夜はなかつた

考え方　シジミと「私」、シジミたちが口をあけて過ごす夜と、「私」が口をあけて過ごす夜とが重ね合わされている。「私」は、シジミの命を奪う存在である自分を自覚するが、同時に、自分もまた何者かによって命を奪われたり、おびやかされたりする存在であることに気づくのである。「ほかに……なかつた」という言葉で表現されているなすすべのなさなどにも着目し、考えをまとめて話し合ってみよう。

I was born

吉野《よしの》弘《ひろし》

教科書P.235～240

教材のねらい

・文法上の単純な発見をして、「父」に話しかけた時の「僕」の気持ち、その「僕」に「蜉蝣《かげろう》」の話をする「父」の思いを捉える。

・「母」の死にまつわる話を聞いて、「僕」は「生まれる」ことをどう受け止めたか、また、「生まれる」とはどんな意味か考える。

・使われている言葉によって印象が違ってくることを理解する。

●主　題

文法上の単純な発見から「僕」が発した「人間は生まれさせられるんだ」という言葉。それを聞いた「父」の「蜉蝣」と「母」の死にまつわる話から、人が生まれ死ぬという意味を、痛みのように切なく脳裡《のうり》に灼《や》きつけた「僕」の思いを寓話的《ぐうわてき》に描く。

●詩の形式・構成

七連からなる散文詩（第四連は「女はゆき過ぎた。」の一行）。用いられている言葉は平易だが、次のように緊密に構成されている。

第一連〜第五連＝英語を習い始めて間もない頃の或《あ》る夏の宵《よい》、父と境内を歩いている時に身重の女を見かけ、「僕」が父に「——やっぱり」と話しかける。（文法上の単純な発見）

第六連＝父と友人との蜉蝣についての話と、それに結びつけられた母の死という、思いがけない話を聞く。（「生と死」へ深化した話）

第七連＝第六連までのことを回想している、成長した「僕」の現在。

語句の解説

教235ページ

1 **確《たし》か……間《ま》もない頃《ころ》だ。**　英語だけでなく、何もかもが新鮮に感じられる時期である。

2 **宵《よい》**　ここでは、日が暮れて間もない頃、の意。

2 **夕靄《ゆうもや》**　夕方に立ち込める靄（靄は、気象学上はうすい霧）。

3 **物憂《ものう》げに**　おっくうそうに。けだるそうに。

4 **父《ちち》に気兼《きが》ねをしながらも……離《はな》さなかった。**　妊婦の腹を見ることに後ろめたさを感じながらも、好奇心が勝ったということ。

教236ページ

2 **諒解《りょうかい》**　物事の意味などを理解して認めること。＝了解

4 **父《ちち》は怪訝《けげん》そうに……のぞきこんだ。**　唐突な「僕」の言葉をいぶかしく思ったのであろうが、その言葉に対する「父」のさまざまな思いが、第六連の「思いがけない話」へとつながっていく。

7 **無邪気《むじゃき》**　ここでは、深い考えのないこと、の意。

10 **思《おも》いがけない話《はなし》**　「僕」は「文法上の単純な発見」を話したにすぎなかったのだが、「父」は蜉蝣の例をあげて「生と死」の話を始めたので意外に思ったのである。

15 **胃《い》の腑《ふ》**　胃。胃袋。

教237ページ

2 **目《め》まぐるしく**　目の回るような早さで。対応できないほど激しい変化が起こる様子。

8 **脳裡《のうり》**　頭の中。心のうち。＝脳裏

課　題

一 **「白い女」は、作品の中でどのような役割を果たしているか、イメージの効果に着目して説明してみよう。**

考え方 「夏の宵」「寺の境内」「身重」、そして最終連の「白い僕の肉体」と関連づけて考えてみるとよい。

解答例 「僕」を生み落としてすぐに死んだ「母」のイメージを喚起させる役割。

二 **「——やっぱり I was born なんだね——」という「僕」の言葉は、どのような気持ちから出たものであったか、説明してみよう。**

解答例 「I was born」が受身形であることの理由が、「頭を下にした胎児の　柔軟なうごめき」を連想した時に急に理解できた、その感動の気持ち。

三 **「父」は「蜉蝣」の話にどのような思いをこめたのだろうか、話し合ってみよう。**

考え方 「僕」が言った「人間は……自分の意志ではないんだね」(236ページ5～6行)という言葉に、父は何を感じたと想像できるか。わが子が「生まれさせられる」と言った時、親はどんな気持ちになるか、考えてみよう。例えば、次世代に命を継ぐために生まれ死んでいく蜉蝣の雌を例に、「生まれさせられる」としても生や生命に対する責任はあるのだという思いを込めたなどが考えられる。

課題

一 **五編の詩を繰り返し音読し、表現やリズムの特徴を指摘してみよう。**

解答例 「小諸なる古城のほとり」…五七調を基調にしたリズムや文語の響きといった特徴がある。

「時計」…短い言い切りの響き、「じぼ・あん・じやん！　じぼ・あん・じやん！」という擬音語といった特徴がある。

「サーカス」…七五調を基調にしたリズム、童謡調の言い回し、「ゆあーん　ゆよーん　ゆやゆよん」という揺れるブランコの擬態(音)語といった特徴がある。

「シジミ」…「」でくくられた片仮名表記に特徴がある。

「I was born」…一行空きや一字空き、会話文などの特徴がある。

学びを広げる　詩の朗読会

教科書P.239

一 **五編の詩について、詩のリズム・言葉の響き・内容に注意して読み方を工夫し、教室で朗読会を開いてみよう。**

考え方 「小諸なる古城のほとり」…五七調を基調にしたリズム、文語の響き、描かれている情景などに注意。

「時計」…短い言い切りの響き、色彩のイメージ、擬音語などに注意。

「サーカス」…七五調を基調にしたリズム、童謡調の言い回し、擬態(音)語、比喩表現のイメージなどに注意。

「シジミ」…片仮名表記の喚起する非日常的なイメージなどに注意。

「I was born」…一行空きや一字空き、「父」「僕」の言葉、〈〉でくくられた語の意味などに注意。

三　小説二

青が消える

村上春樹《むらかみはるき》

教科書P.242～250

教材のねらい

・「僕」が体験したできごとと、それに対する「僕」の心情を整理する。

・「僕」の生きている〈世界〉はどのような世界か、私たちの生きている世界と対照しながら考える。

主題

新しいミレニアムを迎えるために、世界中の人が理由もなく浮かれ騒ぎ、「僕」だけが青が消えてしまったことを心配する。ある存在が消えても無関心な人々、高度に管理され、新しいものばかりを追いかける社会を、別の〈世界〉《パラレル・ワールド》を舞台に風刺的・戯画的に描く。

段落

時間の推移や、「僕」が会話を交わしている相手などから四つに分ける。第四段落は、さらに二つに分けることも可能。

一　教p.242・1～p.245・1　青の消滅に戸惑う「僕」

二　教p.245・2～p.246・10　青の消滅に無関心な別れたガールフレンド

三　教p.246・11～p.248・2　青の消滅を政治のことと切り捨てる地下鉄の駅員

四　教p.248・3～p.249・13　青の消滅を「歴史」「経済」と言うコンピューターの総理大臣、そして「僕」

段落ごとの大意と語句の解説

第一段落　教242ページ1行～245ページ1行

「僕」がシャツにアイロンをかけているときに、青が消えた。明るい場所に移動してもう一度見ても、クローゼットや引き出しの服や、アルバムの写真にも青はなかった。それは1999年の大晦日《おおみそか》の夜で、世界中の人間はひとり残らずパーティーに出かけていた。「僕」は少し前にガールフレンドと喧嘩《けんか》別れをして落ち込み、ひとりで家に閉じこもってアイロンをかけていたら、青が消えたのだ。

教242ページ

2 バッテリー　充電して、繰り返し使うことのできる蓄電池。

5 **＊断片的《だんぺんてき》**　きれぎれでまとまりがなく、全体像が見えない様子。

6 **居心地《いごこち》の悪《わる》い沈黙《ちんもく》だけが残《のこ》った**　なぜ指揮者が指揮棒を振るのをやめたのか誰にもわからず、その疑問を声にも出せないため、いたたまれなくなった、ということ。青が薄くなって消えてしまい、それにひどく動揺していることの比喩表現。

＊「居心地」＝あるところにいるときの感じや気持ち。

教243ページ

2 **しばらく目《め》を閉《と》じ……もう一度《いちど》よく見《み》てみた**　自分の目が信じられず、冷静になろうとし、幻覚なら早く覚めてくれと願う気持ちの表現である。

① **「棍棒《こんぼう》で……とって換わられていた」とはどのような状態を示しているか。**

答　棍棒で殴られて記憶を失うと、考えにまとまりや明確さがなくなるように、「青が消えた」という異変に思考が追いつかず、漠然とかつてそこにあったはずの青の部分を眺めている状態。

5 **＊とりとめのない**　つかみどころのない。

10 **僕《ぼく》は青《あお》という色《いろ》が……よく似合《にあ》うと言《い》った**　ここでいう「青」とは、単に「好き」で「似合う」色というだけのものではないだろう。これまでの自分にとって大切なもの、自分を支えてきた価値観・信条などのことを象徴していると思われる。

② **「それらは……染まっていた。」はどのような思いを示しているか。**

答　自分が愛用し、みんなからも似合うと言われた「青」が、昔の名残の何もない、しかも人間的な温かみのない白に変わってしまったという喪失感と困惑の思い。

考え方　「青」を前項のように考えれば、自分の価値観・信条、生きてきた過去が理由もなく否定され、自分自身を喪失してしまったように感じたであろう。また、「歳月に洗われた見知らぬ人の骨」という表現からは、人間的な温かみのない寒々しさが感じ取れる。

教244ページ

3 **でもそこには……なかった**　彼女と過ごした青い海は、「僕」にとって大切な思い出だっただろう。その思い出の「青」さえ消えてしまったのである。

4 **まるでシベリアの……白《しろ》い広野《こうや》だった**　「青い海」に取って代わったのは、まるで生きるものを寄せつけないような、白い世界であったということ。

「氷原」＝一面が厚い氷で覆われた広い原野。

＊「茫漠《ぼうばく》」＝ここでは、広くてとりとめがない、の意。

15 **くだらない**　みんながミレニアムのパーティーを楽しんでいるのに、自分はガールフレンドと喧嘩別れして落ち込み、ひとりで家にこもってアイロンをかけている。その寂しさの裏返しとしての強がりと開き直りが、この突き放したような言葉にこもっている。

第二段落　教245ページ2行〜246ページ10行

「僕」は青の消滅について情報を得ようと友人たちに電話をかけたが、誰もつかまらない。仕方なく、別れたガールフレンドのアパートに電話をかけると、やはりパーティーが繰り広げられており、彼女は青の消滅にはなんの関心もないようで、喧嘩腰に応対し、電話を切った。

教245ページ

③ 彼女が「半分喧嘩腰で言った」のはなぜか。

答 ミレニアムのパーティーを楽しんでいる最中に、喧嘩別れした男から電話がかかってきて、青が消えていないかなどとわけのわからないことを聞かされたため。

10 **喧嘩腰《けんかごし》**　喧嘩をしかけるような、威圧的な態度。

16 **用事《ようじ》はそれだけなの？**　ガールフレンドは、青が消えたことを知らないのか、知っていても意に介していないのかはわからないが、どちらにしても無関心であることがわかる。

教246ページ

2 **＊辛気臭《しんきくさ》い**　気がめいってやりきれない。じれったくいらだたしい。

6 **ロクでもない**　なんの値打ちもない。

9 **水《みず》をささなくちゃならないのよ**　せっかく楽しんでいるのに、どうして邪魔をして不愉快にしなくてはならないのよ、という元ガールフレンドのいらだちがこめられた言葉。

「水をさす」＝うまくいっている状態に、横から邪魔をする。

第三段落　教246ページ11行～248ページ2行

十一時半。外に出て、何もかもがブルーでできていた地下鉄のブルーラインの駅に行ったが、そこでも何もかもが白に変わっていた。駅員に青はどうしたのかと聞いたが、駅員は、政治のことは私に聞かないでください、中央コンピューターに聞いてくださいと言うばかりだった。

④ 「彼ら」とはどのような人々か。

答 ブルーラインのような地下鉄を計画し、それを指揮・管理する人々。

教247ページ

3 **スターリングラードの……思《おも》い出《だ》させた**　白一色の殺伐・荒涼とした世界が、「僕」に冬の攻防戦を思い出させたのである。

6 **政治《せいじ》のことは……聞《き》かないでください**　なぜそうするのか、そうなったのかさえ考えない姿。政治によってなされることに、唯々諾々と従っている(コントロールされている)だけだということを自ら告げている。

15 **〈青《あお》の時代《じだい》〉**　親友カサヘマスの自殺にショックを受けたピカソが、暗い青色を基調に絵を描いた時期をいう。自画像をはじめ、カサヘマス、娼婦《しょうふ》、曲芸師などを描き、絶望や苦悩、貧困、死などを表現している。

第四段落　教248ページ3行～249ページ13行

十一時四十五分になり、「僕」の不安はだんだん高まってきた。内閣総理府広報室に電話をかけ、総理大臣の合成された声と話した。青がなくなってしまったと怒鳴る「僕」に、総理大臣は歴史や経済を説くばかりだった。やがて、時計が十二時を打ち、新しいミレニアムになる。誰も消えた青のことを気にしていない中、「僕」は、「でも青がないんだ」「そしてそれは僕が好きな色だったのだ」と小さな声で言った。

教248ページ

6 **なんだか……起《お》こるんじゃないか**　「青」（という「僕」にとって大切なもの）が消え去ったというのに、「僕」以外は無関心だったり、考えるのを避けたりしている。そんな中で新しいミレニアムを迎えることに、「僕」は漠然とした危機感を抱いたのである。

13 **「青《あお》は……色《いろ》であります、岡田《おかだ》さん。」**　「岡田さん」という呼びかけは総理大臣の言葉の中で繰り返し発せられるが、「国民の疑問や苦情に、……個人的に答えてくれるコンピューター・システム」によるものであり、個人名でありながらシステマチックな印象がある。

16 **僕《ぼく》は電話《でんわ》に向《む》けて怒鳴《どな》った**　「僕」はこのコンピューター・システムに、なぜ青が消えてしまったのか聞いたのであろう。しかし、コンピューターは、若山牧水《わかやまぼくすい》の短歌をあげ、「僕」の問いに答えようとしない。「僕」はその言葉に、これまで抱えていた不安と怒りを爆発させたのである。

教249ページ

2 **それが歴史《れきし》なのですよ**　「かたちのあるものは必ずなくなる」ことが「歴史」であると言っている。過去の教訓、過去の価値観などは顧みることはない、と言っているようなもの。

8 **それが経済《けいざい》なのですよ**　なくなったら作ればいい、そのほうが経済的だと、経済の効用性を説くが、これも「僕」の問いの答えになっていない。青の消滅という問題を曖昧にしてしまおうという意向が感じられる。

13 **でも青《あお》が……好《す》きな色《いろ》だったのだ**　誰も「僕」の言葉に耳を傾けないし、青が消えたことに関心をもっていない。しかし「僕」は、どうしても青が消えたことを受け入れることができないのである。この言葉はそういう「僕」の思いの表明である。

課題

課題

一　「僕」が「1999年の大晦日の夜」（244・8）**に体験した事柄とそれに対する「僕」の心情について、整理してみよう。**

解答例

●体験した事柄＝アイロンをかけているとき、青がかすんでいき、消えてしまった。
心情＝茫然《ぼうぜん》とし、自分の目がどうかしてしまったのかという思い。

●体験した事柄＝クローゼットの中や引き出しの中を覗《のぞ》き、ガールフレンドとハワイに旅行したときの写真も見てみたが、そこでも青は、白にとって換わられていた。
心情＝自分の大切なものを失ってしまったという喪失感と困惑。

●体験した事柄＝青の消滅について情報を得ようと友人に電話をかけるが誰もつかまらず、仕方なく喧嘩別れしたガールフレンドに電話するが、彼女は青の消滅に無関心で喧嘩腰に応対し、電話を切ってしまう。
心情＝人々が新しいミレニアムを楽しんでいる中で、自分だけが青の心配をしているのだという思い。

●体験した事柄＝ブルーラインの何もかもが白に変わっており、駅員にその理由を聞くと、政治のことは私に聞かないでくれと、突っぱねられた。
心情＝駅員に尋ねるのをあきらめる気持ち。

●体験した事柄＝べつの青を探すことにするが、どこに行けばよいかわからないうちに、十一時四十五分になる。
心情＝新しいミレニアムに入ったら、なんだかすごくよくないことが起こるのではないかという不安。

●体験した事柄＝内閣総理府に電話して総理大臣の声に尋ねるが、要領を得ず、結局何もわからないまま新しいミレニアムを迎える。
心情＝総理大臣の声に怒りをぶつけるが、わけのわからないまま、自分の大切な青が消えてしまったことに不安と困惑を抱き、どうしてもこんな事態は受け入れられないという思い。

二　「青の消滅」に対する「僕」以外の人々の反応はどのように語られているか。それぞれまとめてみよう。

①別れたガールフレンド　②白い制服を着た駅員
③総理大臣の声

考え方　それぞれの人の態度について語っている言葉と、会話の中のせりふに注目してまとめる。

解答例
①別れたガールフレンド
・「青ってなによ?」と……言った。(245ページ10行)
・「どうしてあなたは……聞かせなくちゃならないのよ。」(246ページ5〜7行)
・「青がなくなって……どうだっていうのよ。」(246ページ7〜8行)
・「どうして……水をささなくちゃならないのよ」(246ページ9行)
●パーティーを楽しむことが大事で、「青の消滅」に対しては全く関心がない。

②白い制服を着た駅員
・「政治のことは……駅員は早口で言った。(247ページ6行)
・「だから政治のことは……彼は言った。(247ページ9〜10行)
・被《かぶ》っていた白い帽子を……床に投げつけた。(247ページ10行)
・「そういうことは……働いているだけです」(247ページ11〜13行)
●「青の消滅」という事態は認識しているが、それは政治のことで何も知らないと言い、その問題に触れることを避けようとしている。

③総理大臣の声
・「青はまことに……静かに言った。(248ページ13行)
・「かたちのあるものは必ずなくなるのです」(249ページ1行)
・「それが歴史なのですよ」(249ページ2行)
・「好き嫌いに関係なく歴史は進むのです。」(249ページ2〜3行)
・「何かがひとつなくなったら、……それが経済なのですよ」(249ページ7〜8行)
●「青の消滅」にしても、かたちあるものは必ずなくなるのが歴史であり、なくなったら新しいものを作るほうが経済的で、それが経済なのだと説き、「僕」の質問に答えない。「青の消滅」という問題を曖昧にしてしまおうとしている。

三　「でも青がないんだ」(249・13)「そしてそれは僕が好きな色だったのだ。」(249・13)という言葉には、「僕」のどのような

思いがこめられているか、考えてみよう。

考え方　「僕」にとって「青」はどういうものであったかをおさえて考える。

解答例　「青」は「僕」が好きだった色であり、これまでの自分の生活の中に確かに存在していたかけがえのないものである。この言葉には、その「青」が消えるという事態をどうしても受け入れることができないという「僕」の思いがこめられている。

四　**「僕」が生きているのはどのような〈世界〉か。本文を引用しながら話し合ってみよう。**

考え方　「パブロ・ピカソ」や若山牧水の短歌など、実在のものもある一方、「国民の疑問や苦情に、総理大臣が……答えてくれるコンピューター・システム」など実在しないものもある。私たちの生きている〈世界〉と対比し、どんな類似点・相違点があるかをおさえて、話し合うとよいだろう。

語句と表現

「断片的」「経済的」のように「的」を伴う語句を集め、それぞれの意味を調べてみよう。

考え方　「的」は名詞に付いて、「～のような」「～に関する」「～の状態にある」といった意味を表す。筆者独自の表現として用いられていることもある。

解答例　「客観的」＝個人の立場からの見方を排除し、冷静に物事を見るさま。

「主観的」＝個人の立場から物事を見るさま。

「具体的」＝わかりやすく明らかで、はっきりしているさま。

「抽象的」＝物事に共通している性質を抜き出して、一般的なものとしてとらえるさま。また、具体性がなく、わかりにくいさま。

「無機的」＝生命をもった感じのないさま。

「有機的」＝部分同士が密接に結びついて全体としての形を作っているさま。

「絶対的」＝他の影響を受けず、また制限されずにあるさま。

「相対的」＝他と比べることでそうと決まるさま。

▼漢字を書いて確認しよう　重要漢字

① 姉は、吹奏楽部でシキをしている。（　　）
② 今はいっときの時間もオしい。（　　）
③ そのニュースにナグられたような衝撃を受ける。（　　）
④ 父は家にショサイをもつのが夢だ。（　　）
⑤ 状況に応じて、適切にタイショする。（　　）
⑥ 伝統的な文化がショウメツしかけている。（　　）
⑦ 大声を出して、勉強のジャマをする。（　　）
⑧ 駅の券売機で、目的地までのキップを買う。（　　）
⑨ 部屋のカベにポスターを貼る。（　　）
⑩ 決勝戦では、激しいコウボウが繰り広げられた。（　　）
⑪ 日差しが強いので、帽子をカブる。（　　）
⑫ 号砲一発、走者はイッセイにスタートした。（　　）

答　①指揮　②惜　③殴　④書斎　⑤対処　⑥消滅　⑦邪魔　⑧切符　⑨壁　⑩攻防　⑪被　⑫一斉

夢十夜

夏目《なつめ》漱石《そうせき》

教科書P.251〜259

教材のねらい

・いかにも「夢」らしいできごとや人物の言動を捉える。
・「夢」に登場する人物やその言動の意味を理解する。
・「夢」で語られたものについて、その根底にあるものは何かを考える。

主　題

第一夜　夢に現れた女が、百年後逢《あ》いにくるから待っていてほしいと言い残して死ぬ。「自分」は百年待ち続け、女の生まれ変わった百合《ゆり》の花と再会する。幻想的な描写で、男と女の「百年」の年月を超えた恋が描かれている。

第六夜　鎌倉時代の運慶《うんけい》が仁王を彫っているのを、明治の人間が見ている。「自分」は、若い男が、木の中に埋もれている仁王を掘り出しているだけだと言うのを聞き、「自分」も木を彫ってみたが、明治の木には仁王は埋まっていないと悟る。漱石から見た明治という時代、漱石の芸術観、信条というものが表現されている。

段　落

第一夜

一　教p.251・2〜p.253・7　百年待っていてと言い残して死ぬ女
二　教p.253・8〜p.254・8　女を待つ男
三　教p.254・9〜16　真っ白な百合の花

第六夜

一　教p.255・2〜p.256・5　護国寺《ごこくじ》の山門で仁王を刻む運慶
二　教p.256・6〜p.257・12　仁王は掘り出すのだと言う若い男
三　教p.257・13〜p.258・6　明治の木には仁王はいない

段落ごとの大意と語句の解説

第一夜

第一段落　教251ページ2行〜253ページ7行

夢に出てきた女は、「もう死にます」と言うが、「自分」にはそうは見えない。女は百年後に逢いにくるから、墓のそばで待っていてほしいと言う。「自分」が待っていると言うと、女は涙をこぼし死んでしまう。

教251ページ

4 **その中《なか》**　枕に敷いた女の長い髪の中。

① 「これは死ぬな」と思ったのはなぜか。

答　女が「もう死にます」とはっきりと断言したから。

② **「その真っ黒なひとみの奥に、自分の姿が鮮やかに浮かんでいる。」とはどういうことか。**

答 女のひとみが鏡のように自分の姿を映しているということ。

教252ページ

2 **これでも**　こんなつやのある黒目をもっている女でも、の意。

3 ***ねんごろ**　まごころでするさま。心遣いの細やかな様子。

③ **「じゃ、私の顔が見えるかい」と聞いたのはどのような気持ちからか。**

答 女のひとみを見ても自分の姿が映っているだけで、女が自分を見てくれている気がしなかったので、きちんと見つめてほしいという気持ち。

11 **墓標**《はかじるし》　墓のしるしに立てる木や石のこと。「ぼひょう」ともいう。

教253ページ

2 **思**《おも》**い切**《き》**った声**《こえ》**で言**《い》**った**　女の強い気持ちが表れている。

4 **ただ待**《ま》**っていると答**《こた》**えた**　女が「百年」という長い年月を言ったのに、「自分」は驚きもせずに「待っている」と答えている。それが愛ゆえなのか、単に「自分」が受動的なのかは不明。

4 **黒**《くろ》**いひとみの中**《なか》**に……ぼうっと崩**《くず》**れてきた**　女のひとみの中に涙があふれてきたのである。

6 **もう死**《し》**んでいた**　「もう」という言葉に、あっという間のできごとだったことが読み取れる。

第二段落　教253ページ8行～254ページ8行

「自分」は女に言われたとおりに真珠貝で穴を掘り、女を埋めた。そして、墓の上には星の破片《かけ》を置き、墓石を眺めながら長い年月、女を待った。しかし、なかなか百年がたたないために、女にだまされたのではないかと不安になる。

12 **かろく**　軽く。

教254ページ

2 **のっと**　ここでは、ゆったりと、すっと、といった意味にとれる。

5 **こういうふうに**　苔《こけ》の上に座って、丸い墓石を眺めながら一日一日を過ごしている様子を指す。

④ **「それでも百年がまだ来ない。」と思うのはなぜか。**

答 百年たったら逢いにくると言った女が、まだ逢いにこないから。

7 **苔**《こけ》**の生**《は》**えた丸**《まる》**い石**《いし》　「丸い石」は、墓石のこと。「苔の生えた」という表現から、長い年月が過ぎたことが読み取れる。

7 **自分**《じぶん》**は女**《おんな》**に……と思**《おも》**いだした**　女から「百年待っていて」と頼まれた時点では、女の言葉を全面的に信用していたことがわかる。長い年月がたってから、やっと女のことを疑い出したのだ。

第三段落　教254ページ9～16行

女が眠っている墓石の下から青い茎が伸びてきて、真っ白な百合の花びらが開いた。「自分」はその花びらに接吻《せっぷん》する。その時、空にたった一つ瞬く星を見て、約束の百年が来ていたことに気がついた。

9 **斜**《はす》　ななめのこと。

11 **ふっくらと花**《はな》**びらを開**《ひら》**いた**　女が男に逢いにきたことを象徴して

いる。

12 **こたえる**　身にしみて、刺激を深く感じること。

13 **白《しろ》い花《はな》びらに接吻《せっぷん》した**　「自分」が百合の花を女の生まれ変わりだと気づいたのは、「暁の星」の瞬きを見た時であるので、この時は自分の胸あたりで花びらを開いた百合に、自然に(無意識に)接吻したのだと思われる。

14 **暁《あかつき》の星《ほし》**　夜明けに出ている星。「暁」とは、ある事柄が実現したときのことも意味する。ここでは、男が待ち望んでいた百年がたち、女と再会することができたことを表している。

第六夜

第一段落　教255ページ2行～256ページ5行

運慶が護国寺の山門で仁王を彫っている。その光景は鎌倉時代とも思われるが、それを見ている者は、みんな「自分」と同じ明治時代の人間で、しきりに下馬評をやっていた。

教255ページ

2 **運慶《うんけい》**　鎌倉時代の彫刻家。彼の作品は写実的で力強く、その様式は鎌倉時代の彫刻界を支配した。代表作には、東大寺南大門《なんだいもん》の仁王像などがある。

2 **散歩《さんぽ》ながら**　散歩をしつつ、の意。「ながら」は、二つの動作が並行して行われることを示す接続助詞。

4 **五六間《ごろっけん》**　「間」は長さの単位。一間は約一・八一八メートル。

4 **甍《いらか》**　瓦ぶきの屋根。

5 **互《たが》いに映《うつ》り合《あ》ってみごとに見《み》える**　松の「緑色」と門の「朱色」のコントラスト(対照)がすばらしい様子を表す。

10 **辻待《つじま》ち**　車夫などが路傍で客待ちをすること。
「辻」＝道端や道筋。

12 ＊**骨《ほね》が折《お》れる**　仕事が困難で苦労する。面倒だ。

13 **今《いま》でも仁王《におう》を彫《ほ》るのかね**　「今でも」というのは、「明治時代でも」という意。仁王像といえば、一般には鎌倉時代の作品が多い。

教256ページ

4 **尻《しり》をはしょって**　和服の裾を折って帯などに挟んで。

第二段落　教256ページ6行～257ページ12行

運慶は周囲を気にせず、仁王を彫ることに集中している。それを見ていた若い男が、運慶の鑿《のみ》と槌《つち》の使い方を褒めた。無造作に鑿を使い眉や鼻を彫りあげていくのに感心した「自分」の独り言に、若い男は、仁王の彫刻がすばらしいのは、最初から木の中に作品が埋まっているからだと言う。

6 **委細《いさい》**　細かく詳しいこと。

6 **頓着《とんちゃく》なく**　物事を気にせずに。物事に構わないで。
＊「頓着」＝気にすること。「とんじゃく」とも読む。

6 **鑿《のみ》**　木材や石材などの加工に用いる、刃と柄とからなる工具。

6 **槌《つち》**　物を打ちたたく工具。ハンマー。

8 **烏帽子《えぼし》**　元服した男子が略装につける袋形のかぶりもの。

10 **つり合《あ》いがとれない**　運慶は鎌倉時代の風貌で、見物人は明治時代の人間であるから、「つり合いがとれない」のは当然である。

12 **不思議《ふしぎ》とも……感《かん》じえない様子《ようす》**　鎌倉時代に生きているはずの運慶本人が、明治時代に身を置いているということに何の疑問も抱いていない様子。

5 **「一人の若い男」はどのような人物か。**

答 運慶の彫刻に向かう態度や、鑿と槌の使い方について、自分の考えを表明できるほどの芸術通で、また、最初から仁王は木に埋まっているという、彫刻に対する独自の見解をもっている人物。

14 **眼中《がんちゅう》に我々《われわれ》なし** 我々のことには関心をもっていない。

教257ページ

6 **「大自在の妙境」とはどのようなものか。**

答 無造作に鑿と槌を使い、自在に仁王を彫り出している、芸術としての彫刻の絶妙の境地。

2 **妙境《みょうきょう》** 芸術・技芸などの絶妙の境地。

3 **一寸《いっすん》** 「寸」は長さの単位。一寸は約三・〇三センチメートル。

3 **返《かえ》すやいなや** 返すとただちに。

6 **少《すこ》しも疑念《ぎねん》を……見《み》えた** 運慶が自分自身の仕事に信念をもって臨んでいる様子を表現したもの。

第三段落 教257ページ13行〜258ページ6行

その若い男の言葉どおりなら、誰にでも運慶の彫るようなすばらしい仁王が彫れると思い、「自分」もさっそく家《うち》へ帰って薪にするつもりの木を彫り始める。しかし、明治の木には仁王は埋まっていないことを悟る。それで、鎌倉時代の運慶がなぜ明治時代まで生きているのかがわかった。

13 **そんなものかと思《おも》いだした** 「そんなもの」とは、「若い男」の、木の中に埋まっているものを掘り出すだけだから、決してまちがうはずはない、という言葉を指す。運慶の仁王づくりに感心していた「自分」は、あっさりと「若い男」の話を受け入れている。

16 **せんだって** 先頃。この間。

教258ページ

5 **ついに明治《めいじ》の木《き》には……悟《さと》った** 運慶のように天賦の才と精進の積み重ねがあって初めて木の中に埋まっている仁王を掘り出せるのであって、誰もができることではないと悟った、「明治の木には」仁王は埋まっておらず、仁王を彫りたければ鎌倉の木を彫らなければならないと悟ったなど、いろいろな解釈が考えられる。

6 **運慶《うんけい》が……生《い》きている理由《りゆう》** ここでの意味は、運慶が生きていられる理由ではなく、運慶が生きていなければならない理由であろう。そして、これは夢の中の話であるから、もっと端的にいえば、夢の中に運慶が現れた理由、ということになる。その理由の根底には、明治という時代の問題、漱石の芸術観、信条などが深くかかわっていると考えられる。

課題

課題

一 **「第一夜」と「第六夜」の中で起こっているできごとを、「自分」の行動や認識に即して整理しよう。**

解答例

第一夜　・死にそうには見えない女が「もう死にます」と言う。「自分」は、「確かにこれは死ぬな」と思ったものの、「死ぬんじゃなかろうね」と聞き返すなど、本当に死ぬのかわからずにいる。

・女は、自分が死んだら墓を作り、そのそばで百年待っていてほしいと言う。「自分」が驚きもせずそれを了承すると、女は死ぬ。

・「自分」は女に言われたとおり、真珠貝を使って穴を掘り、星の破片を置いて墓を作る。待っているうちに、「自分は女にだまされたのではないだろうか」と考えるようになる。

・墓の下から茎が伸び、百合の花が咲く。「自分」は花びらに接吻し、顔をあげて星を見たところで「百年はもう来ていた」と気づく。

第六夜　・鎌倉時代の人物である運慶が仁王を彫っているというので、「自分」は見物に行く。集まっているのはみんな明治の人間で、中には「よほど無教育」なように見える者もいる。

・「自分」はどうして運慶が生きているのかと不思議に思いながらも見物を続ける。運慶の作業に感心して独り言を言うと、若い男が、最初から木の中に作品が埋まっているのだと言う。

・若い男の話を聞き入れて「そんなものか」と思った「自分」は、仁王を彫ろうとするがうまくいかない。最初は不運と思っていたが、最後には、明治の木に仁王は埋まっていないことと、運慶が明治時代に生きている理由を悟った。

二　**「百年はもう来ていたんだな。」(254・16)とあるが、「自分」がこう思うのはなぜか、説明してみよう。**

解答例　百合の花に接吻し、顔を離す拍子に暁の星の瞬きを見た瞬間、百合の花が女の生まれ変わりだと気づき、女が約束どおり百年後に逢いにきたのだと思ったから。

三　**「百年」はどのような意味をもつのだろうか。考えてみよう。**

考え方　この小説が書かれた明治時代、人の平均寿命は五十を超えていなかった。「百年」というのは、それをはるかに超える長い時間であり、二人の時間的な距離が離れていることを表している。

解答例　人の寿命を超える、気の遠くなるような長い年月であり、待つことを約束した「自分」には、永遠とも思える時間である。

四　**女は「自分」にとってどのような存在なのだろうか。話し合ってみよう。**

考え方　いろいろな解釈ができるであろう。「百年」という長い年月を待った「自分」に焦点を当てれば、永遠の愛を誓った最愛の女だと捉えられるし、「百年」という人の寿命を超える時間に焦点を当てれば、現世では決して結ばれることのない女だとも捉えられる。いずれにしても、「百年」の年月を超えて再会した(結ばれた)相手であることは確かである。「自分」と女を隔てていた「百年」という時間の意味を自分なりに考えて、話し合ってみよう。

五　**「ついに明治の木にはとうてい仁王は埋まっていないものだと悟った。」(258・5)とあるが、「自分」は何をどのように悟ったと考えられるか。話し合ってみよう。**

考え方　「自分」は、木の中に仁王が埋まっているという「若い男」の言葉を聞いて、「彫刻とはそんなものか」(257ページ13行)と思い、「そうなら誰にでもできることだ」(同ページ13～14行)と思いだす。

しかし、ここには、運慶の天賦の才と精進の積み重ねといったものが抜け落ちている。この点から考えてもよい。また、「若い男」の言葉を疑うことなく木を彫った「自分」は、「明治の木には」仁王は埋まっていないと悟る。この「明治の木には」という言葉に着目し、では何であったら埋まっていると考えたのか、といった点から考えてもよいだろう。

六 **「それで運慶が今日まで生きている理由もほぼわかった。」(258・6)とあるが、その「理由」を「自分」はどのように考えているのだろうか。話し合ってみよう。**

考え方 「運慶が今日まで生きている理由もほぼわかった」とあるが、これは夢の中でのことなので、ここでは、運慶が「自分」の夢の中に現れた理由がほぼわかった、というふうに考えるとよいだろう。例えば、信念をもって自己の芸術にあたる人が今の時代にいないため、「自分」の願望として真の芸術家である運慶が夢に現れたのだと考えたとも、「明治の木」には仁王が埋まっていないことを、明治が、文化的・芸術的に不毛の時代であることだとし、今の時代には鎌倉の木(文化的・芸術的な土壌)とその彫り手である運慶(真の芸術家)が必要であるという認識から、運慶が夢に現れたのだと考えたとも、解釈できよう。いろいろな角度から考えてみよう。

七 **①夢を叙述した他の作品を紹介してみよう。**
②それらの作品を読み比べ、おもしろかった点や考えたことを発表し合おう。

解答例 ①夢を叙述した作品には、以下のようなものがある。
・上田《うえだ》秋成《あきなり》「夢応《むおう》の鯉魚《りぎょ》」　江戸時代後期成立の怪異小説『雨月物《うげつもの》語《がたり》』の一編。絵の巧みな僧侶が、鯉《こい》になって泳ぎ回る夢を見る。
・沈既済《しんきせい》「枕中記《ちんちゅうき》」　唐代に成立した中国の伝奇小説。道士から不思議な枕を借りた男が、自分の生涯の夢を見る。

考え方 ②夢らしい展開や表現、夢が現実に及ぼす影響などに着目。

語句と表現

「骨がおれる」のように身体を使った慣用句に、ほかにどのようなものがあるか調べてみよう。

解答例 耳が痛い、口がうまい、指をくわえる、肝が太い　など

▼漢字を書いて確認しよう　重要漢字

① マクラモトに懐中電灯を常備しておく。（　　）
② 顔のリンカクに沿ってマッサージをする。（　　）
③ ヤワらかな笑みを浮かべた紳士。（　　）
④ 雨で公園の草木がウルオう。（　　）
⑤ 学生時代の思い出がアザやかによみがえる。（　　）
⑥ コップを落としたらフチが欠けた。（　　）
⑦ 集まった人数をカンジョウする。（　　）
⑧ 木の葉から朝露がシタタる。（　　）
⑨ 角を曲がったヒョウシに人とぶつかった。（　　）
⑩ 進行状況を上司にイサイ報告する。（　　）
⑪ 掃除をするためにシャツのソデをまくる。（　　）
⑫ 失敗をサトられないように振る舞う。（　　）

答　①枕元　②輪郭　③柔　④潤　⑤鮮　⑥縁　⑦勘定　⑧滴　⑨拍子　⑩委細　⑪袖　⑫悟

四　短歌と俳句

その子二十――短歌十六首

教科書P.264～268

短歌のきまり

【定型の音数】　五・七・五・七・七の五句三十一音からなる。

【字余り・字足らず】　定型の短歌の各句の中で、五音にすべきところが六音以上に、七音にすべきところが八音以上になっているなど、一定の音数よりも多いものを**字余り**といい、逆に、一定の音数よりも少ないものを**字足らず**という。また、音数のリズムが大きく崩れたものを**破調**という。

表現技法

【句切れ】　結句以外の句で、意味の上で切れていること。どの句で切れるかによって、**初句切れ・二句切れ・三句切れ・四句切れ**という(必ずしも句切れがあるとは限らない)。また、二句切れ・四句切れのものは**五七調**、初句切れ・三句切れのものは**七五調**になる。

【体言止め・連体形止め】　歌の終わりを体言や連体形で結ぶこと。歌に余情をもたらし、印象を強める。また、詠嘆の助動詞や助詞に代わって、作者の感動の高まりを表現していることも多い。

【助動詞や助詞による止め】　歌の終わりを助動詞や助詞(「けり」「かな」など)で結ぶこと。そこに感情の中心があることを示す。

【繰り返し・反復】　同じ語や同じ音を繰り返すこと。歌にリズムを与える。

【倒置】　普通の語順と逆にすること。意味や特別な感情、印象を強める。

【比喩】　あるものを、他のものや事柄にたとえること。感動を高めたり、印象を強めたりする。

■■与謝野晶子《よさのあきこ》■■

その子二十櫛《くし》に流るる黒髪のおごりの春のうつくしきかな

通釈

その子は今ちょうど二十歳である。くしけずれば櫛に豊かに流れる美しい黒髪。真ったた中にある青春のなんと誇らしく美しいことであろうか。

語句の解説

教264ページ

2その子《こ》　作者自身のこと。自分を一人の若い女性として眺めている。

2二十《はたち》　二十歳。

2櫛《くし》に流るる　髪をといている櫛の歯から、さらさらと流れるように長く垂れている。

2おごりの春《はる》　女性として最も美しく自信に満ちた、誇らしい青春の意。

2うつくしきかな　声高らかに自分の美しさを叫んでいる。「かな」は、感動・詠嘆を表す終助詞。

鑑賞

櫛に流れる豊かで艶やかな黒髪。毎朝くしけずるたびに、自ら感嘆する美しい黒髪を指し示して、二十歳の青春の真っただ中にある女性の美しさを誇った歌である。「櫛に流るる黒髪」は、「おごりの春」にふさわしく、美しさを象徴している。女性はつつましくあるべきだといった、封建的な価値観の強かった時代に、作者はいち早く青春の真っただ中にいる女性の命の喜び、青春賛歌、ひいては人間賛歌の叫びをうたいあげたのである。また、「その・黒髪の・おごりの・春の」といった「の」の畳み掛けるような繰り返しが、流麗な調べを生み出している。初句切れ。

夏の風山よりきたり三百の牧の若馬耳吹かれけり

通釈

夏のさわやかな風が山から吹きおろしてきた。広々とした牧場に群れている多くの若馬の耳が、一斉にその風に吹かれている。

語句の解説

3三百《さんびゃく》の　「若馬」にかかる。この場合、実際に三百という数を表しているのではなく、数が多いことを意味している。

3牧《まき》　牧場。まきばのこと。

3吹《ふ》かれけり　「れ」は受け身の助動詞「る」の連用形、「けり」は過去の助動詞で、ここでは詠嘆を表す。

鑑賞

広々とした夏の牧場に、若馬があちらこちらで群れ遊んでいる中、山から夏の風が吹きおろしてくるという、さわやかな季節感と、動画を見るような動きのある光景が目に浮かんでくる歌である。「三百」という数を出すことで、読者の脳裏に広々とした牧場の風景を思い起こさせる効果が出る。また、風に吹かれている様子が「耳」によって表現されていることで、若馬の感じている涼しさを身体的な感覚をとおして感じることができる。心地よい風と、若馬たちのみずみずしい生命力が感じ取れる短歌である。二句切れ。

■■斎藤《さいとう》茂吉《もきち》■■

ゴオガンの自画像みればみちのくに山蚕《やまこ》殺ししその日おもほゆ

通釈

ゴオガンの描いた自画像を見ていると、東北地方に住んでいた少年の頃、山蚕を捕って殺した、そんな日が自然に思い浮かんでくる。

語句の解説

5**ゴオガンの自画像《じぐわざう》**　ゴーガン(ゴーギャンとも)は後期印象派の代表的画家だが、その画風は印象派を超え、大胆な構図と色彩が特徴である。彼は自画像を何点も描いているが、この短歌に詠まれているものがどの自画像かは不明。

5**おもほゆ**　自然に思われる。「思ふ」の未然形「思は」に、上代の自発の助動詞「ゆ」が付いた「おもはゆ」の変化した形。

鑑賞

この歌は「赤光」(一九一三年)に発表されたもの。「ゴオガンの自画像」がどの作品かは不明だが、その強烈な色彩に、もしくは、彼の絵に表出した内奥に、ふと触れたのかもしれない。それが少年の日の「山蚕殺し」という、一種残酷とも思える思い出に結びついたのだろう。「ゴオガン」の片仮名、「殺し」という言葉が強い印象を与えるが、「おもほゆ」の優しい響きが故郷での少年の日を包み込んでいる。正岡子規《まさおかしき》を模倣しようとし、伊藤左千夫《いとうさちお》に学んだ作者であるが、この歌にはすでに独自の情緒と感覚が表れている。句切れなし。

死に近き母に添寝《そひね》のしんしんと遠田《とほだ》のかはづ天に聞《きこ》ゆる

通釈

死期の迫った母の様子を気遣いつつ添い寝をしていると、夜が更けて静かになってゆき、また、悲しみも深まってゆく。静寂の中、遠くの田で鳴く蛙《かえる》の声が、天にまで響きわたっている。

語句の解説

6**添寝《そひね》**　寄り添って寝ること。ここでは、看病のための添い寝。

6**しんしんと**　夜が更けて静かになってゆくさま、添い寝をする作者の悲しみの深まるさま、蛙の鳴く声が胸に響いてくるさま、の三つを表す。

6**天《てん》に聞《きこ》ゆる**　天にまで響きわたっている。「聞ゆる」は、下二段動詞「聞《き》こゆ」の連体形止め。「天から聞こえてくるようだ。」とする説もある。

鑑賞

母の死をうたった「死にたまふ母」五十九首の中の一首。夜が更けてゆくにつれて増す静寂と、臨終の時を迎えつつある傍らの母、そして遠くの田で鳴く蛙の声。それが天にまで響きわたっているというのである。母の死を覚悟した作者に、静寂と悲しみが深く迫ってくる。こうした悲痛な場面を、「しんしんと」という語に全て集約させた、作者の代表作である。歌の調べも、「天」で強さをつくり、「聞ゆる」と連体形止めにして、余情を豊かにしている。句切れなし。

■■石川《いしかわ》啄木《たくぼく》■■

はたらけど
はたらけど猶《なほ》わが生活《くらし》楽にならざり
ぢつと手を見る

通　釈

どんなに働いても働いても、私の暮らしは楽にならない。私はただじっと自分の手を見つめるのみである。

語句の解説

教265ページ

3猶《なほ》　それでもなお。

3ならざり　ならない。「ざり」は、打ち消しの助動詞「ず」の連用形。

4手《て》を見《み》る　労働の象徴である自分の手に、労働の苦しみを見ているのである。

鑑　賞

働いても働いても生活が楽にならない現実をうたっている。作者は、三行書きの平易な表現で生活感情を詠んだ生活派の歌人といわれるが、その平易な表現によって貧しい労働者の実感を巧みに言い表したことが、多くの人の共感を呼んだのであろう。一、二行目の「はたらけど」の並記により、働いても働いても、という実感がストレートに表現され、結びの「ぢつと手を見る」によって、貧困から抜け出せない作者の深い悲しみが表されている。四句切れ。

やはらかに柳あをめる
北上の岸辺目に見ゆ
泣けとごとくに

通　釈

柳がやわらかに青々とした新芽をふいている北上川の岸辺が、ありありと目に浮かんでくる。故郷をしのんで泣けといっているかのように。

語句の解説

5あをめる　青くなっている。「る」は、存続を表す助動詞「り」の連体形。

6目《め》に見《み》ゆ　目に見えるようにありありと思い出される。

7泣《な》けとごとくに　泣けといっているかのように。

鑑　賞

望郷の歌。「泣けとごとくに」に、泣くほど懐かしいという作者の思いが、「泣け」という命令形の響きによって強調されている。作者は追われるように故郷を出ている（『一握の砂』には、この歌の直前に、「石をもて追はるるごとく／ふるさとを出でしかなしみ／消ゆる時《い》なし」という歌が所収されている）。故郷には二度と帰れない。そんな作者の故郷への深い思い、故郷を失った悲しみが表れた一首である。また、一行目の「やはらかに柳あをめる」の「や」の頭韻、二行目の「北上の岸辺」の「き」の頭韻が、美しい流麗なリズムを生み出している。四句切れ。

■■寺山修司《てらやましゅうじ》■■

「海を知らぬ……」の歌

通釈

まだ海を知らない少女の前に、麦藁《むぎわら》帽子をかぶった少年の僕は大きく両手を広げていた。海の大きさ、広さを伝えるために。

語句の解説

9 **麦藁帽《むぎわらぼう》のわれ**　麦藁帽子をかぶった僕。少年時代の作者と思われる。

9 **両手《りょうて》をひろげていたり**　海を知らない少女に、その海の大きさを教えるために両手を大きく広げているのである。

鑑賞

少年の夏である。それは、少年のかぶった大きな麦藁帽子がシンボルとなっている。少年は少女に好意を抱いているのであろうか、それとも少しばかり少女に背伸びして見せているのであろうか。海を知らない少女に、少年は自分の両手を精一杯広げ、海の広さを懸命に教えようとしているのである。その姿は、まるで「通せんぼ」をしているようであり、まだ青春の入り口にさえも届いていないような初々しさ、あどけない純真な心を感じることができる。句切れなし。

「マッチ擦る……」の歌

通釈

煙草《たばこ》に火をつけようとしてマッチを擦った一瞬、海に立ちこめる深く白い霧が浮かんで消えた。その時、わが身を捨てて尽くしてもよいほどの祖国などあるのだろうか、という思いがよぎった。

語句の解説

10 **つかのま**　ちょっとの時間。一瞬。

10 **身捨《みす》つるほどの**　命を懸けて尽くすほどの。わが身を捨ててよいほどの。

10 **ありや**　あるのだろうか。ラ変動詞「あり」の終止形＋疑問・反語の終助詞「や」。ここでは反語を表す。

鑑賞

マッチの火の明るさで、海の霧の深さがはっきりする。思えば、わが祖国も、捉えようもなく霧に覆われているかのようだ。戦後あらゆる価値観が崩壊し、時代は混乱と迷走の混沌とした状況にある。そしてその中に生きる作者は、命を懸けるべき祖国の喪失を実感したのである。しかしそれは、命を懸けることのできる祖国というものを渇望する、作者の強い思いの裏返しではないだろうか。この歌が人口に膾炙《かいしゃ》したのも、この作者の思いが同時代を生きる若者たちの心を表現し得たものであり、強い共感をもって迎えられたからだろう。三句切れ。

■■佐佐木幸綱《ささきゆきつな》■■

「ハイパント……」の歌

通　釈

ラグビーの試合で、ハイパントを上げて敵陣に攻め込んでいく。私の前で待ち構えているのは、屈強な敵方の選手ばかりだ。

語句の解説

教266ページ

2ジャージー　ここでは、ラグビーのユニホームのこと。

鑑　賞

ハイパントは、敵陣に攻め込むときの戦法の一つ。このボールを味方の選手が取ればチャンスが広がるが、敵方に取られると攻守逆転となるため、ある意味、一か八《ばち》かの戦法ともいえる。どうしても捕らなければならないボール、そのボール目がけて突進する私の前には、屈強なディフェンス陣が立ち塞がっている。ここにあるのは、肉体の躍動と精神の高揚、そして困難な状況にも前へ前へと突き進んでいく、まぶしいような青春の輝きである。作者はもと早稲田大学のラガーマン。大学ラグビーには「早明戦」という伝統の一戦があり、「青きジャージー」はその対戦相手である明治大学の選手たちのことと思われる。実体験に基づいたそのダイナミックな骨太の作風は「男歌」と呼ばれるが、まさにその作者らしい一首といえる。句切れなし。

「サキサキと……」の歌

通　釈

サキサキと音をたててセロリを噛《か》んでいる無邪気なおまえを愛するのに、なんの理由もいらない。ただ、おまえが好きだ。それだけでいい。

語句の解説

3サキサキと　セロリを噛む音。

3あどけなき　無邪気で愛らしい。

3汝《なれ》　おまえ。目下の者や親しい者に対して用いる文語の二人称。

鑑　賞

作者が二十歳頃の青春賛歌。短歌は敗者の所有物でなく、人間を厳しく肯定し、健康さを歌いあげるべきだ、という主張に沿った作品で、『万葉集』の初期の歌に見られるような、明るく力強い歌によって現代短歌をよみがえらせようという目的意識で作られた相聞歌(恋愛の歌)である。恋人が手に持ったセロリをサキサキと噛んでいる。その無邪気で無防備なしぐさに自分への信頼と愛情を感じ、いとおしさを募らせたのである。人を愛するのに理由などいらない、という下の句と、若い女性の健康な食欲を表現した「サキサキ」という擬音語の入った上の句が効果的に響き合っている。句切れなし。

■■河野《かわの》裕子《ゆうこ》■■

「逆立ちして……」の歌

通　釈

あの夏、おまえは逆立ちしておれのことを眺めていたね。それは、もう戻ることのない、たった一度のあの夏のことだよ。

語句の解説

5**おまへ**　おまえ。当時付き合っていた相手のこと。

5**あの夏《なつ》のこと**　体言止め。二人で過ごした夏の日のことを懐かしんでいる。

鑑　賞

作者の十八歳の時の作品である。ほんの短い付き合いだった二人だけれど、あの夏の「おまへ」の気持ちは、間違いなく「おれ」のほうを向いていた。「逆立ちして」という言葉で、「おれ」に心を開いていた「おまへ」の気持ちが大胆に表現されている。また、「おまへ」「おれ」という呼称が、親密だった二人の関係を、「たつた一度きり」という表現が、もう二度と戻ることのないあの夏への青春の感傷を感じさせる。三句切れ。

「たとへば君……」の歌

通　釈

たとえば君よ、落ち葉をガサッとすくうように、大胆に私をさらって行ってくれないだろうか。

語句の解説

6**ガサッと……すくふやうに**　比喩表現。「ガサッと」は擬音語。大胆に落ち葉をすくうように。

6**さらつて……くれぬか**　「ぬか」は、打ち消しの助動詞「ず」の連体形「ぬ」＋係助詞の「か」で、願望の意を表す。

鑑　賞

「たとへば君」という、ためらいがちな呼びかけから始まるが、一字あけたあとの二句からは一転し、「ガサッと」という印象的な擬音語と畳み掛けるような調子で一気に結びまで続けている。若さゆえの勢いと、「君」への熱い思いや大胆さが感じられる歌であるが、「さらつて行つてはくれぬか」という表現には、作者の照れ、あるいは少しのためらいも感じられる。いずれにせよ、大胆な女性の感情が素直に表現された歌である。この作品が詠まれたのは、作者が夫と知り合った時期といわれている。句切れなし。

■■穂村弘《ほむらひろし》■■

「校庭の……」の歌

通釈

校庭の地ならし用のローラーに座ると、まるで世界中が夕焼けになったように感じられた。

語句の解説

8 **地《じ》ならし用《よう》のローラー**　グラウンドの整備などに使う道具。大きな円筒に重りを入れて、その重さで地面を均《なら》す。

「ならす」＝均等にする。

8 **世界中《せかいじゅう》が夕焼《ゆうや》け**　体言止め。夕日で辺りが染まる様子を描くとともに、人物の感動が強調して表現されている。また、四・結句「座れば世界中が夕焼け」は、十四音で一続きになっている。

鑑賞

夕方の校庭の景色である。部活が終わったあとにグラウンドを整備している場面などが想像される。世界中に広がる空の大きさと、地上のローラーの上に腰かける人物の小ささの対比を感じ取ることができる。同じ瞬間に「世界中が夕焼け」であるということは現実にはありえないが、まるでそのようであると感じた視界の広がり、思いの広がり、感動が、体言止めによって印象的に表現されているといえる。句切れなし。

「試合開始の……」の歌

通釈

試合開始のコールをするのを忘れて、審判は、吹いてきた風の匂いに目をとじたままでいる。

語句の解説

9 **試合開始《しあいかいし》のコール**　試合開始を告げるという審判の役割を指す。

9 **風《かぜ》の匂《にお》いに**　審判が風の匂いを感じていること。屋外などの風通しのよい場所に立っていることがわかる。

9 **めをとじたまま**　審判が目を閉じたままでいるということ。ひらがな表記になっている。

鑑賞

第一歌集『シンジケート』の中の一首であり、同歌集には、野球に関する歌が他にもみられる。この歌についても、野球の審判と読むこともできるし、他の競技と捉えることもできるが、「風の匂い」を感じているのだから、場所は屋外だと想像できる。「試合開始のコール忘れて」という表現からは、審判が審判としての役割を忘却していることが、「風の匂いにめをとじたまま」という表現からは、審判が風の匂いを心地よく感じていることが読み取れる。「めをとじたまま」というひらがな表記は、審判が本来の役割を忘れ去ってうっとりとした心地でいることを感じさせる。句切れなし。

東直子《ひがしなおこ》

「おねがいねって……」の歌

通釈

「おねがいね」とわたしは鍵を手渡された。しかしわたしはその大切な鍵を、失《な》くしてしまいそうな気がしている。

鑑賞

「おねがいね」と言って鍵を渡した人と「わたし」とは、親密な関係であろうことはすぐに推測できる。それは恋人かもしれないし、親友かもしれない。しかし、「わたし」はその鍵を「失くしてしまう」予感がして、不安を感じている。それは、その人との関係の終わりや、大切な人を失ってしまうかもしれない不安と考えることもできるし、自分の心の底に芽生えていた、失くしてしまいたい、関係を終わらせたいという願望が、無意識のうちに「失くしてしまう気がする」という意識的な行動の予感として表現されたのだとも考えられる。いずれにしても、読み手にさまざまなストーリーを想像させる歌である。句切れなし。

「思ったよりも……」の歌

通釈

思ったよりも傷が深くて、草笛を吹きながら、したたるものはぬぐわずにいるよ。

語句の解説

教267ページ

3 **思《おも》ったよりも**　「傷が深くて」にかかる。

3 **草笛《くさぶえ》**　草の茎や巻いた葉を口に当てて吹き鳴らすもの。

3 **吹《ふ》きつつ**　草笛を「吹きながら」、の意。

3 **したたるものはぬぐわず**　したたるものはぬぐわない。

「したたる」＝しずくがぽたぽた落ちる。

「ぬぐう」＝ふいて、水分などを取り去る。ここでは否定の形で用いられている。

鑑賞

具体的な事物である「草笛」を手がかりに読み始めると、草笛を作って吹くことのできるような、野原などの草の生い茂った場所が舞台であることが推測できる。「傷」「したたるもの」が表す内容は、さまざまに解釈できる。たとえば、野原の草で手足などを切ってできた小さな傷が思っていたよりも深くて、傷口から血がしたたり落ちるものの、ぬぐおうとはせずに草笛を吹いている、という情景を想像することもできるし、何らかの理由によって心に受けた「傷」が、自分で思っていたよりも深いことを草笛を吹きながら実感し、思いがけずこぼれた涙をぬぐわずにいる、という情景を想像することもできるだろう。「ぬぐわず」という言い切りの表現が印象的である。なぜぬぐわずにいるのかという人物の思いを、さまざまに想像してみるとよいだろう。句切れなし。

課題

一　それぞれの短歌を音読し、その調べを味わってみよう。

考え方　短歌の意味をふまえた上で読まないと、よい音読はできない。また、それぞれの内容に適した区切り方、句切れの位置を確認した上で、抑揚や緩急のつけ方を工夫して読むことが大切である。繰り返される音がある場合は、その音にも着目しよう。

二　それぞれの短歌について、句切れを調べ、句切れのもたらす表現効果について話し合ってみよう。

考え方　それぞれの語句の解説や鑑賞を参考にしよう。

解答例　「その子二十……」＝初句切れ。その子（作者）が、誇らしい青春真っただ中にいる、「二十」であることを印象づけている。

「夏の風……」＝二句切れ。夏の風が「山」より吹いてきたことを強調することで、そのさわやかさを印象づけている。

「はたらけど……」＝三行分けによる、一、二行目の「はたらけど」の並記。四句切れ。働いても働いても、という作者の実感が、視覚からも印象づけられる。

「やはらかに……」＝四句切れ。泣くほどに懐かしい故郷への思いが強調されている。

「マッチ擦る……」＝三句切れ。霧に包まれ、よるべきものを失った作者の、不安定な心を象徴している。

「逆立ちして……」＝三句切れ。それは「おれ」にとって、忘れられない青春の一ページなのだよ、という思いを鮮やかに表している。

三　印象に残った短歌を選び、次の点に留意して、感想を書いてみよう。

①句切れとリズム
②短歌に描かれた情景
③印象的な表現

考え方　音読しているうちにすぐに覚えたもの、情景や作者の心情がよく理解できたものを選んで書くとよい。理解できたのにはそれなりに理由があるはずだ。どこに共感したか、なぜ心に響いたのか、三つの留意点をもとに書き出して、自分なりにまとめてみよう。

解答例　「たとへば君……」の歌

①句切れとリズム…句切れはないが、「たとへば君」のあとに一字あいている。「ガサッと」以降に畳みかけるようなリズムが感じられる。
②短歌に描かれた情景…恋する相手に対する素直な、激しい思い。
③印象的な表現…「ガサッと」という擬音語。

・感想

この歌を読んだとき、「たとえば君」という表現が、話しかける相手へのささやきのように感じられた。そして、その直後に来る「ガサッと」に驚いた。「ガサッと落葉すくふやうに」という比喩、「私をさらつて行つてはくれぬか」という表現に、切迫した強い思いを感じたからだ。実際に相手を目の前にしたら言葉にできないような激しい思いを、歌にして表現していると感じる。

いくたびも――俳句十六句

教科書P.272～276

●俳句のきまり

【定型の音数】　五・七・五の十七音からなる。

【字余り・字足らず】　定型の俳句の各句の中で、五音にすべきところが六音以上に、七音にすべきところが八音以上になっているなど、一定の音数よりも多いものを**字余り**といい、逆に、一定の音数よりも少ないものを**字足らず**という。また、五・七・五のリズムが大幅に崩れたものを**破調**と呼び、極端なものを**自由律**という。

【季語（季題）】　俳句は、一句中に一つの季語（季節を表す特定の語）を用いることになっている。そのため、春夏秋冬の自然現象とそれに関連する人事が季語になっていて、それが表す季節が定まっている。季語は十七音という俳句の形に深みを与える役割を担っており、俳句で「月」といえばそれは秋という季節も含めた「月」を表す。季語を季節順に整理、分類して解説し、例句を載せたものを『歳時記』という。なお、自由律俳句運動の中で生まれた季語のない句を無季俳句という。

【切れ字】　句中または句末で意味を切り、言い切る形を作り出す語のこと。「よ・や・か・かな・けり」などの助詞・助動詞や活用語の終止形・命令形などを使う。作者の感動を示し、それぞれの句に力強い安定感を与える。

●表現技法

【体言止め・連体形止め】　句の終わりを体言や連体形で結ぶこと。句に余情をもたらし、印象を強める。また、詠嘆の助動詞や助詞に代わって、作者の感動の高まりを表現していることも多い。

【繰り返し・反復】　同じ語や同じ音を繰り返すこと。句にリズムを与える。

【倒置】　普通の語順と逆にすること。意味や特別な感情、印象を強める。

【比喩】　あるものを、他のものや事柄にたとえること。感動を高めたり、印象を強めたりする。

■■正岡子規《まさおかしき》■■

いくたびも雪の深さを尋ねけり　（病中雪）

通釈

病床にあり、起き上がることもできないまま、さっきから降り続いている雪が、今頃はどのくらいの深さに積もっているかと、何度も何度も家人に尋ねてみたことだよ。

語句の解説

教272ページ

2 いくたびも　何度も何度も。

2 尋《たづ》ねけり　尋ねてみたことだよ。「けり」は詠嘆を表す助動詞。切れ字。結核性脊椎カリエスで病臥《びょうが》している布団の中から、家人に尋ねたのである。

鑑賞

「病中雪四句」と前書きした連作の一つ。あとの三句は、「雪ふるよ障子の穴を見てあれば」「雪の家に寝て居ると思ふ許《ばかり》にて」「障子明けよ上野《うへの》の雪を一目見ん」である。病中の作者の様子がよくわかる句である。病床から起き出して外の風景を眺められないもどかしさから、何度も家人に尋ねては積雪の量を想像し、わずかに心を慰めている。雪の珍しい、暖かい地方生まれの作者にとって、天から舞い落ちる雪は、童心を呼び起こし、興奮させる力をもっているのであろう。母や妹に迷惑だとはわかっていても、ついわがままを発揮してしまうのである。季語＝雪（冬）　切れ字＝けり

痰一斗《たんいっと》糸瓜《へちま》の水も間にあはず

通釈

まるで一斗もあるかのような大量の痰が喉をふさいで切れない。痰切りの良薬といわれる糸瓜の水をとっても、もう間に合わないほど私は弱りきってしまったことだ。

語句の解説

3 痰一斗《たんいっと》　大量の痰。「一斗」は誇張した表現。結核性脊椎カリエスが進行し、咳《せき》とともに痰が絶え間なく出るのである。

3 糸瓜《へちま》の水《みづ》　「糸瓜」はウリ科の一年生つる草。つるを切り、液をとって飲むと、咳止めや痰切りに効くとされた。糸瓜は作者の庭でも育てられていた。

鑑賞

作者の絶筆三句の一つ。あとの二句は、「糸瓜咲《さい》て痰のつまりし仏かな」「をととひの糸瓜の水も取らざりき」である。作者は九月十九日に亡くなっているが、これらはその前日の作。作者は病が進んで痰が切れずに苦しみ、今間近に迫った死期を感じているのである。しかし、ここには悲壮感はない。まるで他人の死ぬさまを傍らから見ているように、「痰一斗」という誇張表現を使い、客観的に、ユーモアを交えて作っているのである。この自己の死すら淡々と見据える態度には鬼気迫るものがあり、それは写生を通じて作者が到達した境地である。季語＝糸瓜（秋）

■■高浜虚子《たかはまきょし》■■

遠山に日の当《あた》りたる枯野《かれの》かな

通釈

遠くに見える山には、夕日の光が赤々と当たっている。目の前には、冬のもの寂しい枯れ野が広がっている。

語句の解説

5 **遠山《とほやま》**　遠くに見える山。
5 **日《ひ》の当《あた》りたる**　日が当たっている。
5 **枯野《かれの》かな**　「枯野」は、草木が枯れ果てた冬の野原。「かな」は終助詞で、枯れ野だなあ、と感動の気持ちを表す。作者は『自句自解』で「目の前は一面に広い枯野だ」と注釈している。

鑑賞

明治三十三年(一九〇〇)十一月の虚子庵例会での句。実景をありのままに詠む写生という考えを正岡子規から学んだ虚子は、この句で一つの到達点に達した。日が当たっている遠山と、目の前に広がる枯れ野という、遠景と近景の対比によって、句のイメージは大きな広がりをもつ。山を照らすのが夕日だとすれば、遠くの山が赤々と照らし出されている様子と、冬枯れの野原との色彩・明暗の対比も考えられる。作者自身は「静寂枯淡の心境」をうたったものだと述べている。これは、俗世間を離れた、もの寂しい静かな気持ちという意味だが、もの寂しい枯れ野に対し、日に照らされた遠山に、はるかな希望を見るという解釈も成り立つだろう。季語＝枯野(冬)　切れ字＝かな

白牡丹《はくぼたん》といふといへども紅ほのか

通釈

白牡丹という名で人は呼んでいるけれども、よく見ると、白さの中にほんのりと紅色がさしていることだ。

語句の解説

6 **白牡丹《はくぼたん》**　白い牡丹の花。
6 **いへども**　いうけれども。四段動詞「いふ」の已然形「いへ」＋接続助詞「ども」で、逆接の確定条件を表す。
6 **紅《こう》ほのか**　ほんのりと紅色がさしている。「ほのか」は形容動詞「ほのかなり」の語幹。

鑑賞

作者が白牡丹の白い花びらを見つめていて、ほんのりと赤みがさしていることに気づいた時の句。「白牡丹と」という初句から、「いふといへども」という緩やかな調べに続いているが、この「いふといへども」に、白牡丹を眺める作者が白とは違う色合いに気づき、それがほのかな紅であることを見つけるまでの、時の流れ、作者の心の動きが表れている。そして、その色を「紅ほのか」と語幹で止め、体言止め風に結ぶことで、発見の喜びと驚きを表している。白牡丹という豪華な花の白に、ほのかな紅という組み合わせがいっそうの美しさと気品のあるイメージをつくっている。季語＝白牡丹(夏)

■■ 橋本多佳子《はしもとたかこ》 ■■

蛍籠昏《くら》ければ揺り炎《も》えたたす

通釈

蛍籠の中で光っていた蛍が弱って、光が薄れてきたので、蛍籠を揺り動かして、蛍火を光り輝かせようとすることだ。

語句の解説

教273ページ

2 **蛍籠《ほたるかご》**　蛍を入れて、飼育したり鑑賞したりするための籠。

2 **昏《くら》ければ**　蛍の出す光が薄れて暗くなったので。

2 **炎《も》えたたす**　炎が上がるように、蛍火を光り輝かせようとする。

鑑賞

蛍の命は短い。籠に飼っている蛍の光が、その命のエネルギーを使い果たしたかのように薄れてきたのである。「頑張れ、もっと光って」と励まして揺り動かしているかのようにも見えるが、それだけであろうか。この句が作られたのは、作者が五十歳を目前にした頃であったとされる。次第に輝きや若さを失っていく自分。この「炎えたたす」という表現には、蛍の薄れていく光に自分自身を重ね、自分の内面にある何かをかき立てようとする作者の情念ともいうべき思いが表れているようにも感じられる。季語＝蛍籠(夏)

乳母車夏の怒濤《どとう》によこむきに

通釈

幼い子どもを乗せた乳母車が、激しく波が押し寄せてくる海岸に、横向きに置かれている。

語句の解説

3 **乳母車《うばぐるま》**　乳幼児を乗せ、押して歩く小さな四輪車。

3 **怒濤《どとう》**　荒れ狂う大波。ここは「夏の怒濤」だから、土用波であろう。土用波とは、夏の土用(小暑から立秋までの夏の最も暑い盛り)の頃に海岸に打ち寄せる大波。台風によるうねりが多い。

3 **よこむきに**　乳母車が波の寄せてくる方向に対して、横を向いている状態であることをいう。

鑑賞

昭和二十六年(一九五一)発行の句集に収録された、作者が五十歳前後の時の作品で、乳母車に乗せているのは作者の孫だという。スナップ写真のような構図であるが、この句で注目したいのは、一つに「乳母車」の中の幼い子どもという、守るべき小さな存在と、「夏の怒濤」という、激しく恐ろしいものとが対比されている点であり、もう一つに、乳母車が押し寄せてくる波に対して「よこむきに」置かれている点である。それはあたかも、押し寄せる激しい波を、幼い子どもに見せまいとしているようである。作者は「夏の怒濤」に、幼い子どものまだ知らない、そしていつかは正対しなければならない現実の厳しさを見たのではないだろうか。作者ならではの独特の表現によって、幼い子どもへの愛情が緊張感をもって表現されている句である。季語＝夏(夏)

■■西東三鬼《さいとうさんき》■■

「水枕……」の句

通釈

高熱の頭をふと動かすと、水枕がガバリと陰鬱な重い音を立てる。すると、とたんに寒々とした海が思われて、死の影を帯びた不安感が迫ってくるのだった。

語句の解説

5ガバリと　水枕の鳴る音を表す擬音語。枕に耳を当てているため、それははっとさせられるほど鋭い音だったのであろう。また、片仮名表記による鋭い語感が、荒涼たる海の波音をよく表している。

5寒《さむ》い海《うみ》　心象風景としての海で、病人の不安感を表現している。

鑑賞

作者の自解によると、肺結核のため自宅で療養していた時に感じた、死の影を詠んだ句。水枕が「ガバリ」と音を立てたという現実のできごとが、「寒い海がある」という内面風景を呼び起こした。死の影におびえる病人の一瞬の心理の起伏を、擬音語と口語文体で見事に表現している。文体と感覚の両面における斬新・鋭利さは、近代俳句を詩の水準まで引き上げた、新興俳句の記念碑として有名である。なお、「寒い」または「寒い海」は冬の季語となるが、作者は無季新興俳句運動を推進していたので、季語とはとらない。

「算術の……」の句

通釈

宿題の算数の問題が解けなくて、少年がしくしく泣いていることだ。夏休みの日に。

語句の解説

6算術《さんじゅつ》の少年《しょうねん》　宿題の算数の問題を解いている少年。作者の長男（当時八歳）が、算数の問題が解けず、泣いている姿である。「算術」＝「算数」の古い言い方。

6しのび泣《な》けり　しくしく泣いている。「り」は、存続の助動詞。

鑑賞

「算術の少年」は、作者の長男の姿を写したものだが、そればかりでなく、作者自身の少年の頃の思い出も重ねているのだろう。また、せっかくの夏休みに宿題が終わらず、遊んでいる友人たちを思い浮かべながら呻吟《しんぎん》した経験は誰しもあるのではないか。このような情景を「しのび泣けり」まで一気に描いて少年の姿を押し出し、「夏」の体言止めがその夏の盛りの風景と余情をもたらしている。音数は十七音だが、五・四・六・二というまとまりになっている（二句・三句が句跨《またが》りになっている）。なお、「夏」は夏の季語となるが、ここでも季語とはとらない。

■■中村《なかむら》草田男《くさたお》■■

「乙鳥《つばくら》は……」の句

通釈

春まだ肌寒さの残る頃に飛来した乙鳥(ツバメ)が、今や初夏の明るい陽光の中、すばやく颯爽《さっそう》と飛び回っている。ツバメはまばゆいまでに美しくなったのだなあ。

語句の解説

8 **まぶしき** ここでは、まばゆいまでに美しい(立派だ)、の意。直接にはツバメの姿をいうが、同時に、陽光の輝きをも含意して、ツバメをまぶしく見上げている感覚が表現されている。

8 **なりにけり** なったのだなあ。ここの「けり」は、ある事柄に気がついたことを詠嘆的に表す助動詞。

鑑賞

ツバメは、春に日本に渡来し、人家の軒先などに巣を作って雛《ひな》を育て、秋に南方へ帰る代表的な渡り鳥である。ただし、この句で詠まれているのは、「まぶしき鳥となりにけり」とあることから、春に飛来し、時を経て「まぶしき鳥」になったツバメである。つまり、輝く初夏の陽光の中を颯爽と飛び回るツバメの美しい姿である。「なりにけり」という表現からは、春に飛来したツバメが初夏の陽光の中を飛ぶようになったのかという、作者の軽い驚きと詠嘆が率直に表れている。季語＝乙鳥(夏。一般的には春の季語であるが、ここでは飛来して時を経た夏のツバメと解した。) 切れ字＝けり

「勇気こそ……」の句

通釈

勇気をもつことこそ、人々の心の腐敗を止める地の塩になることだ。その塩の白に通じるような真っ白な梅が寒中に咲いている。

語句の解説

9 **勇気《ゆうき》** 自分の生き方を貫こうとする勇気。人としての真の勇気。

9 **地《ち》の塩《しお》** 聖書の「マタイ伝」にある言葉。人の世の腐敗を止め、人が人であるためになくてはならないもの。

9 **なれや** 「や」は間投助詞で、詠嘆を表す。切れ字。

9 **梅真白《うめましろ》** 梅が真っ白に咲いているのである。「梅」は、寒さの中、真っ先に咲く凛《りん》とした花であり、桜のように散ることに美しさを見いだす花ではない。また、その白も塩の白と通じる。

鑑賞

昭和十九年(一九四四)、作者の教え子たちが、学徒として出陣する際に餞《はなむけ》として贈られた句である。出陣の際に贈られたとなれば、初句の「勇気こそ」は、お国のために尽くせという意味かと一瞬思われるが、続く「地の塩なれや」の言い切りによって、それは否定されるのではないだろうか。「地の塩」は、社会の腐敗や堕落を防ぐとともに、人が人であるために欠かせないものである。戦局が悪化し、厳しい言論統制がしかれる中、作者は、口にできない思い、人としての真の勇気をもち、そして戻ってこいという思いをこの句に託したのであろう。梅の白さと塩の白さが通じ合い、また、寒さの残る

早春に真っ先に白い花をつけるその凛とした姿を思い浮かべる時、作者の強い思いと信念を感じることができる。季語＝梅（春）　切れ字＝や

■■山口《やまぐち》誓子《せいし》■■

「夏草に……」の句

通釈

勢いよく夏草が生い茂った線路に、蒸気機関車が、もくもくと黒煙を吐き、白い蒸気を吹き出しながら進んできて、重量感のあるその大きな車輪が止まったところである。

語句の解説

教274ページ

2**夏草《なつくさ》**　夏に生い茂る草。勢いよく伸びる。

2**汽罐車《きかんしゃ》**　蒸気機関車。「汽罐」は動力源となる高温・高圧の蒸気を発生させるボイラーのこと。

2**車輪《しゃりん》**　一般に蒸気機関車は複数の車輪を有するが、ここは動輪（機関車を駆動させる最も大きい車輪）をいう。

2**来《き》て止《と》る**　進んできた蒸気機関車の車輪が停止したことをいう。

鑑賞

昭和初期には、日本の鉄道の多くで蒸気機関車が使われていた。蒸気機関車は、石炭をボイラーで燃やし、そこで発生した蒸気の圧力でピストンを動かし、その運動を車輪（動輪）に伝えて動く。当時の大型蒸気機関車の動輪は直径一・七五メートルもあり、成人男性の背丈ほどの大きさがあった。その巨大な「汽罐車」と、勢いよく伸びる夏草が出合ったとき、作者は「汽罐車」の迫力と、それに劣ることのない夏草という自然のエネルギッシュな生命力を感じたのではないだろうか。季語＝夏草（夏）

「炎天の……」の句

通釈

燃えるように暑い夏の空の下、水平線のかなたに一つの白い帆が見える。その白い帆こそ、いつも私の心を慰め、励ましてくれた心のよりどころであるのだ。

語句の解説

3**炎天《えんてん》**　燃えるように暑い夏の空。

3**こころの帆《ほ》**　心のよりどころ。

鑑賞

昭和二十年（一九四五）六月、大阪大空襲で住居も家財も一切を失った作者が、その夏に伊勢《いせ》湾のほとりで病気療養していた頃の作品。「遠き帆」「こころの帆」という繰り返しは、作者の句の特色の一つ。

炎天の下、遠くに青い海をゆく白い帆が見える。全てを失い、しかも療養中の作者には、それが心の安らぎにも励ましにも感じられ、心のよりどころとなったのであろう。「こころの帆」という体言止めに、そんな作者の心情と、諦めることなくこれからの人生に立ち向かっていこうとする強い思いを感じ取ることができる。実際、三

年後の一九四八年、西東三鬼《さいとうさんき》らと「天狼」を創刊し、俳句の復興に寄与している。季語＝炎天（夏）　切れ字＝や

■■渡辺白泉《わたなべはくせん》■■

「戦争が……」の句

通釈

戦争というものが、廊下の奥に立っているのを見た。

語句の解説

5 **戦争《せんそう》**　昭和十四年（一九三九）の作品であることから、昭和十二年に始まった日中戦争が意識される。

鑑賞

渡辺白泉は、銃後俳句と呼ばれる戦争をテーマとした無季俳句を多く残している。「戦争」という語のもつ非日常性と、「廊下」という語のもつ日常性との対比、「廊下の奥」という場の仄暗《ほのぐら》いイメージが「戦争」と組み合わさることで生まれる不穏さなどが感じられる。「立つてゐた」という口語的な表現が用いられていること、過去形で言い切っていることから、戦争が生活のそばに近づいていることが、単なるイメージではなく事実として生々しく伝わってくるといえるだろう。この句が詠まれたのは日中戦争の最中である昭和十四年だが、昭和十六年（一九四一）には真珠湾攻撃があり、第二次世界大戦へと突入していく。そういった歴史や当時の世相を踏まえて読むと、この句のもつ不穏な空気をより強く感じることができるのではないだろうか。季語はない。

「銃後といふ……」の句

通釈

銃後という、戦争を後方で支える国民が生活する不思議な町を、丘に立って見たのだ。

語句の解説

6 **銃後《じゅうご》といふ不思議《ふしぎ》な町《まち》**　間接的だが何らかの形で戦争に参加している一般国民、という考え方のもとで人々が生活している戦時下の日本の町をいっている。

鑑賞

昭和十三年（一九三八）の句。戦時下の日本では、軍国主義のもとで、直接戦場に赴かない国民もまた戦争を後方で支えているのだという意味で「銃後」という言葉が用いられた。「といふ」や「不思議な」という表現からは「銃後」という考え方への距離や懐疑を、「丘で見た」という表現からは、「銃後といふ不思議な町」の外側に立っているという意識を感じとることができるだろう。白泉は、昭和十五年（一九四〇）には、俳句誌「京大俳句」を中心とする新興俳句の俳人として、戦争に批判的な句を発表していたことで、治安維持法で検挙される。新興俳句の俳人の多くがこのとき逮捕され、俳句誌も廃刊となった。季語はない。

■■長谷川《はせがわ》櫂《かい》■■

「春の水とは……」の句

通釈

春夏秋冬の季節のうち、春の水だけが濡《ぬ》れている。「春の水」とは、濡れている水のことをいうのである。

語句の解説

8 **濡《ぬ》れてゐるみづ**　水自体が濡れているということ。

鑑賞

常に流動している水は、季節によってその姿を変える。「濡れてゐるみづ」とは、解けて流れる水、つまり雪解け水ということか。流れていること、濡れていることこそが、水本来の姿ということか。この世にあるほとんどのものは水に濡れる。しかし、ただ一つだけ水に濡れないものがある。それは水自体である。水は水が触れたものを濡らすのであって、水自体は決して濡れていない。それなのに、春の水なら濡れると作者は感じたのだ。春の水は濡れているという感覚、当たり前だが共感を呼ぶ感覚が、水の生々しさを見事に捉えている。春の水→濡れている水、夏の水→蒸発する水、秋の水→清《せい》冽《れつ》な水、冬の水→凍る水、などとすれば、春の水以外は、「濡れてゐる」という形容からは遠い存在であるといえる。春の水は濡れているという作者の発見がそこにある。季語＝春の水(春)

「はくれんの……」の句

通釈

白木蓮《はくもくれん》の白くて厚みのある花びらに、打ち身をしたかのような傷がついている。

語句の解説

9 **はくれん**　白木蓮のこと。十メートルほどの高さの木に、三月ごろから花を咲かせる。花びらは肉厚で乳白色をしている。

9 **打《う》ち身《み》**　体をぶつけたためにできた、皮膚の内側の傷。ここでは白木蓮の花びらの傷のあとをこのように表現している。

9 **ありしあと**　あったあと。

鑑賞

白木蓮の花は、春に肉厚で乳白色の花を咲かせる。「打ち身のありしあと」という表現は、白木蓮の花びらの質感を、人間のなめらかな肌に見立てたものであるといえる。この見立ては他の花、たとえば傷がついたらすぐに破れてしまうような薄くて小さな花びらをもつ花では成立しにくい。白木蓮の特徴をじっと観察する作者の目、清楚な白い花についた傷を「打ち身」ととらえる独自の感性とが感じられる。「はくれん」「ありしあと」というひらがな表記から伝わってくるやわらかな印象や、「はくれん」「花(はな)」「ありし」「あと」というア行音の響きなどを味わうこともできるだろう。季語＝はくれん(春)

課題

一　それぞれの俳句を音読し、その調子を味わってみよう。

考え方　当然のことながら、自分なりに俳句を解釈し、その意味をふまえて読まないと、よい音読はできない。意味の切れ目は間をあけ、単調な棒読みにならないように気をつける。基本は五・七・五という音数になるが、山口誓子の「炎天の……」は、「遠き帆や」に句切れがあることに注意しよう。

二　それぞれの俳句について、季語とその季節を調べてみよう。

考え方　各作品の鑑賞参照。

三　それぞれの俳句について、切れ字や句切れを調べ、その表現効果について話し合ってみよう。

解答例　各句の切れ字と句切れ、表現効果は次のとおり。

「いくたびも……」＝切れ字…けり　句切れ…句切れなし
　表現効果…「けり」に詠嘆がこめられ、「(何度も何度も)尋ねた」ことを強調している。

「遠山に……」＝切れ字…かな　句切れ…句切れなし
　表現効果…「枯れ野だなあ」という感動の気持ちを表す。

「乙鳥は……」＝切れ字…けり　句切れ…句切れなし
　表現効果…時を経て、「まぶしき鳥」となったツバメの、飛翔する姿の美しさへの感動が強調されている。

「勇気こそ……」＝切れ字…や　句切れ…二句切れ
　表現効果…「や」に「地の塩」となってほしい(人としてあるための生き方をしてほしい)という願いがこめられている。

「炎天の……」＝切れ字…や　句切れ…中間切れ
　表現効果…「や」に「遠き帆」への詠嘆がこめられている。

四　印象に残った俳句を選び、次の点に留意して、感想を書いてみよう。

①季語の効果　②切れ字・句切れの効果　③印象的な表現
・情景や感動の中心

考え方　「短歌」の鑑賞文同様、すぐに覚えたもの、情景や作者の心情がよく理解できたものを選んで書くとよい。それぞれの俳句について、表現されている情景や感動の中心について考え、どこに共感したか、なぜ心に響いたのか、自分なりにまとめてみよう。

「いくたびも……」＝病床にいる自分は、雪の降る様子も、どれくらい積もったのかも見ることができないというもどかしさ。

「痰一斗……」＝痰に苦しみながらも、間近に迫った自分の死期を淡々と見つめる作者の姿。

「遠山に……」＝日が当たっている遠山と、一面に広がる枯れ野の情景。

「白牡丹と……」＝白牡丹の中にほのかな紅を見つけた作者の驚きと感動。

「蛍籠……」＝尽きてきた光をもう一度燃え立たせたいという、衝動と情念。

「乳母車……」＝「夏の怒濤」に対し、横向きに乳母車が置かれているという情景。

「水枕……」＝病床にあるわが身に、ふと感じた死の影へのおびえ。

「算術の……」＝夏休みに、算数の問題が解けずにしのび泣いている少年のいじらしさ。

「乙鳥は……」＝明るい陽光の中を颯爽と飛び回るツバメの美しい姿。

「勇気こそ……」＝出陣する教え子たちに、人としての真の勇気をもってほしいと願う心。

「夏草に……」＝巨大な「汽罐車」の迫力と、それに劣ることのない夏草のエネルギッシュな生命力。

「炎天の……」＝遠い帆に心の安らぎと励みを感じ、これからの人生に立ち向かっていこうとする思い。

「戦争が……」＝戦争という非日常のものが廊下という日常の奥に存在していることに気付いた不穏。

「銃後といふ……」＝軍国主義下の「銃後」という思想に対する距離と懐疑。

「春の水……」＝春の水は濡れているという発見による、水本来の姿の生々しさ。

「はくれんの……」＝白木蓮の白くて肉厚な花びらについた傷を打ち身とたとえた情景。

学びを広げる　俳句を詠む

教科書P.280

歳時記をひもとき、気に入った季語を用いて、俳句を作ってみよう。

考え方　歳時記には、季節ごとに章立てされ、さらにその中で時候・天文・地理・生活・行事・動物・植物などに分類されているものや、一か月ごとに季語が整理されているものなどがある。

●季語の分類の例

・時候＝季節や各月の名称など。　例　立春・如月《きさらぎ》など（春）
・天文＝気象や天文など。　例　入道雲・夏の月など（夏）
・地理＝海や山や川など。　例　花野・初潮《はつしお》など（秋）
・生活＝人の生活に関すること。　例　こたつ・焚火《たきび》など（冬）
・行事＝年中行事や忌日（著名人の命日）など。　例　入学式など（春）
・動物＝鳥、虫、魚などを含む動物。　例　雷鳥・蟬《せみ》・金魚など（夏）
・植物＝木や草花など。　例　紅葉・すすき・コスモスなど（秋）

教科書280ページの手順のように、俳句で表現したい内容を書き出してから、その内容にふさわしい季語を探して句を作る方法のほか、まず季語を選び、その季語が含む意味や背景などを出発点にしてイメージを膨らませていく作り方もできるだろう。感動を出発点にした場合も、季語を出発点にした場合も、自分が表現したいことは何なのかをよく考えて、ふさわしい季語や表現を選びとっていくとよい。俳句を作るからといって、古い言葉や難しい言葉、〝和風〟の題材を使わなくてはならないということはない。身近なところに題材を探し、自分の心にふれたことを表現してみよう。教科書で紹介されている作者の他の作品や、他の作者の俳句に触れてみることも、句作の刺激になるだろう。

五　小説三

空《あき》缶《かん》

林《はやし》京子《きょうこ》

教科書P.282〜301

教材のねらい

・登場人物の原爆体験と、その後の人生を整理する。
・登場人物の会話表現にこめられた心情を理解する。
・被爆者・非被爆者という図式だけでなく、登場人物の相互関係を多角的に捉える。
・ガラス片や空缶は何を象徴しているのかを捉え、小説の主題を考える。

主　題

原爆が投下された昭和二十年に長崎で女学生時代を送った五人の母校訪問を通じ、それぞれの原爆体験とその悲劇、その人生への影響が語られる。原爆は過去のものではなく、いまも被爆者やその周囲の人たちの心と体に痛みを与え続けているのだ。非被爆者は、そうした被爆者の現実を共有できるのか、という問いを提起すると同時に、戦争や原爆の悲劇を風化させることなく考えてほしいという願いをこめる。

段　落

一行アキと場面で七つの段落に分けられている。

一　教 p.282・上1〜p.285・上12　先生と校舎の思い出
二　教 p.285・下2〜p.290・下4　追悼会と弁論大会の思い出
三　教 p.290・下6〜p.293・上11　大木の不安とそれぞれの今
四　教 p.293・下1〜p.294・下1　きぬ子の今とガラス片
五　教 p.294・下3〜p.296・上7　T先生の墓参り
六　教 p.296・上9〜上14　大木のガラス片
七　教 p.296・上15〜p.299・下11　教室の記憶ときぬ子の空缶

段落ごとの大意と語句の解説

第一段落　教282ページ上1行〜285ページ上12行
「私たち」五人は、卒業後三十年の歳月を隔て、来年で廃校になる母校の女学校を訪ねる。コの字形のコンクリート四階建て校舎に囲まれた中庭に立って、「私たち」は教師やその言動、爆風で一枚もなくなった窓ガラスなどを思い出す。そして五人は、取り壊される前に「講堂を見ておきたい」と、玄関から校舎に入って行く。

教282ページ

下4**柔《やわ》らかい**　ここでは、おだやかな、の意。

教283ページ

上10**城壁《じょうへき》のように**　校舎の古めかしく威厳のある様子。

上11**校舎《こうしゃ》は、……静《しず》まっている**　先生や生徒たちがたてる物音や声が消えて、ひっそりとしている様子をたとえた擬人表現。

下2**緊急通達事項《きんきゅうつうたつじこう》**　ここでは、学校が生徒に対して急いで指示する事柄、の意。

下11**美観《びかん》を損《そこ》なう**　美しい眺めを壊す。

下12**殺伐《さつばつ》**　気分や雰囲気にうるおいがなく、冷酷で荒々しいこと。

教284ページ

上1**少女《しょうじょ》である……恥《は》ずかしかった**　殺伐とした時代であっても、現象として営まれる人間の生理を恥ずかしく思う少女たちの感受性はすり減らないことを表した言葉。少女の心理を配慮しない男教師の無神経さに少女たちの心は傷ついたのである。

①　「奇妙に見えた」のはなぜか。

答　「私」の記憶にあるのは、爆風で弓なりに反った窓枠とガラスが一枚もない窓だった。それなのに窓枠はまっすぐに伸び、透明ガラスがきれいにはめ込まれていたから。

下1**爆風《ばくふう》**　ここでは、原爆が上空で爆発した時に生じた猛烈な風圧。

下4**目《め》かくし**　内部が見えないようにする覆い。

下7**矯正《きょうせい》**　ここでは、適正な状態に戻すこと、まっすぐにすること。

下15**＊取《と》ってつけた**　わざとらしく不自然な。

教285ページ

②　「この庭、こんなに狭かった？」とあるが、なぜそのように感じたのか。

答　大人になった今では、女学生だった頃と比べて身体的にも精神的にも成長したから。

上10**錠前《じょうまえ》**　錠。扉や門などにつけて、戸締まりや保管をするための金具。鍵で開け閉めする。

第二段落　教285ページ下2行～290ページ下4行

講堂の入り口に立った瞬間、「私たち」はその場に釘《くぎ》づけになり立ちすくんだ。終戦の年に行われた原爆死した生徒や先生たちの追悼会を思い出したからだ。しかし、被爆者ではない西田は、被爆していないことがみんなとの結びつきの弱さになっていると言い、講堂で思い出すのは弁論大会だと言った。同じく弁論大会に参加していた大木は威勢のいい婦人と職業論を述べたことを思い出し、五人の話題は現在へと移っていく。

③　「釘づけになっ」たのはなぜか。

答　終戦の年にこの場所であった追悼会を生々しく思い出し、気軽に足を踏み入れることができなくなったから。

下9**式次第《しきしだい》**　式をとり行う順序。

下10**ささくれた床《ゆか》**　表面が細かく裂けてなめらかでない床。

下11**乾《かわ》いた雑巾《ぞうきん》が一《ひと》つ、捨《す》ててあった**　終戦の年のあの追悼会の会場が、単に取り壊されるのを待っているだけの見捨てられた空間になってしまっていることを表現している。

教287ページ

上6 **追悼会《ついとうかい》**　死んだ人をしのび、いたみ悲しむ会。

上8 **黙禱《もくとう》**　声に出さず、心の中で祈ること。

下1 **私《わたし》が無言《むごん》の……霊《れい》に対《たい》してである**　三十年という年月が消えて、追悼会の当日と同じ思いでいることの表現。

下5 **癒《い》えて**　ここでは、病気やけがなどが治って、の意。

下7 **みとられて**　看護されて。「看取られて」と書く。

教288ページ

④「どよめき」が静まったのはなぜか。

答　死者の数のあまりの多さに圧倒され、また多くの親しい仲間の死を知って声も出ないほどの衝撃を受けたため。

上10 ***おえつ**　むせび泣くこと。

上10 **生徒《せいと》が座《すわ》っている……寄《よ》せてくる**　生徒たちは、父母たちの悲しみを受け止めきれずに、体に押し寄せる圧力のように感じ取った、ということを表す表現。

下6 ***はえぬき**　ここでは、初めからずっとその会社や団体などに所属していること、の意。

下10 **西田《にしだ》と私《わたし》とでは、……差《さ》があった**　同じ転校生でも、西田には被爆経験がないが「私」にはある。その点において、はえぬきの友人たちとの結びつきに差が生まれたのである。

教289ページ

上4 **笑《わら》って言《い》った**　悲しみに沈んだ雰囲気を変えようとし、また、被爆者でないことで結びつきが弱いと言う西田を思いやっている。

⑤「心情的にそうありたい」とはどういうことか。

答　自分は被爆者ではないが、気持ちの上では、被爆者である四人と思いを共有したい、卒業まで同じ校舎で過ごした同期生として、苦しみや悲しみを分かち合いたい、ということ。

上7 **長崎弁《ながさきべん》をうまく使《つか》えない**　大木、原、野田が長崎弁を使っているのに対し、西田は共通語を使っている。また、294ページ上15行に「独りっ子だったの？」と聞いた「私」の言葉があり、「私」も共通語を使っていることがうかがえる。

上9 **そのぎこちなさ**　根底のところで仲間になりきれない、しっくりこないよそ者の感覚であることを言おうとしたもの。

教290ページ

上5 **婦人参政権《ふじんさんせいけん》**　女性が男性と同様に政治に参加する権利。昭和二十年(一九四五)十二月に衆議院議員選挙法が改正され、女性の国政参加が認められた。翌年の衆議院議員選挙では、約一三八〇万人の女性が投票し、三九人の女性が国会議員となった。

上8 **言《い》いあてて、……作業《さぎょう》を知《し》らず**　当時の主張どおり、いまだに出産・育児の経験がない、ということ。

上9 **道化《どうけ》て**　おどけて。

第三段落　教290ページ下6行～293ページ上11行

中学校の教師をしている大木は、離島への赴任が気がかりだと言う。それは原爆症が再発した場合、長崎市にある原爆病院に入院したいからだ。被爆していない西田は夫を亡くしているし、原は被爆以後、悪性貧血に悩まされていて、「私」も一人。平穏な結婚生活をしているのは野田だけだった。今日の母校訪問に参加予定だったきぬ子も、あした、被爆の際に背中に刺さったガラスを抜くため、原爆病院に入院するという。

教291ページ

下7**＊懸案《けんあん》**　解決を迫られながら結論が出ていない事柄。

6　**答**

「不発弾を抱いているようなもの」とはどういうことか。

原爆症がいつ再発するかわからない不安と恐れを抱いて生きている、ということ。（原爆症をいつ爆発するかわからない不発弾にたとえている直喩表現。）

下11**躊躇《ちゅうちょ》**　ためらうこと。

教292ページ

上7**西田《にしだ》は半年前《はんとしまえ》に……遺言《ゆいごん》もなく死《し》んだ**　西田の夫の死因については触れられていない。もし、原爆症であれば、その意味で西田も原爆の犠牲者ということができるであろう。

上9**名《な》を成《な》して**　成功して。有名になって。

＊「名を成す」＝業績などが認められて有名になる。

上11**定評《ていひょう》があって**　世間的な評判があって。

＊「定評」＝多くの人から認められている評価や評判。

上13**＊虎視《こし》たんたん**　虎が獲物をねらうように、抜け目なく機会をうかがうさま。

下6**＊庇護《ひご》**　かばって守ること。

下8**おうち**　相手や相手の家、他人の家庭を指す敬語。ここでは、あなた、の意。

下9**一人《ひとり》よ、とだけ**　続く二文を読むと、「私」が離婚していることがわかる。だが、結婚して離婚したことは言わなかったということを、「だけ」で表している。

下14**ただ生《い》きてきただけのごたる**　ただ生きてきただけのような、の意。

教293ページ

上2**＊頓狂《とんきょう》**　突然に調子はずれの言動をすること。

上10**眉《まゆ》を寄《よ》せた**　顔をしかめた。

第四段落　教293ページ下1行～294ページ下1行

大木の説明によると、きぬ子は今、島原で小学校の教師をしていて、体育の授業中に痛みを感じて背中にガラスが刺さっていることがわかり、切開手術のためあした入院するという。みんなで、きぬ子が原爆で両親を失ったことや、弁論大会に坊主頭で出たことなどを思い出すが、「私」には在学中のきぬ子の記憶がない。

下5**明滅《めいめつ》**　明かりがついたり消えたりすること。

下6**軽《かろ》やかな痛《いた》み**　ちかちかとするようなちょっとした痛み。

下8**尖《とが》った痛《いた》み**　尖った刃物で刺されるような鋭い痛み。この痛みで、年のせいではないと感じたのである。

教294ページ

上8**あんなんはあん時《とき》は**　あの人はあの時は、の意。

上11**演壇《えんだん》**　講演や演説などをする人が立つ壇。ここでは弁論大会で弁士が立った壇のこと。

上16 **天涯孤独**《てんがいこどく》　この世に身寄りがなく、ひとりぼっちであること。

第五段落　教294ページ下3行〜296ページ上7行

「私」は昨年、十年ぶりにきぬ子と会って、一緒に恩師であるT先生の墓参りをした。その後、きぬ子とT先生の思い出話をした。きぬ子はT先生が即死した現場を見ていて、先生の最後の言葉を何とか理解してあげたいと思い続け、それが心の負担になっていた。曖昧になりつつある過去を確かめるためと、T先生の死に決着をつけるために墓参りをしたのだと、きぬ子は言った。

下15 **出向**《しゅっこう》　ここでは、籍はもとのまま、命令によって他の会社や役所の仕事につくこと、の意。

教295ページ

上7 **閃光**《せんこう》　瞬間的にきらめく光。ここでは原爆が投下された際、上空で爆発とともに生じた光のこと。

下2 **貼**《は》**り絵**《え》**のように、貼**《は》**りついてしまった**　頭の中にしっかり残って、忘れようとしても忘れられなくなっているということ。

7　**「曖昧になりつつある過去」とは何か。**

答　T先生がきぬ子に向かって本当に何ごとかを叫んだのか、先生が本当に死んだのかということ。

下8 **決着**《けっちゃく》**をつける**　けじめをつける。けりをつける。きぬ子はT先生が本当に死んだのか疑っているが、T先生の死を確認して、過去のこととして忘れたい、ということ。

教296ページ

上7 **抑揚**《よくよう》**のないきぬ子**《こ》**の言葉**《ことば》　原爆のことを過去のこととして清算したくても、折にふれ体内のガラス片によって痛みが走る。その痛みが、きぬ子に被爆者であることを忘れさせないのである。そういう運命に対する諦めに似た気持ちが、抑揚のない言葉となったのであろう。

第六段落　教296ページ上9行〜上14行

大木の背中にあったガラス片は、脂肪の核になり、真珠のように包み込まれていた。

8　**「人間の体は、よう出来とるね。」とはどういうことか。**

答　直接的には、人間の体は、体内に異物が入ると、それを脂肪で包み、痛みを和らげたり、身体を守ったりするということ。間接的な比喩としては、被爆による精神的な苦痛が、周囲の支えや理解によって和らいだり、被爆の記憶を曖昧なものにしたり、忘れさせてくれたりするということ。

上11 **真綿**《まわた》　くず繭(＝絹糸にならない繭)を引き伸ばして作った綿。光沢があって丈夫で軽く、保温力がある。

第七段落　教296ページ上15行〜299ページ下11行

「私たち」は講堂を出て教室へと向かい、教室の思い出を語り合う。女学生二人が通れるほどの大きな穴が壁にあったことなども思い出す。大木は、きぬ子が空缶に両親の骨を入れて毎日学校に持って来ていたことを話し出す。「私」は、あの少女がきぬ子だったのかと驚く。きぬ子の空缶事件は、少女時代に錐《きり》を刺したような心の痛みとなって残っていたのだ。あの空缶は今どこにあるのだろう。そしてあした、きぬ子の背中から出てくる三十年前のガラス片は何個あり、どんな光を放つのだろうかと「私」は思う。

教297ページ

上14 **この壁《かべ》に、大穴《おおあな》のあいとったね**　この「壁の大穴」は原爆の爆風によってできた穴と思われる。作者の別の作品『祭りの場』では、講堂の屋根にも大穴があいて鉄骨がむき出しになっていた様子が描かれている。

教298ページ

上9 **ああ、と私《わたし》は叫《さけ》んだ**　「在学中のきぬ子も私は覚えていないし、知らない。」（294ページ上11～12行）、「女学生時代のきぬ子を知らない私」（294ページ下3行）とあるように、「私」は女学校時代のきぬ子の姿を全く記憶していなかった。それを突然思い出した驚きを表す。

上12 **赤《あか》く、炎《ほのお》でただれた蓋《ふた》のない空缶《あきかん》**　赤く、炎でただれていたのだから、原爆で焼失した家の焼け跡から拾った缶であろう。両親の骨を入れるものがそんなものしかなかったのだ。

下5 **被爆後《ひばくご》、私《わたし》たちは……多《おお》くなっていた**　原爆によって誰もが口に出せないような悲惨な体験をしている。話せば悲しみを新たにするだけなので、お互いが気遣い合っていたのであろう。

下7 **いとしそう**　ここでは、親の死をかわいそうと思う気持ちと、亡くなった親を慕わしいと思う気持ち、の意がこめられている。

下8 **はばかった**　遠慮した。

＊「はばかる」＝差し障りがあると思って遠慮する。

下16 **書道《しょどう》の教師《きょうし》は、……中央《ちゅうおう》に置《お》いた**　復員した教師は事情をすぐに理解し、少女の心情に共感したのであろう。教壇を祭壇に見立てて缶を安置し、供養しようとしたのである。

教299ページ

上1 **冥福《めいふく》**　死後の幸福。来世の幸福。

上7 **錐《きり》を刺《さ》し込《こ》んだような**　鋭くて深い痛みの直喩。両親を亡くした少女（きぬ子）に感じた、同情よりもっと深い心の痛みを表現している。

課題

課題

一　「私」「大木」「西田」「原」「野田」「きぬ子」の原爆体験とその後三十年の人生を整理してみよう。

解答例　「私」＝昭和二十年三月N高女に転入し、動員中に被爆。原爆症のため発熱が続き、正規の授業のない時は休むようにしていた。その後結婚、離婚。今は東京に暮らす。原爆症が出た場合は、原爆病院に入院したい、できるならば、原爆病院に近い所で生活したいと思っている。

「大木」＝はえぬきのN高女生。浦上《うらかみ》の兵器工場に動員中被爆して背中や腕に刺さったガラス片で出血がひどく、一時は死亡説が出る。東京の女子大を卒業後、長崎に帰って今は中学校の教師。独身で、両親が数年前に相次いで死亡し天涯孤独。四、五年前に背中のガラスを取り出す手術をしており、原爆症の再発が気がかりで、離島への赴任に不安を抱いている。
「西田」＝昭和二十年十月にN高女に転入したため被爆経験がない。そのことが逆に負い目になり、心情的に被爆者と結びついていたいと思っている。半年前に夫を亡くし、今は東京で服飾デザイナーとして名を成している。
「原」＝はえぬきのN高女生。浦上の兵器工場に動員中に被爆し、それ以後、悪性貧血に悩まされながら、両親の庇護を受けて生活している。独身。
「野田」＝はえぬきのN高女生。（被爆していると思われるが、そのことは文章中には書かれていない。）今は夫がいて、六人の中ではただ一人平穏な結婚生活を続けている。
「きぬ子」＝はえぬきのN高女生。精密機械工場で被爆し、一時頭髪が抜けて坊主頭になった。両親は原爆で即死し、その骨を空缶に入れて学校に持って来ていた。今は島原で小学校の教師をしている。あした、原爆病院に入院して背中のガラスを抜き取る手術を受ける。独身で天涯孤独。

二 次にあげる登場人物の言葉はそれぞれどのような心情から発せられたものか、考えてみよう。

① **「原爆の話になると、弱いのよ」**（288下・1）

考え方 「弱い」のは文中でも述べられているとおり、「結びつき方」である。西田はそれをどう感じているのだろうか。

解答例 他の話題ではみんなと共感できるのに原爆の話になると違う。被爆していないことが、仲間との結びつきを弱くしていると感じている。それでも、できれば原爆についてもみんなと同じ心情で話せる仲間でありたいと願っている。

② **「ただ生きてきただけのごたる気のする」**（292下・14）

解答例 被爆以後悪性貧血に悩まされながら両親の庇護を受けて暮らしてきて、結婚も、仕事も、人としての楽しみも、経験してこなかった、という原の気持ち。

③ **「うちたちは原爆にこだわりすぎるとやろうか」**（292下・15）

解答例 原同様結婚をせず、また原爆症の再発を恐れて離島への赴任を不安に思う大木。常に死への恐怖を抱えながら生きていかなければならないことへのどうしようもない気持ち。

三 **「あの時の少女が、きぬ子だったのだ。」**（299上・6）**とあるが、「私」がこの時までにこのことに気づかなかったのはなぜだろうか。まとめてみよう。**

解答例 空缶に両親の骨を入れて学校に持って来ていたことや、書道の時間の「空缶事件」の印象が強すぎたため、空缶の持ち主が誰だったのかを覚えていなかったから。

四 **「光の中に取り出された白い脂肪のぬめった珠は、どんな光を放つのだろうか。」という結びの言葉には「私」のどのような思いがこめられているか、話し合ってみよう。**

考え方 被爆後三十年もきぬ子の体内に入っていたガラス片を核とした珠は、原爆症への不安を抱えて生きてきた被爆者たちの過去の象徴である。ここには作者の、きぬ子が「口にしなかった」過去と向き合い、共有し支えたいという思いが、また、出てくるものは「珠」であり、それが「光を放つ」という表現からは、きぬ子の人生が光を放つ美しいものであってほしいという願いがうかがえる。

五 **広島・長崎の原爆体験を描いた文学作品にどのようなものがあるか調べ、作家と作品名、内容について紹介し合ってみよう。**

考え方 学校図書館や地域の図書館、インターネットなどを使って探す。原爆関連施設や図書館（特に被爆地である広島・長崎）などのホームページを確認してみよう。

解答例
●原民喜《はらたみき》「夏の花」　著者の広島での原爆体験をもとに書かれた作品。亡き妻の墓に「夏の花」を手向けた翌々日に被爆した「私」の視点で、広島の惨状を描く。
●峠三吉《とうげさんきち》『原爆詩集』　著者の広島での原爆体験をもとに書かれた作品集。広島の平和記念公園内には、峠三吉の詩碑が置かれている。

語句と表現

次の漢字を使った熟語を調べてみよう。
既　概　慨

解答例 「既」…既習・既存・既往・既製・既知　など
「概」…概念・概略・概観・概論・一概　など
「慨」…慨然・慨嘆・慨世・感慨・憤慨　など

▼漢字を書いて確認しよう 重要漢字

① スデに目的地に到着している。（　　）
② サツバツとした都会の風景。（　　）
③ 大きな川にソって歩く。（　　）
④ 教室の床をミガく。（　　）
⑤ 歯並びをキョウセイする。（　　）
⑥ 家の蔵に立派なジョウマエをつける。（　　）
⑦ 教室の後方にイスを並べる。（　　）
⑧ リンゴをみがいてツヤを出す。（　　）
⑨ 乾いたゾウキンで丁寧に拭く。（　　）
⑩ 葬式でツイトウの言葉を述べた。（　　）
⑪ 平和への祈りをササげる。（　　）
⑫ 早く病気がイえるといいですね。（　　）
⑬ 弟はいつも言葉だけはイセイがいい。（　　）
⑭ ケンアン事項について、会議で話し合う。（　　）
⑮ 新しい校長がフニンしてきた。（　　）
⑯ 何事もなく、ヘイオンな日々が続く。（　　）
⑰ 授業中に友人がトンキョウな声をあげた。（　　）
⑱ スピーチのためにエンダンに登る。（　　）
⑲ アイマイな返事をしてその場を逃れる。（　　）
⑳ 緩急、ヨクヨウをつけて詩を朗読する。（　　）
㉑ 食事でのシボウのとりすぎに注意する。（　　）
㉒ 毎日同じメニューではアきる。（　　）
㉓ 瓶のフタはきちんと締めなさい。（　　）
㉔ 心から犠牲者のメイフクを祈ります。（　　）

答　①既　②殺伐　③沿　④磨　⑤矯正　⑥錠前　⑦椅子　⑧艶　⑨雑巾　⑩追悼　⑪捧　⑫癒　⑬威勢　⑭懸案　⑮赴任　⑯平穏　⑰頓狂　⑱演壇　⑲曖昧　⑳抑揚　㉑脂肪　㉒飽　㉓蓋　㉔冥福

待ち伏せ

ティム・オブライエン／村《むら》上《かみ》春《はる》樹《き》訳

教科書P.302～309

●教材のねらい

・「私」が娘との会話に困惑し、うそをついた理由を捉える。
・「私」が戦争で体験したできごとを、「私」の心情、精神的状態に注意しながら整理する。
・「私」が戦争の話を書き続けている理由を考える。

●主　題

戦場で恐怖にとらわれ、殺す必要のなかった敵兵を無意識に殺してしまった「私」の、今なおそれを正当だと割り切ることのできない苦悩と悔恨。

●段　落

現在と過去の部分から三つに分ける。

一　教 p.302・1～10　娘の質問と「私」の答え
二　教 p.303・1～p.307・11　戦争で体験したできごと
三　教 p.307・12～p.308・3　体験を整理し終えていない「私」

段落ごとの大意と語句の解説

第一段落　教302ページ1～10行

娘が九歳のとき、お父さんは人を殺したことがあるのかと尋ねられ、「私」は困惑したが、殺してはいないと答えた。「私」は、またいつか同じ質問をしてほしいと思い、ここでは娘が成人したと仮定して、すっかり話してしまいたい。

教302ページ

2 **兵隊《へいたい》であった**　当時アメリカには徴兵制があったので、若者は強制的に戦場に送られた。作者自身も、大学卒業後に徴兵されて陸軍に入隊し、一九六九年から一九七〇年にかけて、ヴェトナム戦争に歩兵として従軍している。

4 **私《わたし》は困《こま》ってしまった**　まだ九歳の娘に本当のこと（＝人を殺したこと）を話した場合、どんな反応があるか、どんな悪い影響を心に与えるかわからなかったので、どう答えるべきか迷ったのである。また、「私」自身、戦場で人を殺したことを正当化できずにいたこともあるだろう。

4 **そうするのが正《ただ》しいと思《おも》うこと**　「『まさか、殺してなんかいないよ』と言って、……しばらく抱いていた」（302ページ5～6行）こと。人を殺してはならないということは、人類の普遍的な道徳観念である。しかし、戦場においては人を殺すことも正当化される。この矛盾は戦争がなくならない限り解決することはないが、九歳の娘にそれを説き理解させることは不可能であろう。だから今はうそをつき、安心させることが正しいと思ったのである。

6またいつか　成人してから、いつかまた。そのときは本当のことをすっかり話してしまいたいと思っている。

7ここでは　この小説では、ということ。

9君《きみ》が正《ただ》しかった　君（娘）が「誰か殺したはずだって思うの」（302ページ3〜4行）と言った言葉は正しかった。つまり、お父さんは人を殺したことがあるのだ、ということ。

1　「それ」とは何を指しているか。

答　「私」が戦争で、人を殺したこと。

第二段落　教303ページ1行〜307ページ11行

ミケ郊外の待ち伏せ地点で見張りについた「私」は、夜明けの霧の中から武器を持った若者が現れるのを見た。彼はくつろいで見えたが、「私」は条件反射的に手榴弾《てりゅうだん》のピンを抜き、深く考えもせず無意識のうちに投げてしまった。若者はむごたらしい死体となって横たわった。それは生きるか死ぬかの瀬戸際ではなく、何もしなければ若者はそのまま通り過ぎてしまっただろう。カイオワが「私」を説得しようとして、あれは正当な殺しだなどと言ったが、そんなことはどうでもよく、「私」は若者の死体をぼんやりと見つめているだけだった。

教303ページ

2何《なに》かが怖《こわ》かった　何か得体の知れないものへの恐怖を感じた。「何かが」とあることに注意。「私」はその正体をいまだにつかめていないのである。

教304ページ

3道《みち》の十《じゅう》メートルから……見《み》えた　霧の中から若者が現れたのが見えたとき、もう至近距離であったことがわかる。

7彼《かれ》は黒服《くろふく》を着《き》て、……道《みち》の真《ま》ん中《なか》を歩《ある》いていた　若者がすぐに敵の兵士だとわかったのであるが、その様子はくつろいでいるように見え、銃口も下に向けられていて、「私」が恐怖を感じる要素は見られない。

10銃口《じゅうこう》は下《した》に向《む》けられていた　警戒しているときは銃を両手で水平に構える。つまり、警戒感がない様子を表している。

11音《おと》はまったく……記憶《きおく》はまったくない　「記憶は」とあることに注意。306ページ5行にも「私にはその音は聞こえなかった。」とあるが、すぐ後で「音はしたのに違いない。」と語っている。ここも同様で、音はしていたが記憶にないだけか、感覚が緊張と恐怖で正常さを失っていたものと考えられる。

11彼《かれ》は何《なに》かしら朝霧《あさぎり》の……一部《いちぶ》であるみたいに　幻想的で現実味のない様子を表している。ここには緊張や恐怖は感じられない。

13私《わたし》の胃《い》の……リアリティーがあった　胃に違和感を覚え、それは現実味のある感覚であった、ということ。また、「リアリティー」は、前文の「イマジネーション」と対をなす表現。霧の中から若者が現れたことを想像の一部のように感じている「私」と、現実であることを知り恐怖している「私」がいるのである。

14条件反射的《じょうけんはんしゃてき》に　条件反射のように。ほとんど考えることなく、自動的に体が動くさまをいう。兵士は不測の事態に応じて即座に反応できるように訓練されており、ここでも、無意識のうちに

「私」はそうしたのだということ。
「条件反射」＝反射を起こす刺激と、それと無関係な刺激を同時に反復して与えることにより、後者だけで反射が生じるようになる現象。このような後天的に獲得した反射に対して、先天的にもっている反射を無条件反射という。

14 **そうした** 手榴弾のピンを抜き、腰を少し浮かせた。

14 **私《わたし》はその若者《わかもの》を……考《かんが》えたわけではなかった** 「私」の意識には、憎しみも殺意もなかったということ。

16 **モラルや、……軍事的責務《ぐんじてきせきむ》** ヴェトナム戦争は、冷戦時代の資本主義陣営と共産主義陣営との代理戦争といわれる。ヴェトナムに軍事介入したアメリカの指導者は、その介入を正当化する理由として、自由を抑制する反モラルの共産主義と戦い、共産主義を広げない責務がアメリカにはあるとしていた。しかし、戦場にいる兵士が皆、そのようなモラルや政治理念や軍事的責務を自覚していたわけではない。

＊「責務」＝責任と義務。責任をもって果たさなければならない務め。

教 305ページ

3 **レモネード** レモンの果汁に、水や砂糖を加えた飲み物。

6 **人《ひと》を殺《ころ》すと……とくに考《かんが》えなかった** 極度の緊張と恐怖のために、「人を殺す」ということに対して罪悪感を覚えたり、倫理的な問題を考えることができなかったのである。

7 **あいつをどこかに** 「若者」「彼」ではなく、「あいつ」になっていることに注意。このとき「私」は、若者を人としてではなく、自分を恐怖に陥れた何か（怪物のようなもの）のように感じていたのだろう。次行にも「あいつを消し去って」とある。

10 **身《み》を後《うし》ろにそらせた** 投げる体勢をとったということ。

10 **頭《あたま》の中《なか》がからっぽに……感《かん》じられた** 一瞬何も感じない状態になったが、再び極度の恐怖心を抱いた、ということ。

② **「私はもう既に手榴弾を投げてしまっていた」とはどういうことか。**

答 投げようと意識する前（無意識）に、体が動いて投げていたということ。

教 306ページ

1 **私《わたし》は覚《おぼ》えている。それが……一瞬停止《いっしゅんていし》したことを** 倒置表現を使って強調されている。「それ」とは「私」が放りあげた手榴弾のこと。無意識のうちに体が動いて投げてしまったのであるが、それが非常に重大な瞬間であることが「私」の中で意識されたのだろう。そのため、一瞬凍りついたような、強い印象を刻みこまれたのである。次行の「私は覚えている」という反復から始まる倒置表現も印象を深めるためのもの。

5 **私《わたし》にはその音《おと》は聞《き》こえなかった** 「その音」とは、手榴弾が地面に落ちる音や、道の上をごろごろと転がる音のこと。ここも記憶にないのか、感覚が平常さを失っていたのだろう。

6 **若者《わかもの》は自分《じぶん》の武器《ぶき》を下《した》に落《お》として** 兵士としての未熟さを思わせる記述。

7 **＊躊躇《ちゅうちょ》** 決心がつかず、ぐずぐずすること。

9 **私《わたし》はふと思《おも》った。……死《し》のうとしているんだ、と** 「私」はこの男(「若者」)を殺そうという明確な意志をもって手榴弾を投げたのではない。しかし、ここではじめてこの男の死を意識したのである。ここの「死のうとしている」の解釈だが、8行の「頭をカヴァーしようとした。でもしなかった。」を、男の諦念ととれば、自らの意志で死を選んでいるという意にとれ、体がとっさに反応しなかったととれば、客観的事実として、男が死の寸前にあるという意にとれる。

9 **私《わたし》は彼《かれ》に警告《けいこく》を与《あた》えたかった**　彼が死の直前にいることに気づき、彼がなんとか助かるように警告を与えたかった。彼に対する憎しみや殺意がなかったことを改めて示している。

10 **爆《は》ぜる**　裂けて飛び散る。はじける。

11 **それは私《わたし》が……違《ちが》っていた**　人を殺すのにふさわしい、大きな爆発音を予想していたのだろう。

12 **そしてその青年《せいねん》は……大《おお》きな穴《あな》になっていた**　手榴弾に吹き飛ばされた青年(「彼」)の様子が、客観的に淡々と、心情を交えずに語られている。それは無意識下の「私」の行為の結果を、意識下の「私」があぜんと眺めているようにも感じられる。

12 **ワイヤ**　「ワイヤロープ」の略。鋼鉄の針金をより合わせて作った綱。

15 **左《ひだり》目《め》は星《ほし》の……穴《あな》になっていた**　眼球が爆発の衝撃によって飛び出したか、手榴弾か何かの破片が目に飛び込んだのだろうが、その穴を「星の形」と表現している。

教307ページ

1 **それは……瀬戸際《せとぎわ》ではなかった**　霧の中から現れた若者が道を歩いてきたときの状況は、「私」にとって生死にかかわる危険な状態ではなかった。つまり、手榴弾を投げる必要はなかったということ。＊「瀬戸際」＝ここでは、生死の分かれ目、という意。

3 **そしていつも……運《はこ》んだだろう**　手榴弾を投げたりせず、若者の動きを監視するだけにしていれば、若者は死なずにすんだわけで、おそらくそれが通常であろうということ。そう思わざるを得ないほどに、自分の行動を悔いているのである。

5 **あの男《おとこ》は兵隊《へいたい》だったし、これは戦争《せんそう》なんだ**　戦争で敵の兵士を殺すことは正当なことだ、と戦場での殺しの正当性を言っている。

7 **もし立場《たちば》が逆《ぎゃく》だったら……行動《こうどう》しただろう、と**　立場が逆であったら、この男はお前を殺していたはずだ、という意。

③　「そんなの」とは、どういうことか。

答　戦争なのだから殺さなければ殺されていたと、カイオワが「私」の行為を正当化しようとしていること。

10 **若者《わかもの》の死体《したい》というひとつの事実《じじつ》**　カイオワの言葉が「複雑で」「抽象的」すぎるのに対して、自分が若者を殺したという単純で具体的な事実がそこにあるのである。

第三段落　教307ページ12行～308ページ3行

今でも「私」は、それ(若者を殺したこと)を整理し終えていない。普段はそのことを考えないようにしているが、ときどき朝霧の中から若者が現れるのを見ることがある。彼はあのときと同じ姿勢で歩き、そして何かを考えてふっと微笑《ほほえ》み、そのまま霧の中に消えていく。

12 私《わたし》はそれを整理《せいり》し終《お》えてはいない 「生きるか死ぬかの瀬戸際」(307ページ1行)でもなく、「危険らしい危険」(同)でもなかったのに、なぜ無意識のうちに人を殺す行為をしてしまったのか、自分の中で整理できていない。

課題

課題

一 「私」が「戦争」で体験したできごとについて、整理してみよう。

考え方 「戦争」で体験したことは、第二段落に書かれている。できごとに限って、簡潔にまとめる。

解答例 ●ミケ郊外の待ち伏せ地点で見張りについたとき、夜明けの霧の中から、敵の若者が現れた。

●「私」は条件反射的に手榴弾のピンを抜き、深く考えることもなく、無意識のうちに手榴弾を投げた。

●若者は武器を落として、二、三歩駆け出したが、そこで躊躇し、右の方に落ちている手榴弾をちらっと見下ろした。

●手榴弾が爆発し、若者は上の方に向かって体を捩《ねじ》って背中から地面に落ちた。右脚は体の下に潜りこみ、右目は閉じ、左目は星の形をした大きな穴になっていた。

●カイオワが、あれは正当な殺しだなどと言い、「私」の説得を試みたが、「私」はその若者の死体をただぼんやりと見つめていた。

二 「私」が手榴弾を投げてしまった理由について、本文の記述に即してまとめてみよう。

考え方 若者が現れてから手榴弾を投げた直後までのできごとは、304ページ6行〜306ページ16行に語られている。そのあいだの「私」には、二面性が見られることに留意しよう。

解答例 霧の中から現れた若者は、「朝霧の一部であるように」「私自身のイマジネーションの一部であるみたいに」見えたが、違和感のある「胃の感触」には現実味があった。「私」は「条件反射的に」「手榴弾のピンを抜」き、そして、「人を殺すということについてとくに考え」ず、ただ「私」を「怖くてたまらな」くする「あいつ」を、この手榴弾が「どこかに追いやってくれる」「消し去ってくれる」という思いでいっぱいになり、「さあ投げるんだと自分に言いきかせる前に」(無意識に)体が反応してしまったから。

三 「私」は、なぜ「『まさか、殺してなんかいないよ』と言って、娘を膝の上にのせて、しばらく抱いていた」(302・5)のか。その理由について考えてみよう。

解答例 戦場での殺しであっても、人を殺したことに変わりはなく、「私」の複雑な思いを九歳の娘に理解させるのは無理である。だからうそをついたのだが、しばらく抱いていたのは安心させるためであると同時に、うそをわび、うそをついたのは愛しているからだよという思い、うそではなくいつか本当のことを話したいという思いが胸の中にあったからである。

四 「私」は、「今」「ここ」で、「私の記憶している起こったこと」(302・8)についてどのように考えているか。「でもときどき、

……その若者が現れるのを見ることがある。」(307・14〜16)という文に留意して、まとめてみよう。

考え方　ときどき見ることがある若者の幻影が、殺す前の若者の姿と重なることと、「私の記憶している起こったこと」の中で、「若者」に対する「私」の気持ちの表れた部分に着目する。

解答例　霧の中から若者が現れたとき、「私」は若者を憎んでいたわけでも敵として考えたわけでもなく、また、生きるか死ぬかの瀬戸際でもなかった。ただ「私」は怖くてたまらなくなり、無意識に手榴弾を投げ、若者を殺してしまった。そのことを正当化することも割り切ることもできずに、あの朝若者を殺してしまったことに罪悪感と深い悔恨を抱いている。

五　「私が戦争の話を書きつづけている理由」(302・9)について、話し合ってみよう。

考え方　「私」は、「成人であると仮定し」た娘に、「実際に起こったことを、あるいは私の記憶している起こったこと」を「すっかり話してしまいたい」と語っている。しかし「私」は、あの戦場で何に対して恐怖したのか、なぜ手榴弾を投げてしまったのか、いまだに整理し終えていないのである。また、他にも「実際に起こったこと」「私の記憶している起こったこと」はあったはずであり、戦争というものについて考えをめぐらしたこともあったはずである。これらのことをふまえて話し合ってみよう。

六　ヴェトナム戦争について、テーマを決めて調べ、発表してみよう。

考え方　ヴェトナム戦争について、どんなことを知っているだろうか。冷戦時における資本主義陣営と共産主義陣営との代理戦争といわれていること、それぞれの陣営から大々的な介入があったこと、ナパーム弾や枯葉剤の使用、虐殺事件、また、日本を含む世界各地での反戦運動、帰還兵のPTSD(=心的外傷後ストレス障害)問題など、現在に尾を引いている問題も少なくない。その中から興味をもったものを選び、調べてみるとよいだろう。

語句と表現

「真夜中」のような三字の熟語にどのようなものがあるか、調べてみよう。

考え方　三字からなる熟語は、漢字一字の言葉を組み合わせたものと、漢字一字の言葉と二字熟語を組み合わせたものに大別できる。後者は、上に打消しの意を表す「不」「無」「未」「非」などの付くものや、下に「的」「化」「論」「性」などの付くものが多い。

解答例　大中小・上中下・衣食住・松竹梅・陸海空・和洋中・非合理・生返事・不文律・無造作・差別化・唯物論・可塑性・常套《じょうとう》句・共同体・死生観　など

▼漢字を書いて確認しよう　重要漢字

① 転んでヒザを擦りむいた。（　　）
② 駅までの道順をキオクする。（　　）
③ 雑草がミッセイした庭。（　　）
④ 敵の逆襲をケイカイする。（　　）
⑤ 辺り一面がキリに包まれる。（　　）
⑥ 私の話に、彼はワズかにうなずいた。（　　）
⑦ 生徒会長としてのセキムを果たす。（　　）

⑧ 弟の枕をベッドにホウる。（　　）
⑨ 寒さで湖面がコオりつく。（　　）
⑩ ケムリが目にしみる。（　　）
⑪ 海にモグって魚を捕る。（　　）

答
①膝　②記憶　③密生　④警戒　⑤霧　⑥僅　⑦責務　⑧放　⑨凍　⑩煙　⑪潜

学びを広げる　小説の読み比べ

教科書P.309

課題 「空缶」と「待ち伏せ」を次の観点から読み比べ、話し合ってみよう。

① 「私」は、誰に向かって語っているのか。

考え方 どちらの作品も、語り手である「私」の視点から描かれた物語である。相違点・共通点を意識しながら、誰に向かって語っているのかを考えていくとよい。

「空缶」…「私」は、長崎のN高女出身の被爆者(作者も被爆者である)。「空缶」の本文中では、語る対象は明示されていない。語る対象は、同級生や教師、その後の人生で出会った人々、小説の読者などが想定される。

「待ち伏せ」…「私」はアメリカ人の文筆家で、娘がいる(作者もベトナム戦争の従軍経験がある)。「娘をきちんとした成人であると仮定し」、「彼女にすっかり話」(302ページ7行～8行)すということが明示されている。娘に語るという体裁をとりながら、小説の読者に語りかけていると言うこともできるだろう。

② 「私」は、どのような動機から語っているのか。

考え方 両作品に共通しているのは、戦争で負った傷は過去のものではなく、現在も人々を苦しめているということである。それぞれの作品から読み取れる具体的な動機を考え、比較しよう。

「空缶」…〝被爆者と非被爆者〟という隔たりの描写(288ページ下1行～)や、三十年前の経験が現在に及ぼしている影響、きぬ子の背中から取り出されるであろう「珠《たま》」(299ページ下10行)の放つ光のイメージなどから、原爆の悲劇を風化させることなく問題提起をし続けようという動機が想像される。

「待ち伏せ」…「それこそが私が戦争の話を書きつづけている理由なのだ」(302ページ9～10行)とある。「それ」＝「人を殺したこと」が「私」の強い動機になっていることがわかる。また、「今でもまだ、私はそれを整理し終えてはいない」(307ページ12行)という箇所から、「私」が自身の行動について理解し整理しようとして執筆をし続けているのだと考えられる。

◆日本語の内と外

月の誤訳

多和田葉子《たわだようこ》

教科書P.312〜315

●教材のねらい

・複数の事例を通して、翻訳についての筆者の考えを読み取る。
・異文化間の物事の捉え方や表現の仕方について考えを深める。

●要旨

日本人でなければ日本の古典はわからないというのは思い込みである。『奥の細道』の「月日」、『雨月《うげつ》物語』の「雨月」のドイツ語訳の例からわかるように、日本の古典についての誤訳と思われるまでの直訳は、日本人である私たちを言葉の原点に立ち返らせ、言葉を比喩の老衰から救う役割を果たす。

●段落

一　教p.312・1〜6　翻訳に関する思い込み
二　教p.312・7〜p.314・2　『奥の細道』の翻訳の例
三　教p.314・3〜p.315・1　『雨月物語』の翻訳の例

段落ごとの大意と語句の解説

第一段落　教312ページ1〜6行

筆者はドイツに住む日本人から、『奥の細道』のドイツ語訳がおかしい、「やっぱり、わかっているようでわかっていない」と言われる。しかし、日本人でなければ日本の古典は本当の意味ではわからないというのは思い込みである。

教312ページ

1 **松尾芭蕉《まつおばしょう》の『奥《おく》の細道《ほそみち》』**　江戸時代の俳諧紀行文。江戸から関東、東北、北陸を巡り、大垣《おおがき》に至って伊勢へ向かおうとする五か月余りの旅を記録したもの。

5 **こういう発言《はつげん》**　「やっぱり、わかっているようでわかっていないんですよね。」(312ページ2〜3行)を指す。「日本人でなければ日本の古典は本当の意味ではわからないという思い込み」(312ページ4行)によるものであると筆者は指摘している。

第二段落　教312ページ7行〜314ページ2行

筆者は、『奥の細道』の「月日」を「Sonne《ゾネ》 und《ウント》 Mond《モーント》(太陽と月)」と訳すことで思い浮かぶ具体的なイメージに心を動かされ、言葉の原点に立ち返らされたと感じた。

7**最初《さいしょ》の「月日《つきひ》は」**　『奥の細道』冒頭の、「月日は百代《はくたい》の過客《くわかく》にして、行きかふ年もまた旅人なり。」から。このドイツ語訳について、まちがっているという指摘をした日本人がいたのである。

教313ページ

1**それが一般的《いっぱんてき》な考《かんが》え方《かた》かもしれない**　「月日」は時間という意味なのに、「Sonne《ゾネ》 und《ウント》 Mond《モーント》(太陽と月)」と訳すのは初歩的なまちがいだという、ドイツに住む日本人の指摘について言っている。

2**「矛盾《むじゅん》」という……訳《やく》したり**　つじつまが合わないことという意味の「矛盾」を、それに該当するドイツ語に訳さず、「Hellebarde《ヘレバルデ》 und《ウント》 Schild《シルト》(矛と盾)」と直訳すること。

3**「水商売《みずしょうばい》」を……と訳《やく》すようなもの**　「月日」を「Sonne《ゾネ》 und《ウント》 Mond《モーント》(太陽と月)」と訳すのは、「水商売」を「水－仕事」と訳すのと同じようなものではないか、という文脈。先のドイツに住む日本人の指摘について、他の例をあげて補足している。

「水商売」＝飲食店など、客の人気によって左右される商売。

5**こんな気《き》もしてきた**　「Sonne《ゾネ》 und《ウント》 Mond《モーント》(太陽と月)」というドイツ語訳を美しいと感じた筆者は、中世の人間が言う「月日」は、時間を表す比喩ではなく、実際の太陽が出て沈み、月が出て沈む情景を生活感覚として捉えたものだったのではないかと考えている。

12**直訳《ちょくやく》**　原文に沿い、一語一語をそのまま翻訳すること。対義語として、原文の一語一語にこだわらず、全体の意味がわかるように翻訳するという意味の「意訳」がある。

12**老衰《ろうすい》**　年をとって弱ること。

答 1　「比喩という老衰」とは何か。

本来は具体的な生活感覚とともに用いられていた語が、時代の変化等によってその感覚が失われ、実感を伴わない比喩となったということ。

15**Zeit《ツァイト》(時間《じかん》)では抽象的《ちゅうしょうてき》すぎる**　筆者は、『奥の細道』が「時間」という抽象的な言葉ではなく、「月」「日」という生活感覚をもった「月日」という単語で始まることを美しいと感じている。それと同様に、そのドイツ語訳が「Zeit《ツァイト》(時間)」という抽象的な言葉ではなく、「Sonne《ゾネ》 und《ウント》 Mond《モーント》(太陽と月)」という「月」「日」の直訳による言葉で始まるのは美しいというのである。

＊「抽象的」＝ここでは、実際の事柄から離れていて、内容や様子がはっきりしない様子、の意。

第三段落　教314ページ3行～315ページ1行

筆者は『雨月物語』の「雨月」を「雨」と「月」という意味からなる「Regenmond《レーゲンモント》」と訳し、「陰暦五月」というドイツ語にない単語を表現しようとした訳について、作品の雰囲気をよく伝える成功した翻訳であると感じている。

教314ページ

3**『雨月物語《うげつものがたり》』の……ではないか**　「Regenmond《レーゲンモント》」は「雨」と「(天体の)月」という意味からなる語であり、「Regenmonat《レーゲンモーナト》」は「雨」と「一か月」という意味からなる語であることを踏まえると、この指摘をした日本学専攻の学生は、「雨月」を陰暦の五月という意味で捉え、それならば「Regenmonat《レーゲンモーナト》」と訳すべきだと考えたのである。

「『雨月物語』」＝江戸時代の怪異小説集。上田秋成《うえだあきなり》著。
「雨月」＝陰暦五月の異称。
「陰暦」＝月の満ち欠けをもとにした暦で、日本では明治時代のはじめまで用いられていた。

11 **意識的《いしきてき》に、そう訳《やく》したのだ** 「Regenmond《レーゲンモント》」＝「雨」と「月」という意味からなる語、「Regenmonat《レーゲンモーナト》」＝「雨」と「一か月」という意味からなる語、ということからすれば前者は訳としてまちがいのように見えるが、「Regenmonat《レーゲンモーナト》」では「雨期 Regenzeit《レーゲンツァイト》」ということで風情がないため、あえて前者で訳したのだということ。「陰暦五月」という単語を訳すうえで、『雨月物語』の雰囲気を伝えるためにこのような配慮がなされていたのである。

課題

課題

一 文学作品の翻訳において、すぐれた翻訳とはどのような翻訳のことなのだろうか、『奥の細道』における「月日」のドイツ語訳、『雨月物語』における「雨月」のドイツ語訳の例をもとに、筆者の考えをまとめてみよう。

考え方 『奥の細道』の「月日」の「Sonne《ゾネ》 und《ウント》 Mond《モーント》(太陽と月)」という直訳、『雨月物語』の「雨月」の「Regenmond《レーゲンモント》」＝「雨と月」という直訳について、筆者が心を動かされ、成功していると感じたのはどのような点かに注意してまとめる。

解答例 文学作品の翻訳においてすぐれた翻訳とは、使い慣れた言葉について原点に立ち返って考えさせたり、その言語に存在しない単語を表現するのに最適な表現を熟慮して選択し、作品の雰囲気をよく伝えたりしている翻訳である。

二 「比喩という老衰」(313・12)の具体例を探してみよう。

考え方 「比喩という老衰」とは、本来は具体的な生活感覚とともに用いられていた語が、時代の変化等によって実感を伴わない比喩となったということを表している。これを踏まえ、現在用いている言葉を「直訳」したらどうなるかを考えて、具体的な生活感覚によっていたと考えられる語をあげる。

解答例 息吹・師走・銀河 など

語句と表現

次の漢字を使った熟語を調べてみよう。

剣 検 倹

解答例 ・剣…真剣・剣幕・剣道・剣山 など ・検…検印・検査・検索・検挙 など ・倹…倹約・節倹・勤倹・恭倹 など

▼漢字を書いて確認しよう 重要漢字

① 話のムジュンを指摘する。（ ）
② 長生きをした愛犬がロウスイで死ぬ。（ ）
③ 祭りのフンイキを楽しむ。（ ）

答 ①矛盾 ②老衰 ③雰囲気

日本語の部屋　バイリンガル・エキサイトメント　リービ英雄《ひでお》

教科書P.316～323

教材のねらい

・アメリカに生まれ、日本語で文章を書く筆者の言葉に対する感覚と考え方を捉える。
・異文化間の物事の捉え方や表現の仕方について考えを深める。

要旨

外国人として日本語で文章をつづる筆者は、さまざまな事象を日本語で書くことで世界が新しく見えると感じている。言語による世界の捉え方の違いを恐れずに探究することが、同時代のどの国や言語にも共通する新しい課題である。

段落

一　教p.316・1～p.317・7　外の世界を日本語で「和訳」する
二　教p.317・8～p.318・10　日本語の限界は可能性でもある
三　教p.318・11～p.319・12　古代の日本語というもう一つの言葉
四　教p.319・13～p.320・14　『万葉集』にみる文化意識
五　教p.320・15～p.321・13　方言にみる文化の歴史的密度
六　教p.321・14～p.322・10　言語による世界の違いの探究

段落ごとの大意と語句の解説

第一段落　教316ページ1行～317ページ7行

外国人であり、日本文学の翻訳家から創作者という道をたどってきた筆者は、日本語で書き表すことで浮かび上がる世界に興味をもっている。

教316ページ

4 **そのこと**　縦書きの原稿用紙に手書きで日本語の原稿を書くこと。
5 **この島国《しまぐに》**　日本のこと。筆者はアメリカ出身であり、外の国から日本に入ってきて日本語で言葉をつづっている。

教317ページ

1 **日本的《にほんてき》な空間《くうかん》、だからこそ開《ひら》かれている**　筆者が原稿を書いているのは、日本にある木造家屋の和室である。西洋にみられる石造の家と異なり、開かれたつくりになっている日本家屋は外の物音が入ってきやすい。筆者は、自分の部屋が、このような建築上の特徴によって入ってくる「実際の声」と、そこから連想される「外」からのさまざまな声(「記憶と連想の声、日本語の声、英語や中国語の声」)が届きやすいということを言っている。

❶「世界を、『和訳』するように日本語で書く」とはどういうことか。

答　日本の外で起こっているできごとを、日本語の表現を用いて書くということ。

第二段落　教317ページ8行～318ページ10行

筆者は、日本語の英訳にあたり、単数、複数の違いが表現できないといった日本語の限界に気づくとともに、英語にはない日本語の可能性にも気づく。

8 **白人《はくじん》の客《きゃく》**　筆者の住居を訪れた若い日本文学研究家のことを指す。筆者同様、日本語の感性に染まっており、日本語で会話をする外国人である。

13 **外《よそ》から日本語《にほんご》に……像《ぞう》を結《むす》ぶ**　筆者が母語ではない日本語で書いた小説が、母語である英語に翻訳されるということ。直後にあるように、筆者はこのことに運命的なものを感じている。

教318ページ

1 **若《わか》き西洋人《せいようじん》**　「白人」と表現されていた日本文学研究家のこと。筆者の小説を英訳することになった人物である。

1 **「これは単数《たんすう》ですか、複数《ふくすう》ですか。」**　318ページ8行から述べられているように、英語は単数・複数の違いが明確だが、日本語はそうではない。

4 **逆《ぎゃく》の立場《たちば》で**　現在は作品を英訳される立場だが、筆者は若い頃、日本語の作品(安部公房《あべこうぼう》の作品)を英訳する立場(翻訳家)であり、自分が今聞かれたのと同じ質問を投げかけ、同じ返答を得たのである。

②　「日本語の『限界』は、実は英語にはない可能性でもある」とはどういうことか。

答　日本語は英語のように単数、複数が明確ではないが、裏を返せば、英語では表現できないことを表現することができるかもしれないということ。

第三段落　教318ページ11行～319ページ12行

筆者は、『万葉集』の日本語を思い出しながら奈良を歩くことで、外国語ではなく古代の日本語という「もう一つの表現の言葉」を、もう一つの現代語のように感じる。

13 **日本文化《にほんぶんか》の……明日香村《あすかむら》**　奈良は平城京が置かれた土地であり、明日香村はその中心地として飛鳥時代の宮殿などの遺跡が多く残る。筆者の旅の目的となった番組に冠された『万葉集』は、奈良時代の歌人の和歌が収録されている日本最古の和歌集である。

15 **＊おのず**　自然。ひとりで。「おのずと」の形で「自然に」の意。

教319ページ

1 **現代《げんだい》の人《ひと》が……愉楽《ゆらく》**　別の国に移動した時、異言語にふれて異質な音声や文字を体験できることを大きな愉楽といっている。

③　「『もう一つの表現の言葉』に身をさらす」とはどのようなことか。

答　現代とは異なる古代の日本語の表現がなされた場所に身を置き、その言葉によって表現されたものを見聞きするということ。

3 **＊身《み》をさらす**　身を置く。ここでは、「体験する」の意。

6 **若草山《わかくさやま》**　奈良県奈良市にある山。

7 **万里《ばんり》の長城《ちょうじょう》**　中国で、春秋時代から築かれ、整備が続けられてきた長大な城壁。

10 **山《やま》と、河《かわ》と、……島国《しまぐに》の言葉《ことば》**　『万葉集』で用いられ表現された「古代の日本語」を指している。

第四段落　**教319ページ13行～320ページ14行**

アメリカで日本文学を研究していた筆者は、『万葉集』の「あをによし　奈良の京《みやこ》は……」の和歌を英訳して、自分の文化の美しさを主張しながら排他的な暗さをもたないおおらかな文化意識を感じ、「日本語の奇跡」にふれたように感じた。

教320ページ

2 **「あをによし」……という日本語《にほんご》**　『万葉集』にある小野老《おののおゆ》の和歌。「あをによし」＝「奈良」にかかる枕詞。「青丹《あおに》」という染料のもとが奈良でとれたことからいう。

5 **ナショナリズム**　自分の民族や国家の統一、独立を進め、他国からの干渉を嫌う思想や運動。

11 **近代国家《きんだいこっか》とは違《ちが》う、おおらかな文化意識《ぶんかいしき》**　「あをによし……」の和歌でうたわれた、「近代のナショナリズムにつきものの暗さ」（320ページ5～6行）がなく、ペルシャの工芸品やアジアから移住して歌人となった人を受け入れる「国際都市」のイメージ。

第五段落　**教320ページ15行～321ページ13行**

筆者は津軽《つがる》の方言に、文化の歴史的密度を感じる。日本列島は面積としては狭いが、多様な方言のそのわからなさによって面積の狭さを超越した「広さ」を生む。方言のもつ「広さ」が浮かび上がってくる。

教321ページ

3 **津軽《つがる》は太宰治《だざいおさむ》ゆかりの地《ち》**　太宰治は青森県北津軽郡金木村《かなぎ》（現在の五所川原市《ごしょがわら》）の出身であり、『津軽』という小説を書いている。

5 **地元《じもと》の人同士《ひとどうし》が話《はな》す言葉《ことば》がわからない**　東京から訪れた筆者には、津軽の方言がわからないということ。

④　**「面積だけでは測れない『広さ』」とは何か。**

答　面積だけを見れば狭い日本列島の、各土地の方言のわからなさによる距離感が生む感覚としての広さ。

第六段落　**教321ページ14行～322ページ10行**

その国の「言葉問題」は、文学の担い手が独占的に考えるものではない。言語によって異なって見える世界の違いを探究し、どの国のどの言語にも共通することが新しい課題となる。

14 **第一東京《だいいちとうきょう》オリンピック**　一九六四年の第十八回オリンピック。

教322ページ

4 **日本語《にほんご》の内部《ないぶ》と外部《がいぶ》に……小《ちい》さな「世界観《せかいかん》」**　母語ではない日本語で文学の創作を行い、日本の外側の世界を日本語で表現することによって構築してきた筆者自身の世界観。

7 **その違《ちが》い**　言語の違いによって生じる、世界の見え方の違い。筆者は、この違いを恐れずに探究すべきだと考えている。

課題

一　**題名にある「日本語の部屋」とは何か、考えてみよう。**

考え方　具体的な「部屋」について書かれている部分を探すと、

・「新宿《しんじゅく》の路地裏にある木造家屋の、その二階の和室で、僕は日本

語の原稿を書いている。」（316ページ1行）

・「薄い木造の壁を通して……開かれている」（317ページ1～2行）

・「新宿の路地の奥にある古い木造の僕の住居……原稿用紙が散らかっている和室」（317ページ8～10行）

・「東京の古い路地の奥にある、第一東京オリンピックの頃に建てられたという木造の二階の和室」（321ページ14～15行）

などが見つかる。この、筆者が日本語で原稿を書く部屋の内と外に、

・「外からこの島国の表現の言葉へ入り込んできた」（316ページ5行）

・「外《よそ》から日本語に入って書いた」（317ページ13行）

・「日本語の内部と外部」（322ページ4～5行）

といった、日本語という言語の内と外が重ねられており、「部屋」＝日本語そのものであることを意識して考えてみよう。

二　外国人である筆者があえて日本語で小説を書くようになった理由は何か、説明してみよう。

考え方　「外からこの島国の表現の言葉へ入り込んできた」（316ページ5行）筆者は、「どんな国のできごとについても、日本語で表せばどうなるのか、と考えるようになった」（316ページ9～10行）し、「世界を、『和訳』するように日本語で書くと、その世界はいつも新しく見える」（317ページ6行）のである。このことと、筆者の「信念」（322ページ4行）を踏まえて説明してみよう。

解答例　母語でない日本語という言語を用いることで、言語によって世界の見え方が異なること、新しくなることに気づき、学問的、職業的な分野を超えてその違いを探究していく必要性を感じたから。

三　日本語の未来について、各自の考えを六〇〇字程度の文章にまとめてみよう。

考え方　文章中で述べられていた日本語の「可能性」や「日本語の奇跡」、「方言」のもつ多様性といった要素、「二十一世紀の、どこの国の新聞の、何語のエッセイにも共通する、それが新しい課題ではないか」（322ページ9～10行）という筆者の考え方を踏まえて、現代の日本語のあり方とその先の未来についてまとめてみよう。

語句と表現

「世界観」のように「観」を伴う語句を集め、それぞれの意味を調べてみよう。

解答例　・人生観＝人生の意味についての考え方。

・先入観＝実際に接する前に得た知識によって作り上げられ、正しい判断を妨げるようなイメージ。

▼漢字を書いて確認しよう　重要漢字

①新しい考え方が人々にシントウする。（　　）
②趣味というユラクにひたる。（　　）
③身近な題材を使って短歌をヨむ。（　　）
④平安京セントについて調べる。（　　）
⑤センレツな色彩を用いた絵画を見る。（　　）
⑥ハイタ的な思想をもたない文化。（　　）
⑦領主のケンイが失墜する。（　　）
⑧作品に触れて芸術的感性をキタえる。（　　）

答　①浸透　②愉楽　③詠　④遷都　⑤鮮烈　⑥排他　⑦権威　⑧鍛